JISHU JINGLIREN SHIWU JIAOCHENG

技术经理人实务教程

天津市高新技术成果转化中心 编著

U0829906

天津大学出版社
TIANJIN UNIVERSITY PRESS

图书在版编目(CIP)数据

技术经理人实务教程 / 天津市高新技术成果转化中心编著. —天津：天津大学出版社，2020.1（2023.1重印）
ISBN 978-7-5618-6633-7

Ⅰ.①技… Ⅱ.①天… Ⅲ.①科技成果—成果转化—中国—教材 Ⅳ.①F124.3

中国版本图书馆CIP数据核字(2020)第023486号

策划编辑 郭 颖
责任编辑 郭 颖
装帧设计 谷英卉

出版发行 天津大学出版社
地　　址 天津市卫津路92号天津大学内(邮编:300072)
电　　话 发行部:022-27403647
网　　址 www.tjupress.com.cn
印　　刷 北京盛通商印快线网络科技有限公司
经　　销 全国各地新华书店
开　　本 169mm×239mm
印　　张 14.5
字　　数 311千
版　　次 2020年1月第1版
印　　次 2023年1月第3次
定　　价 58.00元

编委会成员

编　　委（按姓氏笔画）

马凤岭　马莉莎　马东升　田海燕　石艳红

齐　鹏　吕云飞　刘东岳　范玉秀　郄　燕

岳振欢　郭海轩　梁传辉　喻　凯　魏　颖

主　　编　喻　凯　马凤岭　吕云飞

执行编辑　田海燕

前　　言

科学技术是第一生产力。科学技术对社会生产的推动，是一项多环节、长链条的系统工程。从实验室的科学研究、创新性成果开发，到产品规模化生产、消费者应用，在此过程中，科技成果转移转化是不可或缺的关键环节。随着创新驱动发展上升为国家战略，成果转移转化工作的重要性日益彰显，技术经理人作为促进产学研结合的中间群体，也日趋活跃、日趋成熟，成为推动科技成果转化为经济社会发展动力的重要力量。

任何一个行业都有其操作准则和技术规范。技术经理人队伍不断壮大，迫切需要专业化、规范化的行业指导。这就需要从基础性的概念入手，构建系统性的理论体系和操作指南。基于此，我们组织长期工作在科技成果转移转化一线、有着丰富实践经验的专业人员，编写有关技术经理人的实用教程。

本教程的作者来自天津市高新技术成果转化中心。这个专门服务机构成立于2002年，赶上了我国科技事业空前繁荣、科技成果转移转化风生水起的时间窗口。近年来，国家和天津市层面的科技成果转化新政密集出台，创新创业的环境不断向好，加快科技成果转化成为实施创新驱动发展战略、强化供给侧结构性改革的“关键一招”，成为促进新旧动能转换、助推高质量发展的重要手段。与此同时，立足于专业视角，审视科技成果转化全链条的服务需求，我们也能够发现，服务科技成果转移转化的人员作为科技创新链中不同主体、环节与资源的黏合剂或催化剂，其现有整合能力和服务水平与科技经济融合的发展势头和现实需求相比，都有一定的差距，存在提升的空间。因此，这本实务教程聚焦“技术经理人”，体现出鲜明的问题导向和实践特点。

全书按照科技成果落地转化的流程安排逻辑顺序，重点说明技术经理人在这些环节中要做的工作内容。马凤岭负责编排教程大纲并审改初稿。喻凯、吕云飞负责统筹协调、组织具体编写和最终定稿。其中，第一章科技成果转移转化概念内涵，明确科技成果转化、技术经理人与科技中介服务机构的基本概念与内涵，由吕云飞编写；第二章科技成果转移转化体系，通过介绍其主要模式、参与主体和常见的绩效衡量指标，帮助技术经理人形成对科技成果转移转化体系的整体认知，由田海燕编写；第三章知识产权，阐述知识产权在技术创新和科技成果转移转化中的作用，帮助技术经理人学习知识产权检索、分析、运营等与成果转化相关的实务，由魏颖编写；第四章科技成果标准化评价和无形资产评估，借助评价工具及评估方法，帮助技术经理人深度认识科技成果、评价科技成果，基本反映科技成果的价值，由范玉秀编写；第五章科技成果供需对接，从科技成果供给端将高价值的科技成果筛选出来，从需求端将企业的真正需求挖掘出来，助推成果转化实施，解决企业需求，由郭海轩、岳振欢编写；第六章技术合同，围绕技术合同的订立原则、法律风险、政策红利等展开分析，其中选用了大量案例来说明如何规避风险，由马莉莎编写；第七章科技中试与创业孵化，通过中试、孵化，整合生产条件、寻找应用场景，延伸产业链，由喻凯、马凤岭编写；第八章成果转移转化金融服务，介绍科技企业的融资渠道及方式，根据企业发展不同时期需求寻求适宜的融资策略和途径，由刘东岳编写；第九章政策体系与法律法规，梳理出国家科技成果转化政策体系中的实用重点，并以科技成果作价投资为例进行政策应用举例，结合实践充分用好政策支撑，由田海燕、喻凯编写；第十章国际技术转移，介绍国际技术转移的概念、方式、特点等基本知识，帮助技术经理人了解国际技术转移的业务程序以及转移过程中的相关问题，由石艳红编写。附录一国外技术转移转化专业机构的情况及启示，分析不同国家技术转移机构的组织、运营、管理等实践模式，总结其成功经验与启示，由岳振欢编写。附录二国家及天津市科技成果转化政策咨询手册，由田海燕编写。

本书在编写过程中，得到了天津市科技局相关处的大力支持和全程指导；得到了吴寿仁、肖克峰、张慧颖、罗林波、成晓建等专家学者的悉心指点，也参考、引用了大量国内外文献。在此，对所有给予关心帮助的领导、专家、同行和参考文献原作者一并表示感谢！

我们希望这本教程能够帮助技术经理人的入门者，把握行业的基本概念、基本理论，系统了解基础知识和基本技能，在推动成果转移转化工作中大显身手。当然，由于技术经理人作为专职人员在我国出现较晚，促进成果转化的相关政策还在不断推出，部分概念和理论体系仍在构建和完善中，编写者的理论水平和实践能力有待进一步提高，书中难免有不妥、不周之处，也希望广大专家学者和业界人士提出宝贵的意见和建议。

我们真诚地期待着。

2020 年 3 月 18 日

目　　录

第一章　科技成果转移转化概念内涵

第一节　科技成果转移转化的基本概念

一、科技成果和科技成果转化

（一）科技成果的概念

科学技术是第一生产力。科学技术研究作为人类生产生活的基础性活动，是推动社会文明进步的重要源泉。《中华人民共和国促进科技成果转化法》第二条规定："科技成果，是指通过科学研究与技术开发所产生的具有实用价值的成果。"

依据这个定义，科技成果具有两方面基本特征：一是体现科学研究和技术开发的产物，富含一定的科技和科技工作者的创新创造；二是体现对经济社会发展的价值和贡献，在适当的条件下能够转化为现实生产力。

另外，从形态上讲，科技成果可以被视为一种新品种、新方法、新技术、专利、论文、样品等。从整个领域来看，科技成果的形式表现为两种成果的结合，即论文、专著、研究报告等"自然科学成果"和专利、技术、方法等"技术成果"的结合。按照成果的公开情况，科技成果可以分为公开成果与非公开成果。公开成果是指公开发表的论文、获得授权的专利等；非公开成果主要是指技术秘密（Know-How），技术秘密又被称为专有技术、技术诀窍或者非专利技术，是一种处于保密状态的、能够解决特定实际问题的、可以传播和转移的技术。

（二）科技成果转化的概念

科技成果是一种潜在的生产力，需要向现实生产力转化。这不仅是开展科学技术研究活动的根本目的，也是我们构建现代经济体系的必然要求。按照《中华人民共和国促进科技成果转化法》的规定，科技成果转化是指"为提高生产力水平而对科技成果所进行的后续试验、开发、应用、推广直至形成新技术、新工艺、新材料、新产品，发展新产业等活动”。可见，“转化”的起点和前提是已经存在的科技成果，成果转化则是通过一系列后续活动最终实现科技成果产业化、获得经济收益的过程。从科技角度看，成果转化是科技成果由实验室向生产企业转化的过程；从企业角度看，成果转化是科技成果的应用过程；从社会角度看，成果转化是科技成果的推广过程[①]。

由科学到技术、再到产品与服务这一基于技术应用的经济过程，是由基础研究到应用研究（科学涵盖的部分，即研究）、产品及其生产过程的设定、试产和测试（技术涵盖的部分，即开发），再到生产、营销和服务（产品与服务，即商品化）几个阶段构成的。科学研究与成果转化过程示意图如图 1-1 所示。

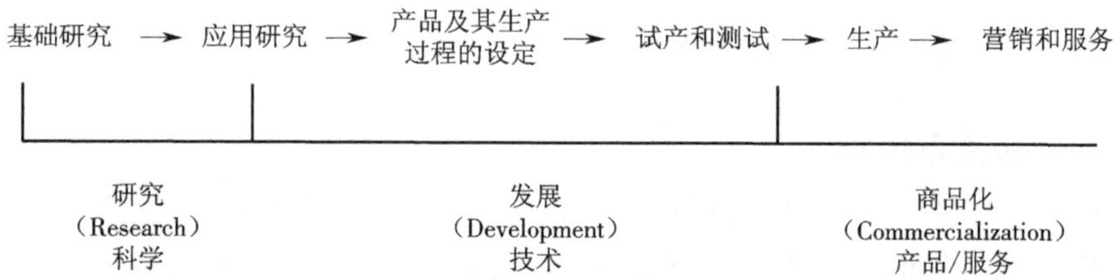

图 1-1　科学研究与成果转化过程示意图[②]

那么，在创新的长线链条上，转化针对的是什么样的成果呢？结合《中华人民共和国促进科技成果转化法》对科技成果转化对象“实用价值”这一特征的定义及中国科学院将科技成果划分为科学理论成果和应用技术成果的分类方式，可以得出，成果转化直接针对的主要是应用技术成果。因此，科技成果转化应遵循科技研究与成果转化的基本规律，不应强求科学成果“转化”，成果转化的对象主要是应用技术成果。

科技成果转化涉及科技成果从产生到应用的整个过程，是一个技术活动与经济活动相互结合的复杂过程，同时也是对风险与收益进行权衡和选择的过程。科技成果转化受技术、市场、资金等多种因素影响，是一项需要多方参与的复杂的系统工作。因此，科技成果转化不仅仅是解决从科研到市场的“最后一公里”问题，而且是一个复杂漫长的过程。

---

① 翟天任，李源. 高校科技成果转化的协同管理路径研究 [J]. 科技进步与对策，2012（11）.

② 梁桂. 育苗造林　创新强国——对研究制定我国自主创新公共政策的思考 [J]. 中国科技产业，2005（10）.

二、技术商品及技术商品转移

（一）技术商品的概念

世界知识产权组织（World Intellectual Property Organization，WIPO）在 1977 年出版的《供发展中国家使用的许可证贸易指南》一书中，对技术的解释是：“技术乃指一种系统的知识，其目的是为了制造产品、应用工艺方法或提供服务。”美国国家科学基金会（National Science Foundation，NSF）在 1983 年的技术创新评价中引用斯科恩（Schon）的定义，认为技术是“一种工具或物质设备，人们借助它们扩展自己的能力”。在美国国家科学基金会看来，技术是人类从事劳动的物质手段，包括有形的装备和无形的知识。联合国工业发展组织（United Nations Industrial Development Organization，UNIDO）在《发展中国家技术引进指南》一书中指出，技术乃制造产品以及为此目的而建立一个企业所必需的知识、经验及技能。我们根据研究技术转移领域的需要把技术定义为为了满足生产、提升水平以达到为人类服务的目标而对知识、经验及技能的系统整合。这个定义包括生产技术以及组织文化技术，并且阐明了其商品属性。

技术商品是用来交换的技术。具体地讲，它是通过在生产中应用，能为使用者创造经济利益的具有独占性的用于交换的技术。技术成果的商品属性是技术成果商品化的理论依据，也是建立技术市场的理论依据。商品是用来交换的、能满足人们某种需要的劳动产品。它具有价值和使用价值两种属性。技术作为知识形态的商品，它同样具有价值和使用价值两种属性。其价值是科技人员在生产技术商品过程中所耗费的劳动，它表现为人类劳动的凝结。其使用价值表现为它具有实施以后的效用，如促进企业提高劳动生产力，为国家建设解决技术难题，为国民经济带来巨大的经济效益等等。它的价值和使用价值是通过交换而实现的。因此，技术成果完全具备商品的属性，但是并不是所有科学技术成果都可以被转化为商品。

（二）技术商品转移及特点

技术作为商品，具有一般商品所具有的本质特征，即它是一种为了交换而生产的劳动产品。但技术作为一种特殊商品，在生产、交换、流通及消费过程中又有其特定的运动规律，具有明显区别于一般商品的特殊性。这主要表现在以下诸多方面。

1）技术商品的无形性，决定了技术转移形式的多样性，其往往依附于特定的载体形态。技术商品主要是脑力劳动创造出来的成果，具有无形性，它必须依附于一定的载体才能扩散和转移。

2）技术商品使用价值的间接性，决定了技术转移的过程性，其通常不是通过一次性交易活动完成的。技术商品的使用是一个间接的使用过程，具体表现在：一方面，它必须融合于一定的劳动资料和劳动对象中，即只有通过一个技术物化的过程，其使用价值才能表现出来；另一方面，技术效用的发挥还将受到买方的技术消化能力和使用条件的制约。

3）技术商品使用价值的共享性，衍生出技术转移的普惠性，其可以在更广的范围内被复制和推广。由于技术商品是信息产品，就某一个技术商品而言，它可以由众多的买方同时完整地享有，而这丝毫不会使该技术的使用价值降低。

4）技术商品使用价值的增值性，导致了技术转移的溢价性，这也增加了对技术商品的估价难度。技术商品的使用是创造性劳动的潜在价值进一步释放和制造的过程。技术商品在现实生产的使用过程中，能产生远超过其价值量的扩张能力。

5）技术商品寿命的无形耗损性，容易引发其在技术转移过程中被快速替代的风险。技术商品是“无形商品”，不存在有形耗损，它的寿命只是决定无形耗损的一个因素。技术商品寿命越短，说明技术进步越快，新技术推广应用越迅速，经济发展的程度越高。

三、成果转化与技术转移的异同

（一）科技成果和技术商品的关系

技术商品和科技成果既相互联系，也彼此有别。一方面，两者有许多共同特征，它们都是科技工作者创新创造、辛勤攻关的成果，包含着人类社会的必要劳动时间，具有价值和使用价值；一经合理开发和有效利用，都能够增进人民福祉，推动社会进步，发挥普惠性和公益性作用。另一方面，两者存在显著区别。总体来说，技术商品属于科技成果的一部分，但并非所有的科技成果都能成为技术商品，如一些基础研究成果由于不能在短期内投入生产领域应用，较少能成为技术商品；对整个社会产生公共效益的技术成果，通常由国家代表社会来补偿科研耗费，一般也不通过技术市场进行推广应用；一些不成熟的技术成果，由于技术风险和市场风险较大，成为技术商品的概率一般也较低；众所周知的技术或任何人都可轻易取得的技术，一般不直接进行技术转让，往往是通过技术开发、技术咨询、技术服务形式进行交易。

（二）成果转化和技术转移的关系

科技成果转化一词并非舶来品，国外没有科技成果转化的概念，与此相接近的只有“技术转移”的概念。《国家技术转移示范机构管理办法》将“技术转移”规定为“制造某种产品、应用某种工艺或提供某种服务的系统知识，通过各种途径从技术供给方向技术需求方转移的过程”。由此可见，技术转移是技术从供给方向需求方的转移，即在主体之间的转移。

科技成果转化和技术转移的共性是“创新环节转换”，即由科研领域的研发环节进入经济社会领域的技术创新或应用环节，也就是科技与经济相结合的过程①。二者的不同之处在于，科技成果转化重在“化”，即科技成果或技术形态的变化，科技成果一旦完成转化，即是一次向生产力的转化；技术转移重在“移”，即技术所有权或空间位置的变更。科技成果转化的过程往往伴随着技术转移，技术转移能够促进科技成果转化，但不是每一步技术转移以及所有的技术转移都能促进科技成果转化②。

有的学者认为，技术转移强调技术成果的空间变化，是物理反应；科技成果转化强调科技成果的属性变化，是化学反应。

在实践中，不必过分纠缠技术转移和科技成果转化的概念，因为二者常常是你中有我，我中有你。本教程后续的内容中倾向于使用科技成果转移转化这一说法。

第二节　技术经理人与科技中介服务机构

一、技术经理人

《国家技术转移体系建设方案》提出：“创新高校、科研院所技术转移管理和运营机制，建立职务发明披露制度，实行技术经理人聘用制”，“加强技术转移管理人员、技术经纪人、技术经理人等人才队伍建设”。

这里涉及两个概念，技术经纪人和技术经理人。通常，按照科技部的《技术经纪资格认定暂行办法》，技术经纪人是指在技术市场中以促进成果转化为目的，为促成他人技术交易而从事居间、行纪或代理等经纪业务，并取得合理佣金的经纪业

① 李修全. 应用类科技成果转化的概念及测度方法 [J]. 科技管理研究，2015（23）.

② 方华梁. 科技成果转化与技术转移：两个术语的辨析 [J]. 科技管理研究，2010（10）.

务的公民、法人和其他经济组织。而我们通常所说的技术经理人指的是以科技成果转化为己任，应用专业知识和实务经验，促进科技成果的商品化、商业化和产业化，以科技成果转化工作为职业的从业者。有的专家认为，技术经纪人服务范围相对较窄，主要是居间中介和交易代理服务，而技术经理人服务范围覆盖整个技术转移全流程。

在此，本教程认为，从为促进科技成果转移转化开展服务的角度来说，技术经纪人和技术经理人发挥的作用没有本质的区别，在科技成果转移转化的过程中，他们逢山开路，遇水架桥，克服各种困难和障碍，发挥自身优势或联合相关机构解决全部或部分问题。本教程采用目前使用较多的称谓，即技术经理人。

（一）技术经理人的概念

技术经理人（Technology Manager）有狭义和广义两种解释。狭义的技术经理人是指在高校、科研院所中的技术转移机构从事技术转移的专业人士。其具体的职责和任务主要包括知识产权战略制定与实施、知识产权保护与优化组合、商业机会评估与开发、技术评估、技术营销、协议研究和起草、谈判、合同管理等。广义的技术经理人是指在技术市场中，以达成技术应用、成果转化为目的，为促成他人技术对接而提供引导与支持等服务的专业人士。

从广义上来说，凡是参与技术转移过程的相关人员均可被称为技术经理人，其至少包括 6 个方面的专业人士：

1）专职从事技术转移的专业人员，如大学科研院所科研处、成果转化处、技术转移中心及孵化机构等的工作人员；

2）企业高管，如技术经理 / 商务经理，他们为其企业的技术发展在高校科研院所、小微研发单位等中寻找好技术、好项目，洽谈技术的转让、许可、授权使用；

3）天使投资人，投资科技类初创企业的投资机构及个人，通过资金的介入，加速技术成果的转化，他们是技术转移的“贵人”，没有他们，早期技术转移寸步难行；

4）专利代理人或专利律师、法务、财务、技术经纪人等技术服务人员，既为发明人服务，也为投资人和企业服务；

5）政府人员，他们为技术转移制定方针、政策、法规，提供技术转移的法律保障和资金扶持，一些科技、产业管理部门中长期负责科技与产业项目管理的工作人员，他们十分了解技术发展趋势、技术需求方与供给方，能很好地为技术转移转化服务；

6）成果转化基地/公共技术平台服务人员，他们懂得细分产业领域的公共技术，如要什么样的仪器设备和实验技术人员、开发人员能够组织资源完成小试、中试，使技术得以熟化从而得到转化。

（二）技术经理人的基本要求

技术经理人要承担顾问、推进者和组织者等多种角色，是高层次复合型人才。技术经理人应具备专业的知识、丰富的经验、充分的信息和高超的技巧四个方面的素质。除此以外，技术经理人还应当符合以下 3 个方面的要求。

1. 道德素质高

技术经理人应当具备较高的道德品质和职业道德，包括诚实守信、实事求是、依法依规办事、公开透明。既要信守诺言，说话算数，表里如一，不做两面人，又要忠于客户，不吃里扒外，这样才能赢得客户的信任。不弄虚作假、虚报浮夸，不掺杂个人的私念，不信口雌黄，办事讲原则，按规矩，走正道，不走旁门邪道，正确解读政策法规，不打政策法规的擦边球，保守客户的商业秘密和个人与单位的隐私。把问题和情况摆在桌面上谈，不掖着藏着，有喜报喜，有忧报忧，有风险讲清风险等。

2. 知识结构较齐全

技术经理人应当具备以下 4 个方面的知识。

1）比较丰富的科技知识，包括对科技发展规律、发展现状和未来的趋势有所了解，对所经纪的业务领域的现状、趋势、热点技术、主要公司等有透彻的了解，对科学研究、技术开发、产品试制和规模生产的全过程有一定的了解，熟悉国家科技政策，精通研发费用税前加计扣除及高新技术企业等方面的主要政策，了解国家和地方科技发展规划。

2）经济基础知识，包括宏观经济学、微观经济学的基础知识，投资、财政、金融、税收等基础知识，熟悉企业经营管理、产品质量、研究开发、工艺标准、设备状况和管理活动等相关知识。

3）一定的商务知识，包括精通与技术贸易相关的知识，可分析技术商品的社会需求，精通并灵活运用技术商品的价值评估方法，可分析目标公司的经营情况，并运用财务数据判断该公司的经济实力和发展前景，可分析行业、产品、技术的市场竞争情况等。

4）相关法律知识，包括对民法、刑法、商法等有一定程度的了解，精通《中华人民共和国合同法》《中华人民共和国专利法》《中华人民共和国科学技术进步法》《中华人民共和国促进科技成果转化法》《中华人民共和国著作权法》及《计算机软件保护条例》等相关法律法规，熟悉有关国家和国际保护知识产权的法律和条约的相关知识，对于技术合同的类型及其格式、主要条款以及技术合同的洽谈、签订、仲裁、诉讼等知识必须达到精通的程度。

3. 业务能力强

技术经理人还需要具备以下 7 项基本技能。

1）运用法律的能力强。能够运用《合同法》《专利法》及其他知识产权法律法规使技术交易合法合规，消除或化解法律风险。

2）起草合同的能力强。熟练掌握起草合同的方法和技巧，使合同条款完备、能形成共识、不产生歧义。

3）查阅文献的能力强。技术经理人在接受委托时，首先，要对拟经纪技术的专利文献进行检索查新，掌握国内专利申请与授权的动态；其次，要检索相关科技文献，包括论文、图书、杂志等，掌握相关技术情况，获取相关技术信息。技术经理人还应具有较强的信息搜集与处理能力，既能广泛搜集技术商品信息，又能对所收集到的信息进行鉴别、分析、归纳，并迅速反馈给有关机构或人员。

4）较强的谈判、交流技能。善于对具体问题作具体分析，针对不同对象、不同地区等采用相应的语言表达方式，善于对谈判中出现的不同意见进行鉴别、综合、归纳，并促进达成共识。在谈判中，既坚持原则，又善于灵活变通，促进交易双方相向而行。

5）思维敏捷。技术经理人要善于运用分析、归纳、综合、推理等思维方法，分析技术商品的供需状态，有效地推销技术商品。当技术供需双方在洽谈中陷入僵局时，能够有策略地打破僵局。

6）社交能力强。技术经理人常需跟人打交道，这也决定了技术经理人需要具有较强的交际能力，包括举止文明，热情大方，办事利索，讲求效率，能娴熟地运用各种社交技巧和艺术，畅通技术商品买卖双方的技术经济联系。

7）表达能力强。要求口头表达能力和文字表达能力强。

总之，技术经理人应当具备较高的综合素质，较强的业务能力，较丰富的从业经历，尤其是从事过研发、经营管理、投资或市场营销等工作及具有专业背景和法律背景者更佳。

二、科技中介服务机构

（一）科技中介服务机构的概念

《中华人民共和国促进科技成果转化法》第三十条规定：“国家培育和发展技术市场，鼓励创办科技中介服务机构，为技术交易提供交易场所、信息平台以及信息检索、加工与分析、评估、经纪等服务。科技中介服务机构提供服务，应当遵循公正、客观的原则，不得提供虚假的信息和证明，对其在服务过程中知悉的国家秘密和当事人的商业秘密负有保密义务。”

从广义上来讲，科技中介服务机构是指凭借知识、技术、经验和信息为一方与第三方订立技术合同进行联系、介绍、组织工业化开发，并为履行合同提供服务的中介方。它提供专业化的技术交易服务，在推动技术成果的转移和扩散中，具有纽带、桥梁、组织和协调作用，并创造出相应的经济效益和社会效益。

科技中介服务机构有多种分类标准。按其组织属性可分为具备法人资格与不具备法人资格（如企业、事业单位、科技性社会团体设立的从事技术中介活动的机构）两种。按目的可分为营利型和非营利型。按承办主体可分为官办、半官办和民营。按活动形式和内容可分为信息型、代理型、孵化型、咨询型等。

国家支持科技中介服务机构的目的是为了促进技术成果的转化，不同类别的科技中介服务机构在促进技术成果转化中所起的作用不同。在成果转移转化的过程中，常常涉及 3 个方面的任务。

1）技术商品化：把实验室成果变成市场需要的产品或服务——商品。

2）产品社会化：通过企业运作实现产品或服务的规模化生产，以可接受的成本把产品提供给广大用户。

3）技术扩散：对于新的工艺技术、新材料和“软技术”（如新的经营概念、管理方法、管理软件）等通用技术，其特点是适用于多家企业，当这些技术在局部取得成功后，成果的进一步转化就在于把这些工艺技术向适用的行业或企业进行技术扩散。

（二）科技中介服务机构的类型

科技中介服务机构与一般商务中介服务机构有显著区别，它所提供的服务在本质上属于技术服务，主要有硬件设施的提供、软件设施的提供、管理咨询和技术咨询等 4 种类型。

1）技术孵化型的科技中介服务机构，首先是提供硬件设施，如提供优惠的经营场地、试验和生产设备，便利的采购、供应和技术协作渠道，优惠的政策环境。其次是提供以信息资料为主的软件设施和管理咨询方面的服务。技术孵化的一个重要任务就是学会市场运作和与市场打交道，从孵化器管理中心获得的信息主要是市场信息，不可能依靠孵化器机构提供高度专业化的技术信息。管理领域的咨询服务则涉及兴建企业所需要的各种管理业务。最后是提供技术咨询和法律咨询。进入孵化器的企业，其本身就是技术拥有者，其所需的主要的技术支持是相关技术和配套技术的咨询服务，而不是在核心技术领域。尽管法律问题也需解决，但相对次要。

2）技术交易型的科技中介服务机构，首先需要的是软件条件的支持。大量组织工作、信息收集处理、资格的辨认、交易的担保是技术市场的主要任务。如果技术市场以组织交易会为主，则硬件设施最重要；如果技术市场以提供常年日常技术交易服务为主，则软件环境同样起到极为重要的作用。法律咨询服务作为技术交易支持的法律保证起着第二位的重要作用，因为保证技术交易的合法性和给予交易双方以信任感是通过技术市场进行技术交易的先决条件。因为技术交易型中介的服务基本不参与技术实现过程，技术和管理咨询的作用在于对转移技术的可行性论证方面进行协助，因此处于比较次要的地位。

3）转移代理型的科技中介服务机构要代理技术交易的一方或双方完成技术交易，直接以代理人的身份参与技术交易，负有严肃的法律责任，如此一来法律服务就处于头等重要的地位。为了代理技术交易，其必须了解技术与管理的核心内容，所以信息资料等软件服务、技术和管理咨询也处于比较重要的地位。相对来讲，代理进行技术交易，重要的不是场地、设备等硬件条件，而是需要进行大量的调研和知识性工作，因此对硬件设施的需求处于比较次要的地位。

4）技术扩散型科技中介服务机构所提供的服务类似于技术推广活动，其技术交易的过程包括技术服务的过程本身（单纯的技术扩散的交易服务可以归为转移代理型科技中介服务）。因此，技术扩散型的科技中介服务机构必须是有能力把技术加以实施的机构，其技术咨询能力处于最为重要的地位。在实施技术方案时，还可能包括管理模式的改进。因此，相应的管理咨询也处于比较重要的地位。相对而言，该阶段法律咨询问题较少。硬件设施的需要取决于所交易技术的特征，有时需要专用的强有力的硬软件设施的支持，有时则只需要一般的设施条件。

（三）“互联网＋”科技成果转移转化成为主流

2016年4月，国务院办公厅印发《促进科技成果转移转化行动方案》。该方案提出，以“互联网＋”科技成果转移转化为核心，以需求为导向，连接技术转移服务机构、投融资机构、高校、科研院所和企业等，集聚成果、资金、人才、服务、政策等各类创新要素，打造线上与线下相结合的国家技术交易网络平台。通过平台全方位、规范化、专业化和网络化的技术中介服务，促进科研院所、高校及企业（尤其是科技型中小企业）间的先进技术和科技成果实现跨地域、跨行业的转移转化，加强科技成果信息汇聚，加快科技成果市场化。

在国家顶层设计的支撑下，我国区域性的技术转移交易平台大量涌现，包括“科易网”“博士科技”“猪八戒网”等商业化运营的技术交易平台，“清控科创技术转移中心”等高校控股的技术转移集团公司，“国家技术转移东部中心”“全国技术转移公共服务平台”“浙江科技大市场”等政府推动设立的技术转移平台，并取得初步成效。这些平台的探索具有借鉴价值，在加快信息流通、资源配置、会聚产业与技术领域的众多技术经理人等方面，成为共享供需资源、管理对接进程、服务科技项目、获得服务酬金的服务载体。

第二章　科技成果转移转化体系

第一节　科技成果转移转化的主要模式

一、科技成果转移转化的主要方式

根据《中华人民共和国促进科技成果转化法》对科技成果转化方式的划分，可以将其分为以下几类。

（一）自行转化

自行转化是指科技成果持有者自行投资，领办、创办科技型企业进行科技成果转化。这种方式的优点在于技术团队研发和再研发力量比较强，精通成果和技术研发情况，他们直接参与企业创办，能及时进行科技成果转化后的改进和升级。但这种方式的劣势也显而易见。自行转化是一种营利性的经营行为，需要科技成果持有者具备较强的投资能力、完备的实施转化的条件、丰富的经营管理能力和较强的市场拓展能力等。显然，这与研究机构的使命不符。现实中，自行转化成功的比率是较低的[①]。自行转化适用于国内尚不具备生产能力的原始创新和高新技术成果的转化。

（二）转让与许可

成果转让是典型的科技成果商品化的行为，是指科技成果持有者将其成果所有权转让给他人。成果许可是指科技成果持有者许可他人在一定期限、一定地区以一定方式转化其所持有的科技成果。成果转让与许可最常见的形式是研究机构出让技术，企业接收技术，这需要企业对科技成果有较强的消化、吸收能力。成果转让与许可的本质区别是，转让针对的是成果所有权，许可针对的是成果使用权。

① 吴寿仁. 科技成果转化操作实务 [M]. 上海：上海科学普及出版社，2016.

（三）合作转化

合作转化是指研究机构与生产企业合作，联合实施科技成果转化。科学研究、产品开发和人才培养等活动均是由研究机构和企业以合作、合资、一体化的方式共同推进。这种方式的优势在于将创新研发和市场经营有机结合，以实现优势互补、资源共享。需要注意的是，合作转化的各方应当注意约定收益分配与风险共担的方式，防止后续纠纷的发生。《中华人民共和国促进科技成果转化法》也提出了这一点，其第十九条规定："国家设立的研究开发机构、高等院校所取得的职务科技成果，完成人和参加人在不变更职务科技成果权属的前提下，可以根据与本单位的协议进行该项科技成果的转化，并享有协议规定的权益。"这种方式的核心问题是协议方在合作过程中风险共担和利益共享，防止资源闲置。

（四）作价投资

科技成果作价投资是指将科技成果评估作价以资本的形式投资公司，取得公司的股权；或者以科技成果出资组建或加入合伙企业。科技成果出资的实质是将科技成果从生产要素转变为资本要素，是科技成果转让与以转让收入投资同时进行的行为。科技成果作价投资可以将科技成果完成单位丰富的科技资源优势、科技成果完成人的研发优势和企业家对市场需求的敏锐反应能力，通过共同入股紧密地结合在一起，形成利益共享、风险共担的经济共同体①，能够最大限度优化资源配置，提高科技成果转化成功率。

（五）其他方式

现实中的科技成果转化的方式方法比较多，《财政部 国家发展改革委 科技部 劳动保障部关于企业实行自主创新激励分配制度的若干意见》（财企〔2006〕383 号）又规定了 3 种成果转化方式。

1）技术折股。即企业在实施公司制改建、增资扩股或者创设新企业的过程中，对职工个人合法拥有的、企业发展需要的知识产权，可以依法吸收为股权（股份）投资，并办理权属变更手续。企业应当在对个人用于折股的知识产权进行专家评审后，委托具备相应资质的资产评估机构进行价值评估，评估结果由企业董事会或者经理办公会等类似机构和个人共同确认。其中，国有及国有控股企业还应按国家有关规定办理备案手续。

2）折价入股。即企业与个人约定，待个人拥有的知识产权投入企业实施转化成功后，按照不高于其在近 3 年累计为企业创造净利润的 35% 的比例折价入股。

① 吴寿仁. 科技成果转化操作实务 [M]. 上海：上海科学普及出版社，2016.

3）合作经营。即企业与拥有企业发展需要的成熟知识产权的研发人员约定，对合作项目的收益或者亏损按不高于30%的比例进行分成或者分担。

前两种方式是针对职工个人拥有的非职务成果，第三种方式主要是针对职务科技成果。这些转化方式相对比较灵活，体现了职工个人与单位在利益上的分享①。

二、科技成果转移转化的操作形式

按照促成科技成果转移转化的主体的不同，可以将其划分为两类共4种操作形式。

（一）内部转化

内部转化是指研究机构或企业利用自身研制的科技成果在本单位内部进行的一种科技成果转化操作形式，研究机构以现有政策和环境为依托，自己兴办企业，创造条件将研究成果转化为生产力，如清华同方、工大高科等。

由于科研人员对市场需求、商业模式、生产经营及融资技巧等缺乏深入理解和实践经验，企业在组建初期采用此种模式较多，但易致使企业规模化生产进程发展缓慢。

近年来，我国以大学和中科院研究所系统为主创新性地设立了大量新型研发机构，这些机构更多地承担了转移转化功能，是内部转化在我国科研机构中的具体体现。

（二）中介服务机构促成转化

中介服务机构促成转化主要包括企业根据自身需求，通过科技中介服务机构开展技术交易以获取符合自身需要的技术；或者科技成果持有者通过中介服务机构把科研成果许可或转让给企业实施转化。

在创新成果不断涌现且流动性不断提高的情况下，成果供需双方都对科技中介有着旺盛的需求。该模式突出了科技成果转化中介服务机构的桥梁和专业服务作用，中介服务机构的专业化服务能够减少科技成果转化过程所耗费的时间，提高转化的效果、效率和效益。不过，目前我国科技转移中介服务机构的发展处于起步状态，因此除了正式的机构组织，还活跃着大量的技术经纪人“个体户”，他们也在提供着中介服务。

一般来说，发展速度较快、成效较为显著的中介服务机构促进科技成果转移转化的操作形式主要有以下3种。

---

① 吴寿仁. 科技成果转化操作实务 [M]. 上海：上海科学普及出版社，2016.

1. 公共技术服务平台转化

公共技术服务平台转化要求政府、研究机构、企业利用自身的专业优势，建立面向行业的公共技术服务平台，为科技成果转化提供技术集成、共性技术研究开发、中间试验和工业性试验、科技成果系统化和工程化开发、技术推广与示范等技术熟化服务。

目前已有的公共技术服务平台多为政府出资建设，其作用是帮助企业进一步熟化技术，并规避技术风险、降低开发成本、缩短研发周期和提高创新效率。

2. 企业孵化器促进转化

通过专门的孵化转化机构实施科技成果转移转化是现代社会分工协作支持科技成果转移转化的重要贡献。《中华人民共和国促进科技成果转化法》第三十二条规定："国家支持科技企业孵化器、大学科技园等科技企业孵化机构发展，为初创期科技型中小企业提供孵化场地、创业辅导、研究开发与管理咨询等服务。"此即为企业孵化器促进转化模式。

孵化器通过为科技成果转化企业提供创业支持，降低创业风险和创业成本，发挥价值发现、试验验证、培育促进、连接创新源头与产业等作用来促进科技成果转化[①]。大学科技园与此类同。

3. 高新区集成集约转化

我国的高新技术产业开发区是国家在一些知识与技术密集的大中城市和沿海地区建立的发展高新技术的产业开发区。截至 2018 年 3 月，我国已建设国家级高新区 169 个。国家级高新技术产业开发区作为科技成果转化的重要载体，已经成为我国科技成果创新、转化的重要基地，是经济增长的重要拉动力量，同时也促进了中国的经济结构调整和产业优化。

高新技术产业开发区在中国的快速发展，使得中国高新技术产业整体实力大增，其在经济生活领域中也开始逐渐崭露头角，并对中国经济产生了深远的影响。在国际贸易中，它改变了中国以粗放型产品出口为主的被动局面，提高了产品出口附加值；在产业活动中，它改变了过去高消耗、高污染、低产出的粗放型发展模式，把低碳、可持续发展放在重要位置；在产业占比中，高新技术产业的广泛发展，有力地促进了产业结构的调整与升级，使得中国经济结构更加优化、合理。同时，高新技术产业的发展对军事领域、航空航天领域也产生了极大的影响，如神舟系列载人飞船的成功发射，辽宁号航母的服役等，所有关系到国家繁荣富强的领域

① 马凤岭. 科技企业孵化器在促进科技成果产业化方面的作用 [J]. 天津科技，2007（2）.

都与高新技术产业的发展离不开，无疑中国发展高新技术产业是十分有必要的和正确的[①]。

第二节　科技成果转移转化的参与主体及其关系

作为落实创新驱动战略的重要战术措施，科技成果转移转化涉及多方参与主体。只有明确成果转化的利益相关方及其利益诉求、驱动机制、实施路径等，以及技术成果产业化的运作模式和存在的关键问题，才能够进一步指导成果转化公共政策的制定，引导不同的利益主体与国家总的战略导向相向而行，实现社会资源优化配置，产生更加强大的科技创新驱动力。

一、三螺旋理论

三螺旋的概念最早是在生物学领域提出的，美国遗传学家用它来阐述基因、生物体和环境三者之间的关系。20 世纪 90 年代，美国社会学家亨利·埃茨科威兹（Henry　Erzkowit）在深入研究“斯坦福大学—硅谷科技园”“麻省理工学院—波士顿 128 号公路高技术园区”等创新奇迹的基础上，首次用三螺旋概念解释知识经济时代中大学、产业、政府三者之间的关系[②]。随后，罗伊特·雷德斯多夫教授（Loet Leydesdorff）对此概念进行了进一步补充并构建了理论模型[③]。三螺旋理论（Triple Helix Model，简称 TH 理论）突破了传统产学研理论的“大学—产业”双螺旋线性结构，创建了“大学—产业—政府”三螺旋非线性网状创新模型（图 2-1）。它不仅关注产学研之间的合作，更加重视政府等其他创新主体的作用，旨在强调大学、产业、政府三方在创新过程中密切合作、相互作用，形成三种力量相互交叉影响的（图 2-1）、螺旋上升的“三重螺旋”的新关系，促进“政产学”整体协同创新，提高区域创新效率。

---

① 张新明. 国家级高新技术产业开发区发展要素分析及上海张江高新区实证研究 [D]. 上海：华东师范大学，2013.

② 亨利·埃茨科威兹. 三螺旋 [M]. 周春彦，译. 北京：东方出版社，2005.

③ Leydesdorff L，Meyer M. The triple helix of university-industry-government relations[J].Scientometrics，2003，58（2）.

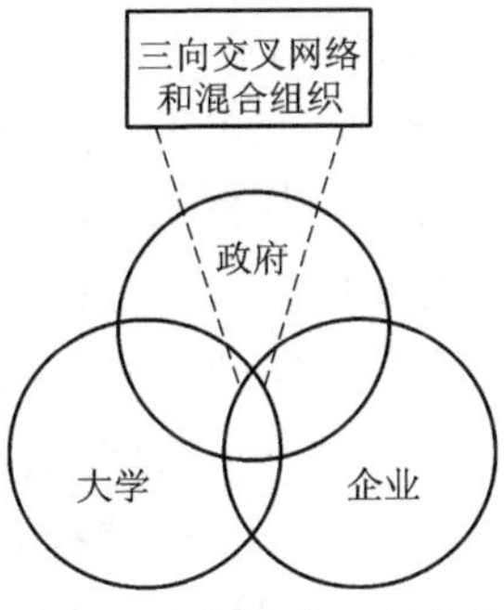

图 2-1　三螺旋的立体结构

三螺旋理论的创新之处不仅在于对区域“产学研”理论的创新，而且它对创新主体和合作模式、创新机制都进行了符合三螺旋发展规律的阐述。传统的单向创新机制具有效率低、成本高和风险大等缺点，而三螺旋理论则在机制创新上给了我们新的启示——协同创新。协同创新是指创新资源和要素有效汇聚，通过突破创新主体间的壁垒，充分释放彼此间“人才、资本、信息、技术”等创新要素而实现深度合作。在三螺旋模型中，大学、企业、政府三个机构旧有的边界在逐渐消失，各自职能和作用相互重叠与渗透，进而融为一体，即每一个创新主体在保持原有作用和独特身份的情况下，都表现出其他两个主体的一些特征，除发挥自身的传统功能外，还都承担了其他功能。在三螺旋理论下的“产学研”合作中，以企业为主体的技术创新链、以大学和科研机构为核心的知识创新链、以政府为主体的制度创新链中，各创新主体在合作中既保持独立又相互渗透，在内部驱动和外部驱动的双重利益驱动下，协同创新，共同完成创新活动，从而创造“1+1+1>3”的创新价值。比起传统“产学研”理论中的以自发、随机、简单、单向为主的合作机制，三螺旋理论提出的协同创新机制在处理资本、信息、人才和技术资源的过程中，更能使创新主体保持各自积极性，更易促进资源流动，最终达到降低创新成本和风险，提高创新效率的目的。三螺旋理论已然成为现代“产学研”理论的创新范式[①]。

二、利益相关方“五角钻石”结构

在三螺旋理论基础上，结合国内科技成果转移转化的实际，进一步进行理论推演，这里提出了科技成果转移转化利益相关方“五角钻石”结构。

---

① 张秀萍，黄晓颖. 三螺旋理论：传统“产学研”合作理论的创新范式 [J]. 大连理工大学学报（社会科学版），2013，34（4）.

利益相关者（stakeholder）一词来自管理学，它是组织外部环境中受组织决策和行动影响的任何相关者。利益相关者理论是20世纪60年代左右在西方国家逐步发展起来的，进入20世纪80年代以后其影响迅速扩大，促进了企业管理方式的转变。该理论认为，任何一个实体的发展都离不开各利益相关者的投入或参与。

本书将这一理论引入科技成果转移转化体系。科技成果转移转化是一个系统工程，需要多方的参与和协作，主要利益相关者涉及技术方、资本方、企业方、服务方和政府等。将利益相关者各自的关注点、所持有的核心资源要素、内在利益驱动力、彼此主要的互动机制等，绘制示意图如图2-2所示。

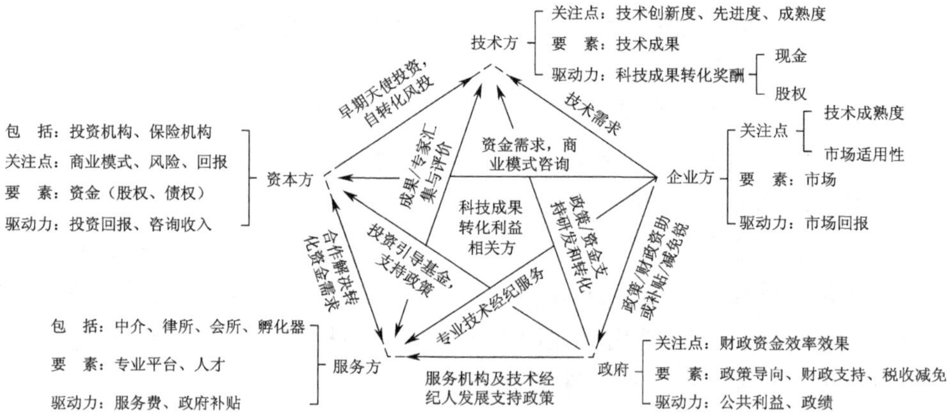

图2-2　技术成果转移转化利益相关方“五角钻石”结构示意图

从发挥作用角度来看，政府和服务方发挥作用的目的在于促成技术方、资本方和企业方的合作，也就是说，最核心的利益相关者是技术方、资本方和企业方，三方的共同目标是风险最小化、利润最大化。因此，技术方、资本方和企业方三个核心方构成了技术成果转化的“金三角”，如图2-3所示。

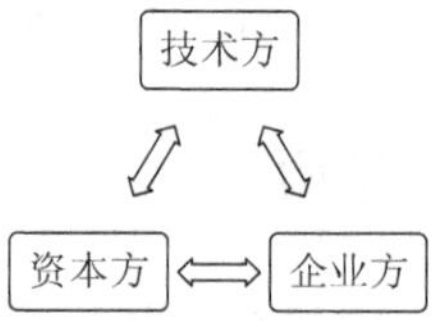

图2-3　技术成果转化核心方“金三角”结构示意图

技术与资本各自供方与需方差异的客观性与合作的必然性，构成了当前科技成果转移转化过程中的基本矛盾，矛盾的根本原因在于双方的利益诉求不同。只有以市场为导向，客观反映并充分考虑各方的利益诉求，才有利于形成良性循环的技术成果转化合作机制。

三、高新区“六元素”系统

高新技术产业开发区是科技成果密集区和辐射源，也是技术成果转移转化的重要承载地。高新区的发展主要由市场、企业、风险投资、孵化器、政府、大学科研机构六元素决定。高新技术产业开发区发展动力“六元要素”示意图如图 2-4 所示。

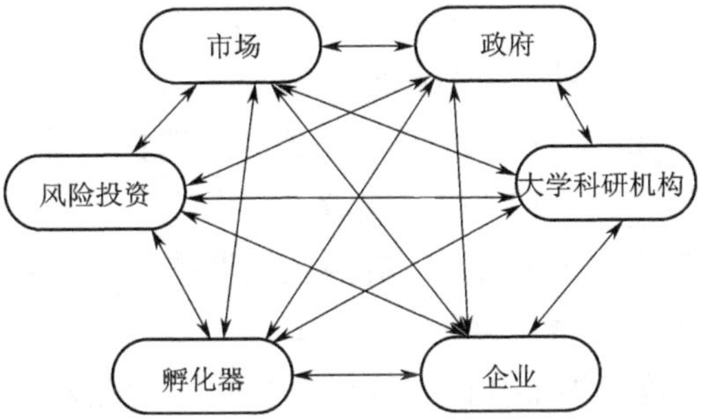

图 2-4　高新技术产业开发区发展动力“六元要素”示意图①

市场是高新技术产业开发区存在的前提和保证。在市场机制作用下，各类优质资源总是向高新技术产业开发区集聚，并从事一些利润率较高产业的研发活动。市场机制对资源进行最优配置，使各类资源在流动的市场中获得最大的利益。

企业是参与创新、实现创新增值的最直接的行为主体，高新技术企业具有产品周期短、科技含量高、资金投入大以及风险性高、创造性高和学科带动性强等特点，同时还具有高度的战略性和国际竞争性等特点。

风险资本是由于从事高新技术活动的创新型中小企业得不到国家银行、商业银行等的贷款而形成的一种特殊的资本。风险投资作为一种新型投资方式，为资本运作和高新技术产业搭建了一个稳定的平台。

孵化器是高新区内经济活动发展到一定高度时的产物，随着不断发展和经验积累逐渐成为高新技术产业开发区的组成部分。孵化器对高新区的推动作用主要表现在提供工作场所、提供后勤生活服务、提供科研设备、培育企业家、提供培训和学

① 张新明. 国家级高新技术产业开发区发展要素分析及上海张江高新区实证研究 [D]. 上海：华东师范大学，2013.

习机会、解决资金、帮助拓展市场、提供律师和会计服务等。

政府部门通过税收政策、立法手段来实现对高新技术产业的监管和引导。

大学和科研机构不仅能为高新技术产业培养大量的高级知识分子，还可以直接参与科技成果转化，成为高新技术产业的创新源泉①。

第三节 常见的科技成果转移转化效率衡量指标

《中华人民共和国促进科技成果转化法》规定，科技成果转化活动应当有利于加快实施创新驱动发展战略，促进科技与经济的结合，有利于提高经济效益、社会效益；科技成果持有者可以采用自行投资、向他人转让、许可他人使用、与他人共同实施转化、以科技成果作价投资折算股份或者出资比例等方式实施转化。这意味着，广义的科技成果转化包含以下 4 层含义：

1）既应当包括取得经济效益，也应当包括取得社会效益，即科技成果在生产流程中得到应用或在公益项目中得到采纳等；

2）不一定是技术转让等形式的显性转化，也可以是利用科技成果为企业解决问题，包括研发机构和应用企业之间的技术人员交流，这也是科技成果价值得以实现的形式；

3）既可能发生所有权或使用权的转移，也可能未发生权属变更，如技术开发、技术咨询或技术服务等形式；

4）转化的科技成果既应当包括专利技术（含国防专利）、计算机软件著作权、集成电路布图设计专有权、植物新品种权、生物医药新品种以及科技部、财政部、国家税务总局确定的其他技术成果等"有证科技成果"，也应当包括技术秘密等"无证科技成果"。

这就从根本上决定了科技成果转移转化效率很难用统一的指标来衡量。但是，在实践中，也有一些常用的科技成果转移转化效率衡量指标能够从各自角度对科技成果转化情况进行度量，它们从各自角度反映了科技成果转化效率。本教程梳理出 4 种常见的科技成果实现转化的效率衡量标准。但需要注意的是，现有的统计口径暂时还无法获得全面准确、不重不漏的信息。

---

① 张新明. 国家级高新技术产业开发区发展要素分析及上海张江高新区实证研究 [D]. 上海：华东师范大学，2013.

一、完成交易：技术合同成交量

完成交易，即科技成果实现权属变更或其使用价值得以实现并取得经济对价。国家倡导以“技术合同认定登记”的方式进行技术交易确认，以此规范技术交易、净化技术市场、加强统计分析。科技部将“技术合同成交量”作为评价区域成果转化和技术转移工作的重要指标，并配套相应的税收减免政策。技术合同分为技术开发合同、技术转让合同、技术咨询合同和技术服务合同四类，简称“四技合同”。

技术合同认定登记遵循自愿登记原则。技术合同成交量指标的优点在于，其采用规范的统计口径和测算方法进行统计分析，统计内容明确，能够清晰反映区域科技成果转化和技术转移的构成脉络、交易主体、技术流向等。

2013—2017 年五年间，全国技术合同成交额持续上升，且增速明显。五年情况详见图 2-5。

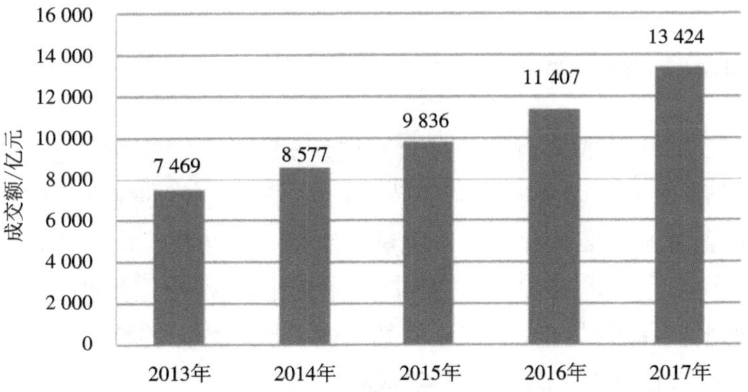

图 2-5 2013—2017 年全国技术合同成交额情况 [①]

二、得以实施：专利实施率[②]和专利产业化率[③]

得以实施，即科技成果进入生产实践环节或用于生产出产品并投放市场。国家知识产权局用专利实施率和专利产业化率来测度和衡量专利技术成果转化和产业化的活跃程度。国家知识产权局每年以问卷形式对拥有有效专利的专利权人及其有效

① 数据来自《2018 年全国技术市场统计年度报告》。

② 专利实施率 = 已实施专利件数 / 拥有的有效专利件数，来自《中国专利调查数据报告》。

③ 专利产业化率 = 用于生产出产品并投放市场的专利件数 / 拥有的有效专利数量，来自《中国专利调查数据报告》。

专利开展调查，测算得出专利实施率和专利产业化率，它的覆盖范围为有效发明专利。

自2015年起，国家知识产权局开始对外发布上年度《全国专利调查数据报告》。其中，2014—2017年四年的专利实施率和专利产业化率情况详见表2-1。

表2-1 2014—2017年全国专利实施率和专利产业化率情况

年份	专利实施率	专利产业化率
2014年	57.9%	42.9%
2015年	61.8%	46.0%
2016年	50.3%	34.6%
2017年	52.6%	36.2%
四年均值	55.7%	39.9%

三、实现应用：登记成果应用率

实现应用，即科技成果对经济社会发展发挥了作用，其研发投入实现了价值。2000年，科技部为了贯彻落实“对于政府财政资金支持的科技项目，要充分运用知识产权信息资源，选准高起点，避免重复研究”的精神，出台《科技成果登记办法》（国科发计字〔2000〕542号）。科技成果登记是反映国家和地方科学技术发展状况和整体水平，促进科技成果转化的基础性工作。登记的科技成果，可分为应用技术成果、基础理论研究成果、软科学成果三类。

科技成果登记应用情况由登记人在进行科技成果登记时自主填写，能够从侧面反映成果转化与应用的部分情况。从成果结构来看，由于《科技成果登记办法》第二条规定：“执行各级、各类科技计划（含专项）产生的科技成果应当登记；非财政投入产生的科技成果自愿登记；涉及国家秘密的科技成果，按照国家科技保密的有关规定进行管理，不按照本办法登记。”因此，科技成果登记主要反映的是财政支持产生的科技成果应用情况。

自2014年起，《全国科技成果统计年度报告》每年针对应用技术成果，统计其上年度产业化应用、小批量或小范围应用、试用、应用后停用、未应用情况。2013—2017年五年的相关情况详见表2-2。

表 2-2 2013—2017 年应用技术成果应用状态分布

年份	产业化应用	小批量或小范围应用	试用	应用后停用	未应用
2013 年	74.87%	15.02%	5.37%	0.25%	4.49%
2014 年	61.14%	25.77%	8.51%	0.13%	4.45%
2015 年	57.62%	27.63%	8.78%	0.11%	5.86%
2016 年	57.61%	27.65%	8.83%	0.15%	5.76%
2017 年	56.34%	28.57%	8.53%	0.16%	6.4%
五年均值	61.52%	24.93%	8.00%	0.16%	5.39%

四、知识扩散：兼职创业和创设参股新公司情况

上述指标是以技术或成果为载体进行考量的，如果以“科技成果持有人”为载体，则可以从人员流动和知识扩散等角度进行更加广泛的研究，可以以科技人员兼职与离岗创业为视角切入。《国家技术转移体系建设方案》（国发〔2017〕44 号）将“依托创新创业促进技术转移”作为拓宽技术转移通道的重要手段之一，因此这也是科技成果转移转化的一个重要方面。科技成果转化年度报告中除转让、许可、作价投资方式转化科技成果以及产学研合作（包括技术开发、咨询、服务项目）情况外，还统计了一部分独有数据，即高校和科研院所人员兼职离岗创业情况，以此来反映知识扩散和人员流动情况。

2017 年，国家启动科技成果转化报告制度。《中国科技成果转化年度报告 2018》（高等院校和科研院所篇）公布了 2016—2017 年两年间全国研究开发机构和高等院校兼职创业和创设参股新公司情况，详见表 2-3。

表 2-3 2016—2017 年全国研究开发机构和高等院校兼职创业和创设参股新公司情况

年份	兼职创业人数	创设和参股新公司数量
2016 年	6 705 人	1 262 人
2017 年	9 910 人	1 676 人
增长率	47.8%	32.8%

第三章　知识产权

知识产权连接创新与市场，贯穿科技成果转移转化全过程，对提升创新效益和产业竞争力具有至关重要且不可或缺的作用。我国经济已从高速增长进入中高速增长的新常态，创新驱动发展战略的实施推进、行业和企业的转型升级越来越离不开集法律性、技术性、经济性于一体的复合型战略资源——知识产权的支撑。

由于专利挖掘、专利规避设计、专利价值评估、竞争对手专利分析等基于客户价值的高端咨询服务需求不断增加以及专利质押、专利证券化等专利商业化的新业态不断涌现，我国的创新主体和市场主体越来越需要高质量的个性化、专业化、系统化的知识产权服务。

本章目的在于帮助读者理解知识产权在技术创新和科技成果转移转化中的作用，学习知识产权检索、分析、运营等与成果转化相关的实务，使其能够在服务科技成果转移转化过程中为服务对象提出有效的知识产权策略。

第一节　知识产权概述

一、知识产权的概念

1967 年 7 月 14 日，51 个国家在斯德哥尔摩签订《建立世界知识产权组织公约》，并将“一切来自知识活动的权利”定义为知识产权。世界知识产权组织官方网站对知识产权作出了如下定义：“Intellectual property（IP）refers to creations of the mind，such as inventions；literary and artistic works；designs；and symbols，names and images used in commerce.”这个定义强调知识产权是智力的创造。知识产权受法律保护，使人们能从自己的发明或创造中获得认可或经济利益。

我国国家标准《知识产权文献与信息 基本词汇》（GB/T 21374—2008）将知识

产权定义为在科学技术、文学艺术等领域中，发明者、创造者等对自己的创造性劳动成果依法享有的专有权。其强调知识产权是对智力创造所享有的权利，实际对应“Intellectual property rights”。在各类文件、标准和实际使用中，人们常常将智力创造和智力创造享有的权利都称作“知识产权”。本章偏重介绍成果转化实务中的知识产权，故不对智力创造及其权利做过多区分。

二、知识产权的特征

知识产权本质上是一种无形资产，具有以下主要特征。

1）无形性。知识产权的客体是创造性的智力成果，是不具有物质形态、不占有空间的无形资产，这是知识产权区别于有形资产的最重要特征。知识产权能够为多个民事主体同时使用而不损耗，权利人只能依法行使权利控制他人对其创造性智力成果的有偿、合理使用。这也决定了知识产权的交易与有形资产交易的不同。

2）专有性。权利人对其创造性的智力成果享有独占、垄断和排他的权利。权利人有依法自行实施或许可他人实施其知识产权的权利。除法律另有规定外，未经权利人许可，任何人都不得擅自实施或使用权利人的创造性智力成果。对同一项创造性智力成果，也不允许有两个或两个以上同一属性的知识产权并存。如对于多个申请人就同一发明创造申请专利的，专利权授予最先申请的人。

3）地域性。依据特定国家或地区法律产生的知识产权，只能在该国境内或该地区内发生效力，除依据国际公约或双边条约外，知识产权不产生域外效力。如果权利人要在其他国家保护其知识产权，必须根据国际公约或双边条约对等保护原则获得保护，或按照其他国家法律规定履行相关手续后取得知识产权。

4）时间性。知识产权仅在法律规定的期限内受到保护，一旦超出法律规定的有效期限，即丧失专有权，相关知识产权产品进入公有领域，成为社会的共同财富。比如，发明专利权的有效期为 20 年，实用新型专利权、外观设计专利权以及注册商标的有效期为 10 年，均自申请日起计算。

5）双重性。知识产权具有人身权和财产权的双重特性。人身权即权利同取得智力成果的人不可分离，是人身关系在法律上的反映。例如，权利人在其作品上署名的权利、作品发表或修改的权利等，是一种精神权利。财产权是权利人利用智力成果取得报酬或奖励的权利，是一种经济权利。

三、知识产权的范围

（一）知识产权的范围界定

根据世界知识产权组织颁布的《建立世界知识产权组织公约》，知识产权包括以下项目：关于文学、艺术和科学作品的权利；关于表演家的演出、录音和广播的权利；关于人们在一切领域的发明的权利；关于科学发现的权利；关于工业设计的权利；关于商标、服务商标、厂商名称和标记的权利；关于制止不正当竞争的权利；在工业、科学、文学或艺术领域里的一切来自知识活动的权利。这是第一次在公约中明确知识产权的范围。

根据《与贸易有关的知识产权协议》（“Agreement on Trade-Related Aspects of Intellectual Property Rights”，简称“TRIPS”协议），涉及的知识产权共有以下 8 个方面：著作权及其相关权利、商标、地理标记、工业品外观设计、专利、集成电路布图设计、对未公开信息的保护和对许可合同中限制竞争行为的控制。“TRIPS”协议是当前世界范围内知识产权保护领域中涉及面广、保护水平高、保护力度大、制约力强的国际公约，其对知识产权客体权利的规定成为世界各国知识产权立法所认同和遵循的保护范围。

我国通常使用的是国家标准《知识产权文献与信息 基本词汇》的知识产权范围界定，包括专利、商标、著作权及相关权、集成电路布图设计、地理标志、植物新品种、商业秘密、传统知识、遗传资源以及民间文艺等。

（二）具有成果转化意义的知识产权

从知识产权的范围可以看出，知识产权的客体既包括专利、软件著作权、技术秘密、集成电路布图设计等科技成果范畴的几乎所有内容，也包括商标、版权、域名等一般理解上不属于科技成果范畴的内容。

图 3-1 清晰地描述了科技成果与知识产权的关系。从是否受保护角度，科技成果包括不受法律法规保护的公共成果和受法律法规保护的成果。公共成果是指进入公共领域的科学技术知识、信息、经验等，包括专利、计算机软件著作权、植物新品种、集成电路布图设计、生物医药新品种等知识产权期满、被无效或权利人放弃等，技术秘密被公开以及其他进入公共领域的技术。公共成果可由公众无偿使用，一般不具备通常所说的技术经纪意义。受法律法规保护的成果主要包括两大类：一类是专利、软件著作权、集成电路布图设计、植物新品种等取得国家有关部门颁发权利证明文件的成果，即“有证技术成果”；另一类是科技成果权利人自行采取措

施予以保护的技术秘密、技术能力等，即“无证技术成果”[①]。受法律法规保护的成果是技术经纪的主要客体，即技术经理人的主要工作对象。从图 3-1 来看，有证技术成果以及无证技术成果中的技术秘密均属于知识产权范畴。

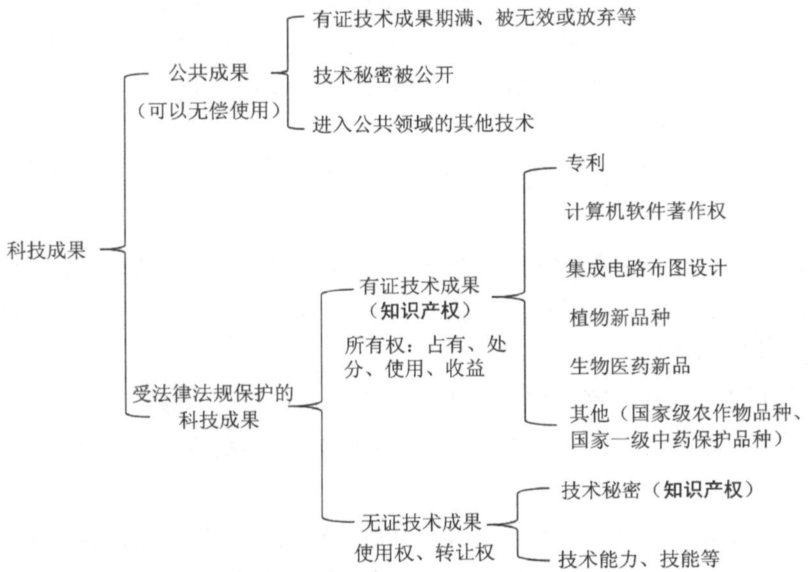

图 3-1　科技成果构成图

（来源：吴寿仁绘）

需要强调的是，一项科技成果可以由若干项发明专利、实用新型专利、外观设计专利、计算机软件著作权、集成电路布图设计、植物新品种、生物医药新品种、技术秘密以及其他知识产权构成。在科技成果转化过程中，应明确转让、许可或者作价投资的是科技成果还是专利等知识产权，应当清楚地界定科技成果包含哪些内容、包含哪些知识产权。

（三）常见的知识产权

下面将对几种常见的知识产权进行简要介绍。

1. 专利

（1）专利的概念和分类

专利是指依据专利法规定的程序申请，并由国家专利主管机关依法审查授予专有权的发明创造，包括发明、实用新型和外观设计。依法授予权利人对发明创造独

① 吴寿仁. 科技成果转化疑解 [M]. 上海：科学普及出版社，2018.

占、使用、处分的权利，即专利权。专利作为最为常见的一种知识产权类型，国内常常将“专利”和“知识产权”混同使用，这点需要特别注意。

《中华人民共和国专利法》将专利分为以下 3 种类型：发明，是指对产品、方法或者其改进所提出的新的技术方案；实用新型，是指对产品的形状、构造或者其结合所提出的适于实用的新的技术方案；外观设计，是指对产品的形状、图案或者其结合以及色彩与形状、图案的结合所作出的富有美感并适于工业应用的新设计。

（2）专利权内容

专利申请人以公开技术信息为对价，获得国家授予的专利权。专利权人的权利主要包括以下几方面。

1）独占实施权。专利权人有自行实施其专利并获取收益的权利。任何单位或个人未经专利权人许可，都不得实施其专利，即不得以生产经营为目的制造、使用、许诺销售、销售、进口其专利产品。

2）转让权。权利人有权将专利申请权或已获得的专利所有权转让给他人，但向国外转让专利申请权或专利权的，应当依照有关法律、行政法规的规定办理手续。

3）许可实施权。权利人可以授权许可他人实施其专利，并收取一定费用。

4）标记权。可以在专利产品及其包装上注明专利标记和专利号。

5）放弃权。可以书面声明放弃自己的专利权。

（3）专利权授予条件

1）新颖性。该发明不属于现有技术或设计；也没有任何单位或者个人就同样的发明（或实用新型、外观设计）在申请日以前向国务院专利行政部门提出过申请，并记载在申请日以后公告的专利文件中。要注意的是，在申请日前 6 个月内以下 3 种情形不丧失新颖性：在中国政府主办或者承认的国际展览会上首次展出的；在规定的学术会议或者技术会议上首次发表的；他人未经申请人同意而泄露其内容的。

2）创造性。与现有技术相比，该发明具有突出的实质性特点和显著的进步，该实用新型具有实质性特点和进步，外观设计与现有设计或者现有设计特征的组合相比应当具有明显区别。

3）实用性。该发明或者实用新型能够制造或者使用，并且能够产生积极效果。

《中华人民共和国专利法》还规定了 6 类不授予专利权的项目：科学发现；智力活动的规则和方法；疾病的诊断和治疗方法；动物和植物品种；用原子核变换方法获得的物质；对平面印刷品的图案、色彩或者二者的结合作出的主要起标识作用的设计。

（4）专利权归属

根据《中华人民共和国专利法》，对专利申请权和专利权的权利归属有如下约定。

1）职务发明创造。职务发明创造指的是执行本单位的任务或者主要是利用本单位的物质技术条件所完成的发明创造。职务发明创造申请专利的权利属于该单位；申请被批准后，该单位为专利权人。利用本单位的物质技术条件所完成的发明创造，单位与发明人或者设计人订有合同，对申请专利的权利和专利权的归属作出约定的，从其约定。被授予专利权的单位应当对职务发明创造的发明人或者设计人给予奖励；发明创造专利实施后，根据其推广应用的范围和取得的经济效益，对发明人或者设计人给予合理的报酬。

2）非职务发明创造。此种情形下，申请专利的权利属于发明人或者设计人；申请被批准后，该发明人或者设计人为专利权人。对发明人或者设计人的非职务发明创造专利申请，任何单位或者个人不得压制。

3）合作完成的发明创造。两个以上单位或者个人合作完成的发明创造，一个单位或者个人接受其他单位或者个人委托所完成的发明创造，除另有协议以外，申请专利的权利属于完成或者共同完成的单位或者个人；申请被批准后，申请的单位或者个人为专利权人。专利申请权或者专利权的共有人对权利的行使有约定的，从其约定。没有约定的，共有人可以单独实施或者以普通许可方式许可他人实施该专利；许可他人实施该专利的，收取的使用费应当在共有人之间分配。

（5）专利权保护

专利申请人必须以技术公开为对价，获得国家授予的专利权。在技术公开的同时，其专利保护的范围也必须公开，以明确专利权利的边界。权利范围的公开是通过公开权利要求书来实现的，权利要求书是界定专利权保护范围的法律文件。根据《中华人民共和国专利法》，发明或者实用新型专利权的保护范围以其权利要求的内容为准，说明书及附图可以用于解释权利要求的内容。外观设计专利权的保护范围以表示在图片或者照片中的该产品的外观设计为准，简要说明可以用于解释图片或者照片所表示的该产品的外观设计。

未经专利权人许可实施其专利，即侵犯其专利权。专利纠纷可由当事人协商解决，不愿协商或者协商不成的，专利权人或者利害关系人可以向人民法院起诉，也可以请求管理专利工作的部门处理。侵犯专利权的诉讼时效为两年，自专利权人或者利害关系人得知或者应当得知侵权行为之日起计算。

2. 商业秘密

（1）商业秘密的概念

由于商业秘密不具有传统知识产权公开性的特点，所以将其纳入知识产权的保护范围颇费了一番周折。各国在立法策略上仍有差异，包括我国在内的一些国家将商业秘密归入了反不正当竞争法的保护范畴，美国等国家则制定了专门的商业秘密法来保护。

对于商业秘密的定义，《中华人民共和国反不正当竞争法》中规定：商业秘密是指不为公众所知悉、具有商业价值，并经权利人采取相应保密措施的技术信息、经营信息。其中，技术信息就是涉及技术的信息，包括技术方案、软件程序、产品结构、成分、配方、工艺流程、制造方法、技术数据等，将技术信息作为商业秘密来对待的就是技术秘密（Know-How），也可以称其为技术诀窍；经营信息就是有关筹划、组织和管理的信息，包括管理方法、客户名单、货源情报、产销策略等，将经营信息作为商业秘密来对待的就是经营秘密。

与其他知识产权相比，作为商业秘密的技术信息和经营信息是不为公众所知悉的，而其他知识产权都是公开的。商业秘密是一项相对的权利，不具备排他性。如果其他人以合法方式取得了某一商业秘密，他们就和原持有人有同样的地位。

（2）商业秘密的侵权判定

商业秘密的侵权诉讼的前提是必须进行可以鉴别的侵权判定。

1）商业秘密客观存在。有符合法律规定的具备商业秘密基本法律特征的内容存在，并且该内容应当明确具体，以便确定商业秘密的保护范围。商业秘密应当是合法取得的。

2）损害事实客观存在。是否存在商业秘密侵权，要看该商业秘密是否被他人非法获取、披露、使用，并因此给该商业秘密拥有人带来损失，如营业额下降以及商业秘密因扩散而使其潜在的获利能力降低、评估价值降低。

3）行为人实施了违法行为。《中华人民共和国反不正当竞争法》规定，经营者的以下行为属于侵犯商业秘密的违法行为：以盗窃、贿赂、欺诈、胁迫或者其他不正当手段获取权利人的商业秘密；披露、使用或者允许他人使用以前项手段获取的权利人的商业秘密；违反约定或者违反权利人有关保守商业秘密的要求，披露、使用或者允许他人使用其所掌握的商业秘密。

第三人明知或者应知商业秘密权利人的员工、前员工或者其他单位、个人实施以上所列违法行为，仍获取、披露、使用或者允许他人使用该商业秘密的，亦被视为侵犯商业秘密。但通过独自研制、反向工程剖析、合法受让及公开报道推理分析而获取、使用该商业秘密，善意披露或为公共利益需要而披露商业秘密等，不属于侵犯商业秘密行为。

4）违法行为与损害事实存在因果关系。行为人不仅实施了违法行为，而且该行为引起了损害事实，两者之间有着必然的联系。

5）行为人主观上有故意。行为人预见到自己行为的结果，仍然希望或听任其发生。

（3）商业秘密的诉讼策略

侵犯商业秘密权的法律责任，主要包括以下内容。

1）民事责任。

停止侵害。即停止非法获取、披露、使用该商业秘密。停止侵害的核心内容是要求侵权人停止使用。

消除危险。对商业秘密而言，最大的危险是秘密继续扩散。应该要求侵权人采取一切可能的措施防止商业秘密进一步泄露或扩散。

返还财产及恢复原状。由于商业秘密是一种无形财产，可以被多次复制、记录（记忆）而没有任何痕迹，因此能返还的实际上只是该商业秘密的载体（文件或实物），而非该商业秘密本身。

赔偿损失。赔偿损失是承担民事责任的一种重要方式，赔偿额的认定也是侵权人、拥有人双方争议的焦点之一。一般而言，赔偿额问题可以通过下列 4 种方式解决：①以侵权行为给商业秘密拥有人造成的实际损失为依据，如拥有人产品销售额下降；②以侵权人的侵权行为所得为依据，由于取证的原因，采用本方式有一定难度，焦点问题是能否取得证据、该证据的真实性如何；③以该商业秘密的实施许可费为依据，前提是假设拥有人将该商业秘密许可给他人实施，计算其应收取的使用费，然后以不低于该使用费为原则，确定侵权人应赔偿数额；④当事人双方自愿协商确定赔偿数额。

2）行政责任。

根据《中华人民共和国反不正当竞争法》相关条款规定，侵犯商业秘密的，由监督检查部门责令停止违法行为，没收违法所得，处十万元以上一百万元以下的罚款；情节严重的，处五十万元以上五百万元以下的罚款。

3. 著作权

（1）著作权的概念

著作权是指作者对其创作的文学、艺术和科学作品依法享有的专有权利。《中华人民共和国著作权法》规定，作品包括以下列形式创作的文学、艺术和自然科学、社会科学、工程技术等作品：文字作品；口述作品；音乐、戏剧、曲艺、舞蹈、杂技艺术作品；美术、建筑作品；摄影作品；电影作品和以类似摄制电影的方法创作的作品；工程设计图、产品设计图、地图、示意图等图形作品和模型作品；计算机软件；法律、行政法规规定的其他作品。但不包括：法律、法规，国家机关的决议、决定、命令和其他具有立法、行政、司法性质的文件及其官方正式译文；时事新闻；历法、通用数表、通用表格和公式。

（2）著作权与专利权、商标权的比较

1）权利产生的方式。著作权一经创作完成即自动取得并受法律保护，无须经过登记、批准程序。专利权并不会自动取得，须由申请人向专利管理部门提出申请，获批准后才能获得专利权。商标权实行“注册在先”原则，只有经过最先申请注册并获主管机关审查核准后，才能取得商标权。

2）保护的客体。著作权保护智力成果的表现形式即作品，而不是保护其内容，只要作品具有一定的独创性，不论其内容是否新颖、创作水平如何，均可获得著作权保护。专利权仅保护智力成果的内容，不保护其形式，专利权保护的客体必须具有新颖性、创造性和实用性。商标权保护的客体是以文字、图形或者其组合构成的注册商标标识本身。

3）保护的期限。著作权的保护期为作者终生及其死亡后50年，截止于作者死亡后第50年的12月31日；如果是合作作品，截止于最后死亡的作者死亡后第50年的12月31日。专利权的保护期限是发明专利20年，实用新型和外观设计10年，均自申请日起计算。注册商标的有效期为10年，期满可以续展注册，而且可以重复申请，每次续展注册的有限期均为10年。

（3）软件著作权

计算机软件著作权是一种特殊的著作权，国务院专门发布了《计算机软件保护条例》。其中规定，计算机软件是指计算机程序及其有关文档。其中，计算机程序是指为了得到某种结果而可以由计算机等具有信息处理能力的装置执行的代码化指令序列，或者可以被自动转换成代码化指令序列的符号化指令序列或者符号化语句序列，同一计算机程序的源程序和目标程序为同一作品；文档是指用来描述程序的内容、组成、设计、功能规格、开发情况、测试结果及使用方法的文字资料和图表等，如程序设计说明书、流程图、用户手册等。

软件著作权人可以向国务院著作权行政管理部门认定的软件登记机构办理登记。软件著作权自软件开发完成之日起产生。自然人的软件著作权，保护期为自然人终生及其死亡后 50 年，截止于自然人死亡后第 50 年的 12 月 31 日；软件是合作开发的，截止于最后死亡的自然人死亡后第 50 年的 12 月 31 日。法人或者其他组织的软件著作权，保护期为 50 年，截止于软件首次发表后第 50 年的 12 月 31 日，但软件自开发完成之日起 50 年内未发表的，该条例不再保护。

有下列侵权行为的，应当根据情况，承担停止侵害、消除影响、赔礼道歉、赔偿损失等民事责任：未经软件著作权人许可，发表或者登记其软件的；将他人软件作为自己的软件发表或者登记的；未经合作者许可，将与他人合作开发的软件作为自己单独完成的软件发表或者登记的；在他人软件上署名或者更改他人软件上的署名的；未经软件著作权人许可，修改、翻译其软件的；其他侵犯软件著作权的行为。

未经软件著作权人许可，有下列侵权行为的，应当根据情况，承担停止侵害、消除影响、赔礼道歉、赔偿损失等民事责任；同时损害社会公共利益的，由著作权行政管理部门责令停止侵权行为，没收违法所得，没收、销毁侵权复制品，可以并处罚款；情节严重的，著作权行政管理部门可以没收主要用于制作侵权复制品的材料、工具、设备等。触犯刑律的，依照刑法关于侵犯著作权罪、销售侵权复制品罪的规定，依法追究刑事责任：复制或者部分复制著作权人的软件的；向公众发行、出租、通过信息网络传播著作权人的软件的；故意避开或者破坏著作权人为保护其软件著作权而采取技术措施的；故意删除或者改变软件权利管理电子信息的；转让或者许可他人行使著作权人的软件著作权的。

第二节　成果转化中的知识产权运营

一、知识产权运营的概念和方式

知识产权运营是指以实现知识产权经济价值为直接目的的、促成知识产权流通和利用的商业活动行为[①]。合理的知识产权运营策略不仅能够增加达成转让或许可的可能性，还会产生更多的收益，例如专利池所带来的回授权益，专利许可带来的销售提成等。

知识产权运营的主体包括科研院校和企业，其中企业的主体作用更加突出。知识产权运营的客体既包括专利、技术秘密、软件著作权等科技成果范畴的几乎所有内容，也包括商标、版权、域名等一般理解上不属于科技成果范畴的内容。本节讨论的重点是专利等具有成果转化意义的知识产权。

知识产权运营的具体模式包括知识产权的许可、转让、融资、产业化、作价入股、专利池集成运作、专利标准化等，涵盖知识产权价值评估和交易经纪以及基于特定专利运用目标的专利分析服务等。其强调的是产权明晰的各种知识产权的多样化经济价值的实现过程，科技成果转化是其中的一种价值实现方式。

以专利运营这一最为常见的知识产权运营方式为例，深圳市标准化指导性技术文件《企业专利运营指南》（SZDB/Z 102—2014）给出了其定义和主要方式。专利运营是指通过对专利或专利申请进行管理，促进专利技术的应用和转化，实现专利技术价值或者效能的活动。其主要运营方式和对应的适用对象包括以下几种。

1）产业化。即实施专利，利用专利技术方案生产制造产品，促进专利技术的产品化、商品化和产业化。对于布局较全面的专利、属于核心技术或者基础技术的专利、专利产品的市场潜力较大的专利，宜进行产业化。

2）贸易化。即专利转让、专利许可和专利购买等贸易化运营活动，即专利技术的转化应用。其中，专利转让，主要针对自身不实施且不具有战略价值的闲置专利，或转让后仍可保留实施权的专利；专利许可，主要针对某种具有战略意义不宜转让，且通过实施许可能为企业带来经济效益等的专利。

3）投融资。通过专利权的投融资活动，促进专利权资本化。利用专利权进行出资，以专利权作为资本投资设立新的经济组织或者作为资本对投资的经济组织增加注册资本；以专利权出资应对专利权进行评估并办理权利转移手续。利用专利权质押贷款等方式进行融资。

4）标准化。遵守标准化组织的专利政策，及时披露标准所涉及专利或专利申请的信息，选择许可声明的类别。及时了解所属产业专利联盟或专利池的发展动态，通过参与或组建专利联盟和专利池等方式，提高企业和行业的专利运营能力。

5）其他运营方式。运用商业宣传、技术合作、产业孵化、交叉许可、并购重

① 国家知识产权局在部署知识产权运营试点企业工作会上给出的定义。

组、专利诉讼等方式进行专利运营。

根据《中华人民共和国促进科技成果转化法》，科技成果持有者可以采用下列方式进行科技成果转化：自行投资实施转化；向他人转让该科技成果；许可他人使用该科技成果；以该科技成果作为合作条件，与他人共同实施转化；以该科技成果作价投资，折算股份或者出资比例；其他协商确定的方式。

从中可以看出，知识产权（或称之为专利）运营中的产业化和贸易化是与科技成果转移转化最为直接相关的。其中，产业化可理解为自行转化，对应第一种成果转化方式；贸易化则侧重通过转让、授权许可等技术交易实现成果转化，也是接下来着重介绍的内容。

二、知识产权贸易化运营——技术转让的四种方式

《中华人民共和国合同法》第三百二十二条对“技术合同”给出如下定义：当事人就技术开发、转让、咨询或者服务订立的确立相互之间权利和义务的合同，包括技术开发、技术转让、技术咨询和技术服务四种类型。

根据联合国贸易和发展会议起草的《国际技术转让行动守则（草案）》的表述，技术转让是“关于制造某种产品，应用某种工艺或者提供某种服务所需要的系统知识的转让，但不包括只涉及单纯货物销售或者租赁的各项交易”。从中可以看出，技术转让体现的是权利的转移，与知识产权最为相关。根据《中华人民共和国合同法》第三百四十二条的规定，技术转让合同包括专利权转让、专利申请权转让、技术秘密转让、专利实施许可合同。根据知识产权的概念界定，以上四种技术转让方式的客体均在知识产权范畴内。因此，后文将对技术转让进行详细介绍。

另外，需要说明的是，企业在技术开发过程中，无论是跨国贸易还是国内技术开发合作，都难免遇到知识产权问题。一方面，从国际技术合作来看，欧美国家非常重视技术合同的知识产权条款，然而国内企业的知识产权保护意识还比较淡薄，在技术合作过程中没有落实知识产权布局和保护策略，侥幸认为不会发生权属或侵权纠纷。另一方面，企业对在技术合作过程中形成的知识产权成果没有及时采取保护措施，继而被合作方先申请或迫使自己放弃申请，不能真正地通过落实知识产权成果来提升自己的核心竞争力，而时常出现纠纷。技术开发中主要涉及知识产权权属问题，如涉及权利转移可参照技术转让处理。

根据全国技术市场统计年度报告，2008 年以来，全国技术合同成交额、技术转让金额总体上都呈现波动增长趋势，在技术开发、技术转让、技术咨询和技术服

务四类技术合同中，技术转让的占比较小（不足 20%）。在技术转让合同中，从合同金额来看，专利权转让占比基本低于 10%、专利申请权转让占比低于 1%、专利实施许可占比大多低于 20%，而技术秘密转让占比可达 60%~75%；从成交数量来看，专利权转让占比大多低于 10%、专利申请权转让占比低于 2%、专利实施许可占比低于 20%，而技术秘密转让占比均在 50% 以上。显而易见，无论从合同金额还是成交数量来看，技术秘密转让均为最常见的技术转让方式，所占比重最大；其次为专利实施许可和专利权转让，专利申请权转让最为少见。

根据《2018 年全国技术市场统计年度报告》显示，全年涉及知识产权的技术合同 153 040 项，成交额为 5 550.67 亿元，占技术合同成交额的 41.35%。其中，技术秘密、专利、计算机软件著作权等三类合同成交额居前三位，依次分别为 2 991.27 亿元、1 420.47 亿元和 852.67 亿元，占比分别达到 53.9%、25.6% 和 15.4%。2018 年合同类别构成如图 3-2 所示。

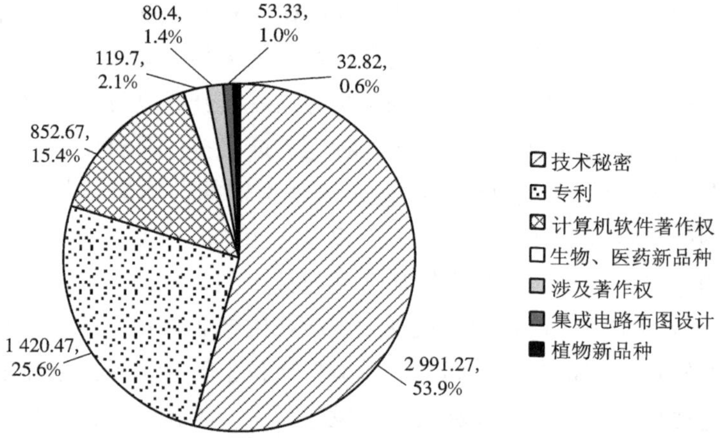

图 3-2　2018 年涉及知识产权的技术合同类别构成（单位：亿元）

综上，下文在技术转让合同分类的基础上，分别对专利转让、专利许可、技术秘密转让以及软件著作权转让等交易方式进行介绍。

（一）专利转让

1. 基本概念和权利内容

专利转让分为专利权转让和专利申请权转让两种。专利权转让是指专利权人作为转让方将发明创造专利的所有权或持有权移交受让方，受让方支付约定价款的行为。专利申请权转让是指转让方将其特定的发明创造申请专利的权利移交受让方，受让方支付约定价款的行为。

对于专利权的内容，各国专利法的规定有所不同，德国、日本正向规定专利权人有独占实施权，英、美、法等国则反向规定禁止他人未经专利权人许可实施其专利。相较而言，后者的界定更科学、应用更普遍。我国专利法在对专利权进行限定时采取了与英、美、法等国相近的方式。根据《保护工业产权的巴黎公约》《与贸易有关的知识产权协议》以及《中华人民共和国专利法》的规定，专利权的内容包括特定专有权（禁止他人未经许可的制造权、使用权、销售权、许诺销售权和进口权）、处置权（转让权和许可权）、继承权、署名权和标识权等。专利权人的义务主要是缴纳年费、不滥用专利权等[①]。

对于专利申请权的具体含义，我国有关法律法规没有明确规定，学术界也存在争议。《最高人民法院关于审理技术合同纠纷案件适用法律若干问题的解释》（法释〔2004〕20 号）第二十三条，在时间上对专利申请权做了界定，即专利申请者拥有的发明专利申请公开以后、专利授权以前的权利。专利申请权的内容包括：申请专利和获得专利权的权利；专利申请的修改权、撤回权以及就专利申请陈述意见的权利；转让专利申请权的权利；实施和改进发明创造的权利；请求实质审查权、要求优先权的权利；要求临时保护权；要求复查权和起诉权等。

需要注意的是，对于专利申请权转让，让与人转让的只是受让人有权针对此专利继续进行申请的权利，不能从根本上保证受让人未来一定能够成为受让发明创造的专利权人。专利申请权转让后，专利申请既可能被授予专利权，也可能被驳回。受让人应该清楚地预见到专利申请可能被驳回的风险，受让人同意签订专利申请权转让合同，等于接受了承担风险的责任。除非让与人恶意欺骗，一般情况下受让人不得要求返还转让费。

2. 专利转让流程

专利权和专利申请权实际上是一种财产权，但是作为专利权客体的发明创造，它又是无形的，不能像有形财产那样被实际占有，专利权的归属以国家知识产权局的登记簿为准。《中华人民共和国专利法》规定，转让专利权或专利申请权的，当事人应当订立书面合同，并向国务院专利行政部门登记，由国务院专利行政部门予以公告。在实际操作中，专利权转移变更需要由国家知识产权局办理著录项目变更手续。同时，需要注意的是，专利转让自登记之日起生效。专利转让流程如图 3-3 所示。

① 郜志雄. 专利技术转移机制 [M]. 北京：中国时代经济出版社，2016.

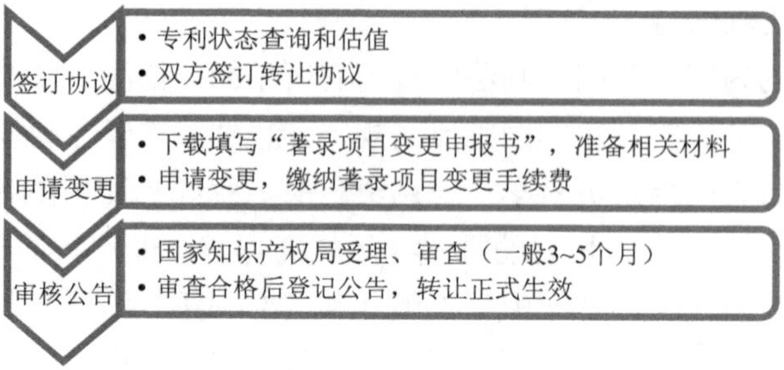

图 3-3　专利转让流程

（1）专利状态查询和估值

无论是专利转让还是许可，在完成专利信息全面系统检索后，从技术、市场、法律三个维度进行专利综合分析是必不可少的，这决定了双方是否能达成交易。法律状况检索要重点关注和核实的内容包括：是否为有效专利，并确认专利权的剩余有效年限；转让人是否是该专利的合法持有人，是否存在其他共有人；专利是否是职务发明，转让人是否为国有企业等。

由于实用新型专利和外观设计专利的授权不经过实质审查，其专利权的“稳定性”与发明专利相比相对较弱。因此，受让人应充分了解所转让专利权的类型，权衡转让的潜在风险，必要时可要求专利权人提供国家知识产权局出具的检索报告。另外，可以委托专业的第三方公司进行专利价值评估，作为交易价格参考依据。专利价值评估具体见第四章，在此不再赘述。

（2）签订转让协议

涉及专利的合同条款与一般技术合同类似，在此仅对与专利相关的注意事项进行阐述说明。

1）交付资料。应明确详尽列出与专利相关的交付资料，如向国家知识产权局递交的全部专利申请文件、转让方已许可他人实施的专利实施许可合同书、国家知识产权局出具的专利权有效的证明文件和上级主管部门批准转让文件等。

2）专利实施和实施许可的情况及处置办法。专利转让前，转让人往往已经在自行实施或许可他人实施该专利，因此须对专利实施和实施许可的情况及处置办法进行明确约定。一般来说，在合同签订前转让方已经实施该专利的，在本合同生效后转让方可继续实施或停止实施该专利；在合同签订前转让方许可他人实施的许可合同，其权利义务关系在本合同生效之日起转移给受让方。

3）专利权被撤销或宣告无效的处理方式。依据《中华人民共和国专利法》规定，被宣告无效的专利权自始即不存在，已经履行的专利权转让合同不具有追溯力，不返还专利权转让费，但明显违反公平原则的，应当全部或部分返还。

4）过渡期条款。应约定合同签订之日起至受让该专利期间由谁维持专利的有效性及承担费用。

（3）申请变更

下载填写“著录项目变更申报书”，准备相关材料，提交著录项目变更申请。一件专利（申请）多个项目同时发生变更的，只需提交一份申报书；多件专利（申请）的同一著录项目发生变更的，分别提交各自的著录项目变更申报书。若专利（申请）人为两人或者两人以上，专利（申请）权的转让须经全体人员同意，并签字或盖章。

（二）专利许可

1. 基本概念和常见方式

相较于“一锤子买卖”的专利转让，更多公司愿意通过将专利许可于他人来获取长期利益。专利许可是指专利权人以订立合同的方式许可被许可方在一定时间和范围内实施其专利权的行为。根据《最高人民法院关于审理技术合同纠纷案件适用法律若干问题的解释》（法释〔2004〕20 号）第二十五条，专利实施许可包括以下 3 种方式。

1）独占实施许可，指让与人在约定许可实施专利的范围内，将该专利仅许可一个受让人实施，让与人依约定不得实施该专利。即许可方在合同期限和地域内许可被许可方独自使用其技术，其他任何人包括专利权人自己都不得使用该技术。

2）排他实施许可，指让与人在约定许可实施专利的范围内，将该专利仅许可一个受让人实施，但让与人依约定可以自行实施该专利。即除被许可方和专利权人以外，任何人不得使用该技术。

3）普通实施许可，指让与人在约定许可实施专利的范围内许可他人实施该专利，并且可以自行实施该专利。

当事人对专利实施许可方式没有约定或者约定不明确的，认定为普通实施许可。专利实施许可合同约定受让人可以再许可他人实施专利的，认定该再许可为普通实施许可，但当事人另有约定的除外。即专利权人在合同期限和地域内许可他人实施专利，还可以保留许可他人实施的权利。

在实际情况中，除了独占许可、排他许可、普通许可这 3 种法律规定的方式外，还有分许可、交叉许可等常见方式。其中，分许可是指许可方在合同期限和地域内许可被许可方使用其技术的同时，被许可方还可以以自己的名义，再许可第三方使用该技术；交叉许可是指交易双方相互许可使用他们拥有的专利技术。

2. 合同注意事项

在签订专利实施许可合同时，应对许可方式、许可类型、许可限制、许可例外等进行相应约定。

1）许可方式，包括普通许可、排他许可、独占许可、分许可、交叉许可等。在实践中，许可人和被许可人可以根据具体情况选择许可方式。

2）许可类型，在技术许可合同中，许可权利包括专利产品的制造权、使用权、销售权、许诺销售权和进口权等。在合同签订过程中，双方可以对许可权利的种类进行分开约定，在一定的范围、时间等条件下使用某些局部权利。

3）许可限制，指权利人拒绝向其竞争对手颁发合理使用许可证，自身获得市场垄断的行为。在技术合同中，通常约束具有市场支配地位的专利许可人无合理理由不得限制被许可人独立或者与第三人研发与许可人相同的技术。

4）许可例外，即在技术合同中，需要明确所许可的专利技术被宣告无效的情况。宣告无效的专利权视为自始即不存在，专利宣告无效前签订的许可使用合同，在宣告无效后是不具有法律效力的。宣告专利权无效的决定，对在宣告专利权无效前人民法院作出并已执行的专利侵权的判决、调解书，已经履行或者强制执行的专利侵权纠纷处理决定，以及已经履行的专利实施许可合同和专利权转让合同，不具有追溯力。但是因专利权人的恶意给他人造成的损失，应当给予赔偿。

3. 合同备案

专利实施许可合同备案工作是国家知识产权局为了切实保护专利权、规范专利实施许可行为、促进专利权的运用而对专利实施许可进行管理的一种行政手段。根据《中华人民共和国专利法实施细则》和《专利实施许可合同备案办法》，鉴于专利权的时效性、稳定性，专利实施许可合同中的当事人应当在合同生效日起 3 个月内到国家知识产权局或地方知识产权局办理备案手续。对备案审查合格的专利实施许可合同，国家知识产权局或地方知识产权局将给予备案合格通知书及备案号、备案日期，并将通知书送交当事人。

（三）技术秘密转让

技术秘密转让是指转让方将其拥有的技术秘密转让给受让方，明确相互之间技术秘密使用权、转让权、受让方支付使用费等。

作为技术秘密转让合同标的的技术秘密是指从事生产活动所必需的、未向社会公开的、可以通过秘密方式进行转让的技术信息，包括技术方案、软件程序、产品结构、成分、配方、工艺流程、制造方法、技术数据等。技术秘密和专利技术虽然都属于人类智力劳动的成果，但两者在法律上却存在很大的差别，这主要表现在以下 3 个方面。

1）公开程度不同。专利技术是公开的，但技术秘密则是秘密的，只为少数人所掌握。

2）有效期限不同。专利技术有一定的保护期限，有效期限届满，专利权就自行终止；而技术秘密则无所谓保护期限问题，只要不丧失秘密性，其可转让的期限在理论上就是无限的。

3）取得法律保护的程度和方法不同。专利权受国家有关专利的法律保护，属于所有权范畴；而技术秘密不受法律保护，只能通过订立合同来获得合同法的保护。

技术秘密作为技术转让合同的标的，必须同时具备 3 个特征，即已知性、秘密性和实用性。已知性是指该项技术在订立合同时，对转让方而言是已知的，是已经研究开发成功的技术成果，而不是尚待研究开发的未知技术。秘密性是指该项技术只能在一定范围内由特定人或者少数人所掌握和知晓，而不是已经在社会上公开、广为人知的技术。秘密性是技术秘密得以存在的关键。实用性是指该项技术具有实际应用价值，是能够应用于实践并且产生较好的社会经济效益的技术知识和经验。只有同时具备已知性、秘密性和实用性的技术秘密，才具有转让的价值，才能作为技术转让合同的标的。

（四）软件著作权转让

软件著作权转让是指软件著作权人作为转让方与受让方通过签订转让合同的方式，将软件著作权的全部或者其中的一部分权利转移给受让方所有，而由受让方支付相应的转让费的法律行为。

根据《计算机软件保护条例》，订立许可他人专有行使软件著作权的许可合同，或者订立转让软件著作权合同，可以向国务院著作权行政管理部门认定的软件登记机构登记。国家版权局主管全国软件著作权登记管理工作，国家版权局认定中国版权保护中心为软件登记机构，中国版权保护中心可以在地方设立软件登记办事机构。软件转让或许可合同“可以”向国务院著作权行政管理部门认定的软件登记机构登记，强调的是自愿登记原则。

三、成果转化中的专利分析

随着企业在创新中的主体地位和主导作用日益显现，越来越多的企业通过开放式创新，高效、快速地从外部引进技术成果获得技术创新突破，其中专利技术越来越成为科技成果转移转化的主角。专利信息分析（简称“专利分析”）是指对来自专利文献中大量或个别的专利信息进行加工及组合，并利用统计方法或数据处理手段使这些信息具有纵览全局及预测的功能，并通过专利分析使它们由普通的信息上升为企业经营活动中有价值的情报。基于不同的专利运用目标，专利分析的方法各有不同。在科技成果转移转化过程中，专利分析是实现专利情报挖掘和专利信息增值的关键步骤，是保障企业技术竞争领先的有效措施和得力手段。

专利的检索和分析贯穿于科技成果转移转化的全过程。首先，专利分析可以帮助企业理清专利技术的主要发展脉络和趋势，以便确定所要引进的技术方向，进而确定所要引进的技术主题。其次，专利分析还可以帮助企业分析哪些是相关技术主题的必要或核心专利，哪些是非必要专利。最后，专利分析还可以帮助企业做好拟转移专利技术的尽职调查工作，规避其中的知识产权风险。下面我们将简述专利技术转移过程中涉及的专利分析方法和一般流程，并推荐一些常用的专利检索分析工具。

（一）专利分析流程

专利分析的一般流程如下[①]。

1. 确定专利技术引进的主题（技术点）

在了解了企业的技术需求和承接能力的基础上，借助发明问题解决理论（TRIZ）和技术功效矩阵等方法，分析企业自身技术的短板以及专利布局的热点和空白点，初步确定适用的技术主题。然后通过专利申请趋势、技术生命周期、技术路线等分析把握技术发展趋势，找准技术主题和技术方向，以确保引进的是符合技术发展趋势且能够弥补企业自身技术短板的技术。

2. 确定专利技术的目标单位

技术主题确定后，对该技术主题下的主要专利权人的技术实力进行评估，主要包括专利申请总量和有效专利数量、申请时间和趋势分布、专利被引情况、专利申请地域、技术匹配度和专利权人技术实力等。此外，还要对这些专利权人的技术交

① 本部分借鉴了马天旗等人的“有关专利引进中高价值专利的筛选路径”的部分内容。马天旗，曹小明. 技术引进中高价值专利的筛选路径 [J]. 专利代理，2018，17（2）.

易、诉讼等情况进行必要分析，判断技术转让或许可的可能性。

3. 筛选和确定专利技术转移的专利范围

在确定专利技术转移的目标企业或科研单位后，紧接着就需要筛选出与所需技术主题最为相关的重点专利，这个环节尤为重要，找对了专利权人，就像找对了门儿，找对了真正需要的专利，才算找到了钥匙。要检索和标引与所需技术主题相关的重要专利，并将筛选出的专利技术权利要求与自身产品的技术特征进行对照分析，结合专利价值评估等确定转移的专利范围。

4. 技术定位分析

技术定位分析的目的是为了对拟转移专利技术进行翔实的调查和分析，以保证被作为转移对象的专利技术有充分的必要性，而没有任何的实质性缺陷，定位分析主要包括以下方式。

（1）路径定位

路径定位用于重点判断目标专利是否在本领域技术发展的主路径上。

（2）代级定位

任何领域的技术都是在演进和发展中的，大部分领域的技术都有比较明显的代级，比如可分为第一代技术、第二代技术……越靠近当前代级的专利技术越先进。代级定位可以有效避免单纯使用某专利的被引频次进行专利重要性排序的缺陷。

在进行路径定位和代级定位时，通常需要先绘制技术路线图，表征各节点专利技术，然后检索定位专利申请，进而判断待定位专利技术的技术价值。该方法工作量和成本相对较高，而如果企业研发人员和知识产权管理者已经制作了本领域的专利技术路线图，则该方法的应用将会变得高效和便捷。

（3）功效定位

功效定位即对待转移专利技术的功能和效果进行梳理分析，可以明晰待转移专利技术是否属于技术引进方急需的匹配性技术，这对于专利技术引进而言是不可或缺的。

（4）技术自由实施度定位

技术自由实施度定位是评估在当前的时间点上待转移专利技术是否可独立自由实施，是否依赖于他人在先专利的许可以及配套条件的成熟。具体可按照以下步骤进行：①分析该专利是否与其他专利的权利要求保护范围有所重叠，是否为其他专利的保护范围所覆盖；②分析专利技术的实施是否需要配套较为苛刻的基础条件以及当前该基础条件的成熟程度。

（5）技术成熟度定位

专利的成熟程度取决于其技术研发所处的阶段，即处于起步、试验、成长、成熟还是衰退阶段；也可按照其技术实现程度进行十三级成熟度评价，如报告级、方案级、功能级、仿真级、初样级、正样级、环境级、产品级、系统级、销售级、盈亏级、利润级、回报级等。一般情况下，转移尚处起步和试验阶段的专利技术风险较大，因为该技术能否最终产业化并进入市场具有不可确定性。转移处于成熟阶段的专利技术风险较小，因为该技术能够直接投入生产。通过技术成熟度定位分析，可以帮助企业判断待转移专利的技术成熟度如何，是否还需要进一步研究和开发。

5. 商业价值判断

（1）专利的商业化程度

专利的商业化程度涉及该技术创造的竞争优势、降低成本的幅度、市场前景和商业寿命长短，其判断方法包括商业化概率分析、实施成本分析、潜在市场规模分析、利润增值空间预期等。应引进商业化程度较高的专利，即拟转移的专利技术应具有实用性较强、市场前景较好、商业寿命较长的特点。

（2）专利的成本收益比

企业所需要的并不是单纯的一纸专利证书，而是技术产品化能为企业带来切实的利润提高。企业在引进技术时应力求以最小的成本获取最大的收益。其中，成本主要包括引进成本和消化成本；收益主要体现在将来的市场潜力方面，即技术引进的目标是帮助企业打开更广阔的市场，从而使未来的预期收益可以覆盖前期技术引进所付出的成本，并获取足够高的回报。

（3）专利二次开发可能性

企业转移专利技术的最终目的是对专利技术进行消化、吸收、整合、再创新，从而发展自主知识产权、促使技术进步。企业在制定技术引进战略时需重视对所引进技术的二次开发，避免陷入“引进—落后—再引进—再落后”的恶性循环。

6. 法律尽职调查

法律尽职调查是技术转移的关键环节，应对下述问题予以重点关注，确保以最合适的条件引进高价值专利技术。

（1）专利技术是否存在权属瑕疵

应在法律尽职调查中检查专利的有效性、有效期和登记情况，并查阅其他相关法律文件，确认技术供给方是拟转移专利技术的合法持有人，对专利技术拥有完整的所有权且有权进行技术转让。

（2）专利技术的评估定价是否合理

专利技术价值的确定方法主要有以下 6 种：行业标准法、评级法、经验法则（25% 法则）、现金流贴现法、蒙特·卡罗方法（也称作统计模拟方法）、拍卖法。在评估专利技术的定价是否合理时，可从下述 3 个因素来考虑：①专利技术的定价是否低于自行研发所需投入的成本；②引进技术是否能够带来预期收益，企业的净收益是否会显著增加；③市场中是否存在其他权利人能够提供具有竞争性的同类技术，如存在，拟引进的专利技术的价格是否低于同类技术。如此通盘考虑，可最大程度避免花“冤枉钱”。

（3）原权利人是否设置了限制性条款

应格外注意专利技术的原权利人（供方）是否设置了限制性 / 不公平条款，主要包括：①供方要求受方定点购买与技术产品相关的元器件或材料；②供方限制受方进行海外销售，或限制性规定必须通过供方网络销售；③供方限制受方在专利技术的基础上进行二次研发；④供方要求受方将其二次研发的技术再无偿提供或非互惠性回授给供方；⑤供方限制受方从其他来源获得类似技术或者与其竞争的技术。如发现存在限制性条款，技术引进方应通过法律谈判尽力剔除该条款，不应盲目答应供方的不合理要求。

7. 确定专利技术引进方式

在实践操作中，专利技术的转移方式主要涵盖以下 6 种路径，企业可视实际情况选择。

（1）直接购买专利

直接购买专利即通过付费购买的方式获得专利转让，直接取得专利的所有权。

（2）采取收购、兼并企业的方式获得专利

这种路径通过收购、兼并企业的方式，获得被并购方的所有资产，包括其专利技术和专有技术等知识产权。并购方式适用于技术引进方资金充足且具有资源整合拓展能力的情况。

（3）以专利许可方式引进专利技术

该路径通过支付许可费的方式得到专利权人的授权，在一定期限、一定地区、以一定方式实施其专利技术。专利许可具有灵活度高的优点，转让方仍拥有专利的所有权，而受让方获得了专利的使用权。

（4）产学研合作

企业通过产学研合作模式引进高校院所实验室的专利技术并随之进行商品化开

发。鉴于实验室技术具有技术层面先进，但有待进一步孵化的特征，因此具有二次研发和市场开拓能力的企业更适合引进。

（5）专利交叉许可

技术许可方和被许可方相互授权对方使用自己拥有的专利技术，其实质是双方在互惠互利的基础上交换技术的使用权。交叉许可体现的是一种合作关系。一般情况下，双方专利技术在同一或相关领域各有优势，且为对方所需，更容易实现交叉许可。

（6）合资或合作经营

技术引进方提供资金、土地等，技术输出方提供专利技术，双方共同设立合资企业或合作企业，实现技术和资源的共享。合资或合作模式适合于双方资源互补且具有共同开拓市场意愿的情况。

以上仅就专利技术转移过程中可能涉及的专利分析方法和内容进行了简单介绍。在实际操作中，我们应将专利信息调研、技术定位分析、商业价值判断、法律尽职调查等方面融会贯通，制定系统策略并实施。

（二）常见专利检索分析工具

发明专利、实用新型专利、外观设计专利、集成电路布图设计专有权可在国家知识产权局网站（http://www.sipo.gov.cn）查询专利标记和专利号；软件著作权可在国家版权局中国版权保护中心网站（http://www.ccopyright.com.cn）查询软件著作权标记；植物新品种可在国家林业和草原局植物新品种保护办公室网站（http://www.cnpvp.gov.cn）查询。

本部分着重推荐一些常用专利检索分析工具，并对比了每种工具的优缺点。

1. 国家知识产权局专利检索及分析系统

优点：国家知识产权局专利检索及分析系统是政府性官方网站，该系统收录了1985年10月以来公布的全部中国专利信息，包括发明、实用新型和外观设计3种专利的著录项目及摘要，并可浏览各种说明书全文及外观设计图形，可逐页浏览中国专利说明书全文。网站收录了美国、日本、韩国、德国等103个国家、地区和组织的专利数据以及引文、同族、法律状态等数据信息。具有简单检索和高级检索两种方式。检索网址：http://www.pss-system.gov.cn/，检索界面见图3-4。

缺点：检索速度慢，关键词逻辑组合检索功能不强，下载专利文件不方便，只能单页下载，检索分析的功能相对较弱。

图 3-4　国家知识产权局专利检索及分析系统检索界面

2. 美国专利商标数据库

优点：该数据库是由美国专利商标局提供的，为用户提供美国授权专利和美国专利申请公布的检索、美国专利分类查询、美国专利权转移查询以及美国专利法律状态查询等多项服务。授权专利数据库提供了 1790 年至今各类美国授权专利，其中 1790 年至 1975 年的数据只有全文图像页，1976 年 1 月以后的数据除了全文图像页以外，还涵盖了可检索的授权专利的基本著录项目、摘要和专利全文数据页。专利申请公布数据库中收录了 2001 年 3 月 15 日起的专利申请说明书的文本和图像。此外，该数据库提供的检索方式包括快速检索、高级检索、精简检索、专利号检索。检索网址：https：//www.uspto.gov/，检索界面如图 3-5 所示。

缺点：搜索范围广，耗时长，不能下载资源；精确检索较复杂，不能进行二次检索。

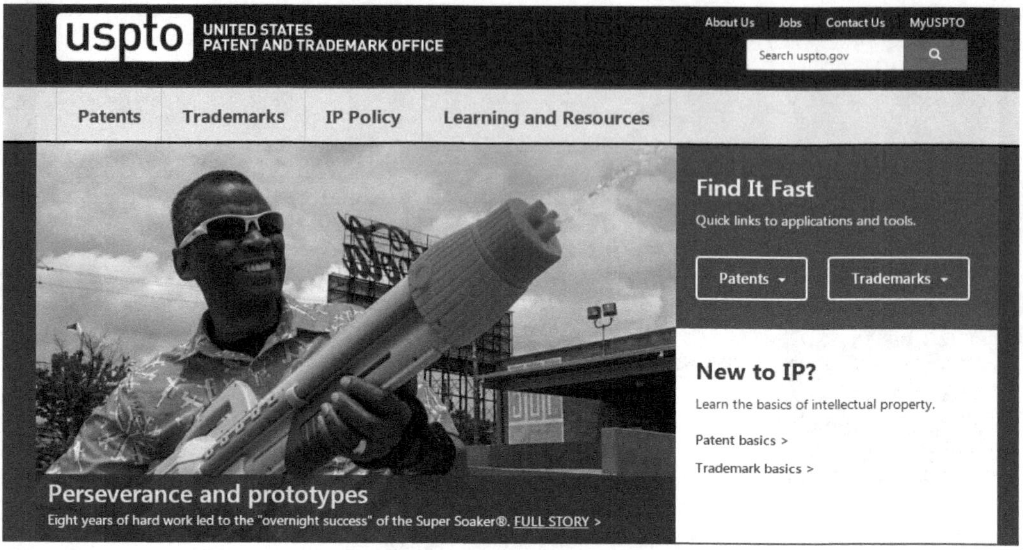

图 3-5　美国专利商标数据库检索界面

3. 欧洲专利数据库

优点：欧洲专利数据库是由欧洲专利局及其成员国共同组建的，有 Espacenet 和 Epoline 两个检索系统。前者为满足一般公众的检索需求而设计，后者为专利申请人、代理人和其他用户提供递交申请、接收专利局信件、检索和浏览专利文献、监控审批过程以及网上付费等服务。技术经理人常用到的是 Espacenet 检索系统。

Espacenet 系统包括 EP 数据库、WIPO 数据库和 Worldwide 数据库。Worldwide 数据库是 Espacenet 中收录数据最全的一个数据库，收录了全球 90 多个国家和地区的专利申请公开文献，可以满足大部分检索需求，同时该数据库中还记录了欧洲专利分类号分类和引证文献，可供用户检索。该数据库提供了 3 种检索方法（快速检索、高级检索、专利号检索）以及专利分类号查询。检索网址：worldwide.espacenet.com，检索界面如图 3-6 所示。

缺点：EP 数据库仅收录最近 24 个月内欧洲专利局公开的专利申请的著录项目数据，该数据库只能通过著录项目进行检索，不能通过摘要字段以及欧洲专利分类号字段进行检索。WIPO 数据库仅收录最近 24 个月内 WIPO 公布的国际申请的著录项目数据，与 EP 数据库相同只能进行著录项目检索。

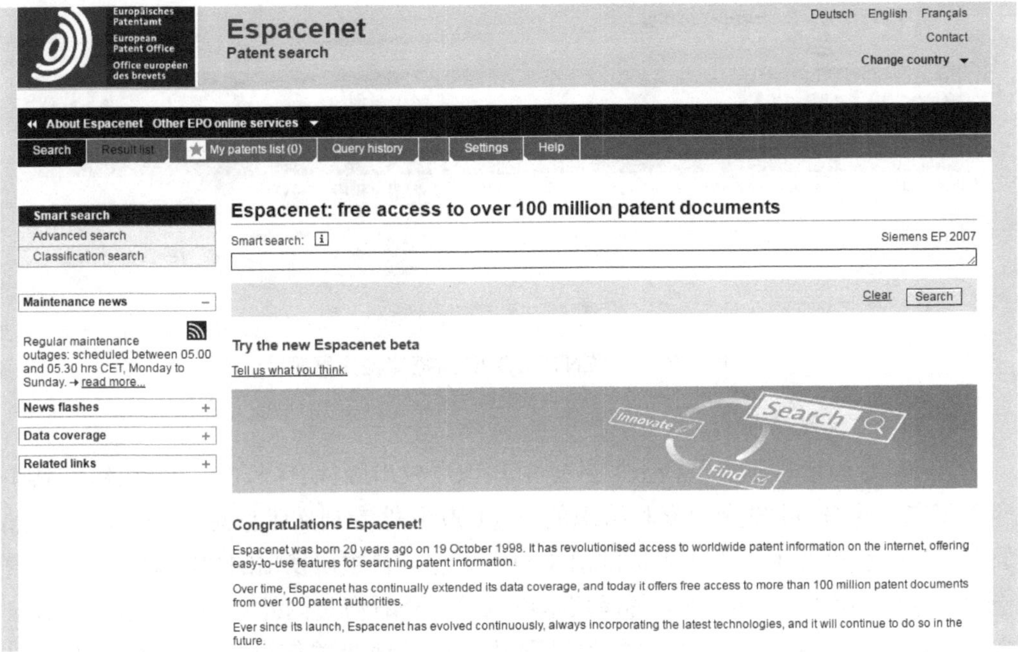

图 3-6 欧洲专利数据库检索界面

4. 世界知识产权组织专利数据库

优点：世界知识产权组织的 PATENTSCOPE 数据库收录了几千万件专利申请。该数据库收录了 1978 年至今的著录项目数据、PCT（《专利合作条约》，“Patent Cooperation Treaty”）国际专利申请中以图像形式公开的申请文件和申请公开的说明书以及权利要求书。著录数据每日更新，新申请的专利每周四公开。通过 PATENTSCOPE 数据库，用户可以从《专利合作条约》国际申请公布之日起对其进行全文检索。检索信息时，可以用多种文字输入关键字、申请人名称、国际专利分类及许多其他检索条件。该数据库提供专利免费检索和说明书免费下载，网站有中文检索界面。检索网址：http：//patentscope.wipo.int/，检索界面如图 3-7 所示。

缺点：检索分析的功能相对较弱。

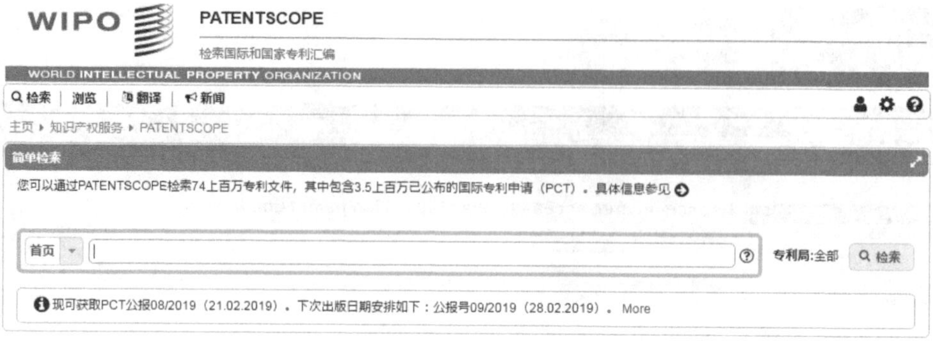

图 3-7　PATENTSCOPE 数据库检索界面

5. 专利信息服务平台

优点：专利信息服务平台上的数据由知识产权出版社有限责任公司提供，其中涵盖了来自全球 90 多个国家和组织的近 7 000 万件专利文献信息。平台基于成熟的全文检索引擎技术，引入先进的语义检索概念，自主研发出的智能检索、跨语言检索、相似性检索、在线机器翻译技术可以检索查看海量国外专利的著录项目和全文文本信息，并能链接到欧洲专利局网站浏览其他相关信息。检索网址：http：//search.cnipr.com/，检索界面如图 3-8 所示。

缺点：检索分析的功能相对较弱。

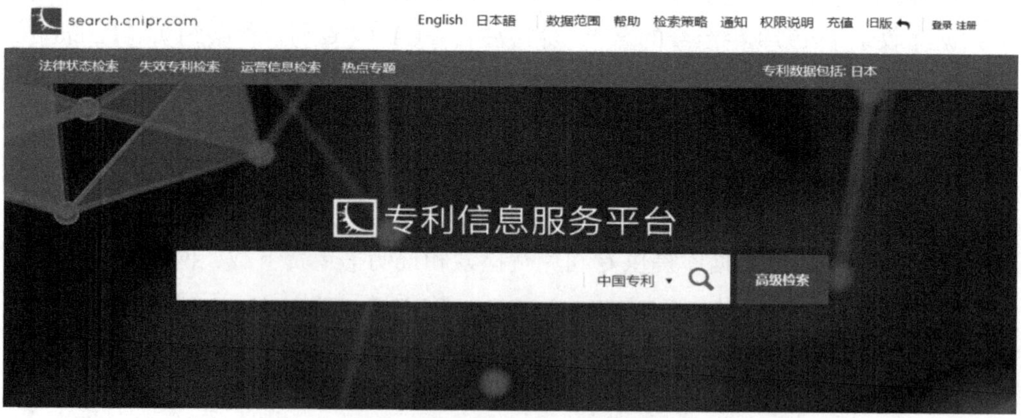

图 3-8　专利信息服务平台检索界面

6. 专利之星检索系统

优点：专利之星检索系统由中国专利信息中心开发，在我国第一个专业专利文献检索系统 CPRS 的基础上，经过改进和优化而成，是集专利文献检索、统计分析、定制预警等功能于一体的多功能综合性的专利信息服务系统。该系统收录了全球 90 多个重要国家和地区的超过 8 000 万条的专利文献及相关信息，是全球专利数据收录最完整的系统之一。检索界面整齐易懂，有向导提示。检索功能全面精准，数据收录更新及时；实现了表格检索与专利检索的结合使用，在查准与查全上做了完美的结合；对同族专利进行了深加工，查询世界同族专利方便全面；著录项目数据采用人工精准翻译；著录项目信息与全文 PDF 批量导出快速便捷；具有汉英、英汉、日汉机器翻译，可以帮助用户跨越语言障碍，快速理解外文专利文献；可以自定义专利数据库，进行统计分析，专利定制服务与数据更新同步，可通过手机、邮件及时提示用户所定制的专利信息。检索网址：http：//www.patentstar.com.cn/frmLogin.aspx，检索界面如图 3-9 所示。

缺点：使用该系统必须注册会员，部分功能是收费的。

图 3-9 专利之星检索系统登录界面

7.SooPat 专利检索系统

优点：SooPat 致力于实现“专利信息获得的便捷化，努力创造最强大、最专业的专利搜索引擎，为用户实现前所未有的专利搜索体验”。SooPat 本身并不提供数据，而是将互联网上所有免费的专利数据库进行链接、整合，并加入人性化的调整，使之符合人们的一般检索习惯。它和 Google 进行了非常高效的整合，充分利用了人们对于 Google 检索的熟悉程度，从而使自身更便于使用。

除了对专利文献检索外，SooPat 还开发了更为强大的专利分析功能，提供各种类型的专利分析，例如可以对专利申请人、申请量、专利号分布等进行分析，并用专利图表示。单击 SooPat 检索页面的“分析”，即可切换到 SooPat 的分析界面。SooPat 可以根据技术主题的分类号进行统计汇总，并按照大类、小类、大族、小族、外观等分析汇总，使检索人可以对技术主题在 IPC 分类（国际专利分类，International Patent Classification）中的位置一目了然。同时，SooPat 还提供对申请人和发明人的分析，可以了解该技术中主要的申请人和发明人以及技术合作相关信息，专利分析非常便捷。检索网址：http：//www.soopat.com/。检索界面如图 3-10 所示。

缺点：当应用新世界专利检索和专利分析等高级功能时，需要付费。

图 3-10　SooPat 专利检索界面

第四章　科技成果标准化评价和无形资产评估

科技成果标准化评价通过成熟度、创新度和先进度3个指标客观呈现科技成果所处的发展阶段及其所体现的科技水平。无形资产评估常见的计算方法有成本法、市场法、收益法，无形资产评估即根据无形资产的本身情况及外部环境选择合适的计算方法，最终确定无形资产的价格。专利价值分析以法律价值度、技术价值度和经济价值度3个维度来度量专利的“好”“坏”。科技成果标准化评价的成熟度、先进度等级可以成为专利价值分析中技术价值度的支撑指标，也可以完善无形资产评估收益额的计算。专利价值分析可以明晰专利资产存在状态、专利资产价值状态，从而为专利资产评估提供参考。评价指标体系的科学性、合理性将进一步降低主观因素的存在，而评估方法的适应性将进一步提高无形资产评估的准确性。

本章旨在通过对评价工具及评估方法的介绍，让技术经理人知晓科技成果的价值和价格评估的有效工具及方法。而科技成果标准化评价和无形资产评估的开展一方面有利于筛选出优质的成果并将其推向市场，另一方面也有利于实现技术供需双方的有效对接，加快科技成果转化进程。

第一节　科技成果标准化评价

科技成果标准化评价是筛选可转化科技成果的重要工具，也是科技成果转移转化的重要环节。《科学技术成果鉴定办法》废止后，为实现技术供需双方的精准对接，使科技成果转移转化过程更为科学，市场亟须满足不同用户需求的科技成果标准化评价体系。

一、科技成果标准化评价的概述与应用

（一）科技成果标准化评价的发展历程

科技标准化评价最早起源于美国。20 世纪 50 年代，美国就开始探讨科技标准化评价工作。1995 年，美国航空航天局（NASA）提出技术就绪水平（Technology Readiness Level，TRL）的概念。2001 年，美国国防部正式采用 TRL 进行技术成熟度测评，实现了真正的科技标准化评价。该评价方法构成了现有科技标准化评价的重要基础和基本理念。

近年来，我国的专家学者也进行了标准化评价的研究工作。2009 年 1 月，国家发布《科学技术研究项目评价通则》（GB/T 22900—2009），标志着科技标准化评价在我国的正式诞生。本标准为基础研究项目、应用研究项目、开发研究项目各建立了一个技术就绪水平标尺，分为事前、事中、事后 3 个评价界面，确立了科研项目投入产出效率评价公式和取值范围，提出了技术隐性收益和技术显性收益两种评价指标体系。

2009 年 10 月，为规范科技成果评价活动，推进科技成果分类评价，科技部启动科技成果评价的试点工作，经过先后两期试点工作，各单位初步建立了科技成果分类评价方法和评级指标体系。以市场化方式开展的科技成果标准化评价开始了更为广泛的应用，加强了科技成果评价咨询专家队伍、社会专业评价机构建设，为加快转变政府职能、促进社会专业评价机构发展提供了有益的经验。在试点工作的推动下，国家标准《新材料技术成熟度等级划分及定义》（GB/T 37264—2018）、青岛市地方标准《科技成果标准化评价规范》（DB 3702/FW KJ 003—2017）、首都科技服务业协会团体标准《科技成果转化成熟度评价规范》、广东省实践模式等科技成果评价指标相继构建完成，并逐渐推广应用。

（二）国内科技成果评价标准及分析

目前，以标准形式发布的科技成果评价体系分为两类：一类是打分制，对每一指标的每个方面进行打分，经过加权之后得出总分，如首都科技服务业协会团体标准《科技成果转化成熟度评价规范》；另一类是等级制，对每一指标的综合等级进行相对定量的评定，国家标准《新材料技术成熟度等级划分及定义》、青岛市地方标准《科技成果标准化评价规范》均属于此类。

1. 国家标准《新材料技术成熟度等级划分及定义》

2017 年 12 月，工信部完成《新材料技术成熟度等级划分及定义》国家标准研

制工作并报批公示。目前，该标准已通过国家市场监督管理总局、国家标准化管理委员会审核批准并正式发布，于 2019 年 7 月 1 日正式实施。该标准参照美国航空航天局、美国国防部的九级技术成熟度评价标准，规定了新材料技术成熟度的术语和定义、等级划分和判定规则。其本土化创新主要体现在：一是将新材料技术成熟度分为实验室阶段、工程化阶段、产业化阶段 3 个阶段；二是明确给出了每个等级的判断条件，易操作、客观性强。

2. 青岛市地方标准《科技成果标准化评价规范》

青岛市作为科技部科技成果评价试点城市，建立了政府、行业、评价机构和评估师四位一体的科技成果评价工作体系，并在美国国防部颁布的《技术就绪水平评估手册》和中国电子科技集团公司巨建国教授团队的研究成果基础上，对国家标准 GB/T 22900—2009《科学技术研究项目评价通则》进行深化研究，后于 2017 年 3 月发布青岛市地方标准《科技成果标准化评价规范》。这是国内首个科技成果评价地方服务业标准规范。该地方标准融合了青岛市科技成果评价体系建设、实操方法和试点经验总结，形成了较为规范的评价方法和指标体系，围绕术语定义、基本原则、评价方法和程序等 4 个方面进行规范制定。

该规范以技术成熟度、技术创新度、技术先进度为核心评价指标，将已进行工作结构分解的科技成果进行等级评定，并结合效益分析、团队评价，拟定综合评价结论，出具评价报告。该规范对科技成果所处等级进行了明确划分，为第三方评价机构开展评价服务提供了依据；对科技成果进行多维度的综合评价，客观分析科技成果所属阶段及特点，不用绝对的“好成果”和“差成果”来区分，评价更为客观；结论简洁明快，用标准化语言来表达科技成果的基本信息，能给科技成果转化各方传递信息，使科技成果转化更为理性。

3. 首都科技服务业协会团体标准《科技成果转化成熟度评价规范》

2016 年 8 月，由首都科技服务业协会标准化工作委员会组织，北京市科学技术协会、中关村天合科技成果转化促进中心、中国标准化研究院联合制定的我国首个科技服务业团体标准《科技成果转化成熟度评价规范》发布。该标准规定了科技成果市场转化成熟度的术语与定义、评价原则、评价内容、评价方法、评价流程和评价报告等内容。该标准将技术成熟度分为技术先进性、外部支撑性、市场转化性 3 个二级指标，每一个二级指标又各自分为 6~10 个三级指标。

该指标将二级指标和三级指标各自权重做了明确规定，二级指标的最终取值为各三级指标的加权之和，技术成熟度的最终取值则为各二级指标的加权之和。在进行科技成果成熟度评价时，该指标划分细致，权重也非常明确，操作性很强。

4. 其他探索

广东省基于目前科技成果评价工作面临的诸如缺少科学的评价指标体系、缺少统一的规范化评价程序、参与评价的专家水平参差不齐、缺少专业的评价机构和人员等问题，由多单位组成联合研究团队进行深入研究，现已研究制定出科技成果评价执行规范（含评价程序、评价方法、佐证材料、评价申请书、评价报告等）、科技成果分类评价指标体系（含评价指标、评分办法、评价权重等）、科技成果评价专家管理规范（专家管理办法、专家遴选办法等）、关键指标分析方法（技术创新性分析、技术先进性分析、技术就绪水平分析、效益分析等），但相关标准目前尚未对外公布。

中国循环经济协会是科技部科技成果评价二期试点单位，也在对外开展科技成果评价工作。其科技成果评价的主要内容包括：科技成果的技术创新程度、技术指标先进程度、技术难度和复杂程度、成果重现性和成熟程度、成果应用价值与效果、取得的经济效益和社会效益、进一步推广的条件和前景、存在的问题及改进意见等。对于不同类型的科技成果，该协会根据成果的性质和特点侧重不同的方面进行分类评价。科技成果评价不包含成果归属、完成者排序和成果的货币价值等非技术内容。

（三）科技成果标准化评价应用①

1. 科技成果转移转化

确定技术的关键指标值使科技成果转移转化过程中的各方都能结合自身的情况对技术进行客观的判断，使技术交易过程更为理性。技术经理人可以根据科技成果标准化评价的基本思路，对技术进行初步评价，并根据自己的推广要求，去掉一部分不适合转化的项目；技术卖方可以通过科技成果标准化评价，加深对自己成果的了解，如科技成果是否适合转化等；技术投资人可以通过科技成果标准化评价来实现风险投资的预筛选。通过标准化评价方式参与报奖，从形式到评价结果可进行横向对比便于成果审核和筛选。

2. 成果评奖

通过标准化评价方式参与报奖，从形式到评价结果可进行横向对比，便于成果审核和筛选。

---

① 姜波主编，青岛市科学技术局组织编写. 科技成果标准化评价理论与实务 [M]. 北京：知识产权出版社，2018.

3. 科技计划项目管理

在科技计划项目“立、管、验”管理过程中进行科技成果标准化评价，可检验项目成效。

4. 科技成果管理

评价结论可以作为科技成果登记的凭证，进入成果登记数据库后，方便对成果进行更加全面的统计和检索。

5. 无形资产评估

科技成果标准化评价体系与无形资产评估体系的结合，将进一步提高估值的客观性和准确性。

二、科技成果标准化评价内容与方法[①]

（一）科技成果标准化评价定义及内容

科技成果标准化评价是根据相关评价标准和规定，采用科技成果评价规范流程，由科技成果评价师依据科技成果评价原始材料，在技术查证、市场调查和专家咨询的基础上，从技术维度对科技成果进行等级评定，并得出标准化评价结果的评价方法。

科技成果标准化评价的技术维度为等级制评价，包含成熟度、创新度和先进度3个指标。

（二）科技成果标准化评价指标

1. 成熟度

成熟度是指在以“技术服务于生产”作为技术成熟标志的前提下，科技成果在被评价时所处的发展阶段，共分为十三级，等级评价具体划分见表4-1。成熟度的交付物分为主交付物和副交付物两类，其中，主交付物包括硬件、软件、工艺、方法、商业模式和服务6种类型；副交付物类型包括标准、专利、论文、著作、报告、培训、试验、图纸、文件和合同10种类型。技术成熟度评价主要根据主交付物所达到的等级进行判断，副交付物的成熟度级别只作为科技载体完成情况的展示。本教程选取化学药和智能机器人两个较有代表性的技术领域，对每一等级所对应的交付物进行了研究和划分。科技成果评价师针对每一核心指标分别进行成熟度评价，综合评价等级取技术指标成熟度等级的最低值。当委托评价成果为待转化成果时，成熟度的等级为一至九级；当委托评价成果为已转化成果且仅选择技术维度进行评价时，成熟度的等级为一至十三级。

① 姜波主编，青岛市科学技术局组织编写. 科技成果标准化评价理论与实务 [M]. 北京：知识产权出版社，2018.

表 4-1　技术成熟度等级评价表

等级	含义	对应条件	以化学药为例		以智能机器人为例	
			含义	佐证材料	含义	佐证材料
第十三级：回报级	收回投入，稳赚利润		验收时提供审计报告、当期财务报表等投入产出证明材料		验收时提供审计报告、当期财务报表等投入产出证明材料	
第十二级：利润级	利润达到投入的 20%		验收时提供审计报告、当期财务报表等投入产出证明材料		验收时提供审计报告、当期财务报表等投入产出证明材料	
第十一级：盈亏级	量产达到盈亏平衡点		验收时提供审计报告、当期财务报表等投入产出证明材料及生产批件		验收时提供审计报告、当期财务报表等投入产出证明材料	
第十级：销售级	在第九级基础上实现第一个销售合同回款		验收时提供销售合同、银行回款凭证及 GMP（药品生产质量管理规范，Good Manufacturing Practice）认证		验收时提供销售合同、银行回款凭证	
第九级：系统级	实际通过任务运行的成功考验	产品性能全部满足使用要求和市场需求；产品具备稳定的产能和市场，成为货架产品	三期临床	三期临床试验方案，伦理批件，三期临床试验总结报告，药学工艺验证报告，新药证书	智能机器人小批量生产	用户应用证明，用户经济效益证明，量产机器人测试报告
第八级：产品级	实际系统完成并通过实验验证	产品验证满足使用要求和质量一致性要求；具备稳定的生产能力	二期临床	二期临床试验方案，伦理批件，二期临床试验总结报告，药学中试放大工艺研究报告	智能机器人定型	用户应用证明，用户经济效益证明，定型机器人测试报告
第七级：环境级	在实际环境中的系统样机试验	完成产品验证件在使用环境中的全面测试和鉴定；生产线通过环境、安全、职业卫生等相关评审；掌握产业化制备工艺技术	一期临床	一期临床试验方案，伦理批件，一期临床试验总结报告，临床批件	智能机器人样机试用	样机用户应用证明，机器人样机测试报告
第六级：正样级	相关环境中的系统样机演示	试制品验证件在使用环境中测试，并通过应用评价	完成药理毒理研究	主要药效学 / 一般药理 / 急性毒性 / 长期毒性 / 特殊毒性 / 单次给药药代动力学 / 多次给药药代动力学研究报告；新药申报受理通知书	用户设定环境下的系统样机测试	用户评价报告，测试分析报告，技术参数测试报告

续表

等级	含义	对应条件	以化学药为例		以智能机器人为例	
			含义	佐证材料	含义	佐证材料
第五级：初样级	相关环境中的部件仿真验证	完成试制品验证件制备并通过模拟环境测试	完成药学研究	合成工艺质量研究报告；制剂工艺处方质量研究报告	模拟环境下智能机器人的部件功能验证	智能机器人部件功能模拟测试报告
第四级：仿真级	研究室环境中的部件仿真验证	获得试制品验证件，其性能通过实验室验证	筛选出最优药物	候选化合物生物活性筛选报告；初步药理毒理研究报告；药学成药性评估报告	智能机器人部件功能仿真验证	智能机器人部件功能仿真测试报告
第三级：功能级	关键功能分析和实验结论成立	确定产品制备实施方案并制备出样品；完成主要性能或技术测试，并满足指标要求	发现先导化合物	制备工艺技术报告；先导化合物结构解析报告；急毒预评估报告	制作智能系统原型样机	智能机器人系统相关专利申请书
第二级：方案级	形成了技术概念或开发方案	具备产品制备的基础条件并完成验证；明确产品关键技术指标和主要使用性能	建立生物学模型	高通量细胞筛选技术方案；动物药效毒理成药性研究方案	智能机器人总体方案与技术开发路线论证	给出智能机器人组成架构，机械结构方案、控制系统技术方案、智能软件系统技术方案
第一级：报告级	观察到原理并形成正式报告	发现可作为产品研发基础的基本概念和基本原理，据此提出产品的基本构成，并预测其基本性能及使用性能；阐明成果制备的基本原理	确定治疗的疾病目标、作用的环节和靶标	流行病学调研报告；治疗现状和新机制调研报告；技术查新报告；研究团队及基础条件资质证明	确定智能机器人研发的基本方向与目的，提出解决问题的思路与设想	产业发展状况及用户需求报告；国内外研究现状报告；科技查新报告；研究团队及基础条件资质证明

由表 4-1 可以看出，技术成熟度级别定义的基本原理与传统发展阶段的划分基本一致，技术成熟度与传统的技术发展阶段的关系是：一至三级为理论研究阶段，四至六级为实验室应用研究阶段，七至九级为工业化生产研究阶段，十至十三级为市场推广阶段。对于传统技术的每一个发展阶段，技术成熟度都进行了进一步的细分，有利于使成熟度评价的结果更加准确。

2. 创新度

创新度是指一项技术创新的程度，主要体现的是相对时间或者相对其他技术“此有彼无”的状态，即“新不新”。其共分为四级，等级评价见表4-2。技术创新度以查新报告（一般应为一年以内，国内查新对应一二等级，国际查新对应三四等级）为主要判断依据，专利证书（已授权或通过实质审查的专利才能确认）也可以作为辅证材料。

表 4-2 技术创新度等级评价表

等级	含义
第四级	该技术创新点在国际范围内，在所有应用领域都检索不到
第三级	该技术创新点在国际范围内，在某个应用领域检索不到
第二级	该技术创新点在国内范围内，在所有应用领域都检索不到
第一级	该技术创新点在国内范围内，在某个应用领域检索不到

3. 先进度

先进度是指一项技术应用所产生的作用或效果所处的水平，即“效果好不好”，共分为七级，等级评价见表4-3。技术先进度依据待评价成果与国内外较高水平同类成果的关键技术指标对比进行评价。本成果和参照物的指标值均应提供支撑材料。

表 4-3 技术先进度等级评价表

等级	含义
第七级	在国际范围内，该成果的核心指标值领先于该领域其他类似技术的相应指标
第六级	在国际范围内，该成果的核心指标值达到该领域其他类似技术的相应指标
第五级	在国内范围内，该成果的核心指标值领先于该领域其他类似技术的相应指标
第四级	在国内范围内，该成果的核心指标值达到该领域其他类似技术的相应指标
第三级	该技术成果的核心指标达到国家标准或行业标准
第二级	该技术成果的核心指标达到地方标准或企业标准
第一级	该技术成果的核心指标暂未达到上述任何要求

成熟度和先进度的核心技术指标应一致，科技成果评价师应指导委托单位分解核心技术指标，并在咨询专家后确定。

每一个科技成果都有自身的特点，不存在绝对的“好成果”和“差成果”。成熟度体现的是成果发展阶段，而创新度和先进度体现的则是成果的科技水平。只有深入了解每一类成果的特点，才能找到最适合的成果，以更好地推动科技成果转移转化。

（三）科技成果标准化评价流程

科技成果标准化评价服务基本流程如表 4-4 所示。

表 4-4　科技成果标准化评价服务流程表

序号	服务名称	服务内容	关键文档
1	客户委托	a）委托单位向评价机构提出成果评价申请； b）评价机构分析委托需求，明确评价目的、成果转化、技术交易、市场融资、成果管理等； c）接受客户委托	评价申请表
2	签订合同	与委托单位签订评价合同，约定有关评价的要求、完成时间和费用等事项	评价委托合同
3	提交评价原始材料	委托单位准备评价原始材料，经科技成果评价师审核，符合评价要求后，即可开始评价	评价原始材料
4	专家咨询	a）聘请评价咨询专家； b）专家咨询，对科技成果所在行业领域、成果所处水平、行业代表性技术分析以及项目创新点提供专家意见	专家咨询意见表
5	查新	评价机构根据专家对项目创新点的咨询意见，委托查新机构进行查新和情报文献分析	专家咨询意见
6	技术成熟度评价	基于评价原始材料，完成技术成熟度评价	技术凭证
7	技术创新度评价	根据查新报告对创新点的查新结论，结合文献分析、专利分析对技术创新度进行评价	查新报告（技术分析报告）
8	技术先进度评价	依据第三方检验检测报告、论文等证明材料，开展项目关键技术指标与行业代表性技术指标的分析、对比，结合专家咨询意见，进行技术先进度评价	第三方检测报告、论文等
9	预期投入与产出	根据委托单位的陈述，阐述委托评价成果转移转化的预期投入与产出。已转化的成果无须阐述该部分	—
10	综合结论	综合技术成熟度、技术创新度、技术先进度以及必要的特别提示等，科技成果评价师拟定综合评价结论，并撰写评价报告书初稿	—
11	专家咨询	咨询专家根据原始评价材料审核评价报告中的相关指标，填写专家咨询意见	咨询问题和专家意见表
12	出具评价报告	科技成果评价师签章；评价机构盖公章	—
13	行业备案	评价报告行业备案	评价报告书

第二节　无形资产评估①

一、无形资产评估概述

在科技成果转让、许可、作价投资等过程中，对技术类无形资产进行估价是科技成果转移转化的重要一环。在科技成果转移转化过程中，无形资产评估和科技成果标准化评价的对象比较接近，但其方法和目的又各有侧重。无形资产评估以确定科技成果"价格"为目的，过程中会结合"估量"的因素；科技成果标准化评价以发现科技成果"价值"为目的，指标值主要依靠客观材料。如果能将科技成果标准化评价与无形资产评估相结合，将会极大地提高科技成果"定价"的客观性。

（一）无形资产的概念

无形资产的概念至今没有确切统一的定义，人们通常站在不同的立场来定义无形资产。2001 年，我国财政部发布的《企业会计准则——无形资产》对无形资产的定义为："指企业为生产商品、提供劳务、出租给他人，或为管理目的而持有的、没有实物形态的非货币性长期资产。"《国际评估准则》将其定义为："以其经济特性而显示其存在的一种资产，无形资产无具体的物理形态，但为其拥有者获取了权益和特权，而且通常为其拥有者带来收益。"《技术经纪人培训教程》一书则将无形资产定义为："为人们所拥有或控制的没有实物形态的，可供人们长期使用，且可能为持有人带来收益并具有高度不确定性的特殊长期资产。"

（二）无形资产评估对象和评估的价值类型

1. 无形资产的评估对象

随着我国的经济发展，对无形资产的评估需求越来越多，除了满足企业内部摊销的需要，无形资产评估的应用范围也越来越广，现在我国的资本运作不仅有无形资产的作价投资、转让需要评估，在抵押、融资、偿债等资金筹措和司法案件处理中，无形资产评估也在不断探索和创新实践。

无形资产评估的不同类型，形成了特定的评估目的，也决定了特定的评估对象。无形资产的评估类型分为 3 种：第 1 种是为满足税务和财务管理的需要，服务于无形资产成本摊销的评估，其对象是形成无形资产的成本；第 2 种是以资本运作为目的的无形资产转让和作价投资，一般是以无形资产创造的额外收益为评估对

① 本节参考了成晓建主编的《技术经纪人培训教程》部分内容（2018 年版）。

象；第 3 种是以抵押、融资、偿债为目的的无形资产评估，根据具体问题具体分析，分别采用无形资产的成本和额外收益为评估对象。

2. 无形资产评估的价值类型

无形资产评估的价值类型从资产业务的性质即从资产评估的特定目的角度划分，可以分为摊销价值、投资价值、转让价值和抵押价值。

摊销价值是以无形资产的成本作为基数进行摊销的。无形资产的成本一般以成本法取得。

投资价值和转让价值一般是以无形资产的未来收益折现评估取得的，以收益现值法评估取得。

抵押价值可以以成本或者未来收益折现评估取得。

无形资产评估价值无论是用成本法取得还是采用收益现值法取得，影响它价值的均有以下 4 项。

1）无形资产取得的成本。从无形资产的取得来看，无形资产取得无非两种方式，一是自创，二是外购取得。但在研究无形资产的取得成本时，必须注意无形资产成本的不完整性、弱对应性和虚拟性，也就是无形资产成本的构成由于其弱对应性和虚拟性，因而往往是不完整的，很多成本没有归集到无形资产成本中去。

2）机会成本。有甲、乙两个方案，如果选用甲方案放弃乙方案，那么放弃乙方案的可望获得的收益就是选用甲方案的机会成本。无形资产的机会成本就是指转让、投资无形资产后失去市场和可能造成损失的成本。

3）无形资产本身的情况。其本身情况主要包括无形资产的先进性、适用性；无形资产的受保护程度和自我保护程度；无形资产的技术成熟程度；无形资产的可使用年数。

4）无形资产的外部环境。这主要包括市场供需情况；转让内容；类似无形资产的价格水平。

（三）无形资产的分类

无形资产有多种分类，下面将常见的 4 种分类介绍如下。

1. 按可否确指分

所谓可否确指是指无形资产可否单独辨识和独立存在。

1）不可确指无形资产是指那些不可特别辨认、不可单独取得、离开企业就不复存在的无形资产，如商誉。

2）可确指的无形资产是指可单独取得、转让或出售的无形资产，如专利权、商标权等。

2. 按其有无法律保护分

1）法定无形资产，如专利技术、注册商标权、著作权（包括计算机软件著作权）等。

2）无法律保护的无形资产，如专有技术、技术文件、工艺图纸、客户名单等。

3. 按其性质分

1）知识产权类无形资产，如专利技术、注册商标权、著作权（包括计算机软件著作权）、专有技术、技术文件、工艺图纸等。

2）权利型无形资产，如土地使用权、特许经营权、开矿权、租赁经营权等。

3）关系类无形资产，如客户名单、营销渠道等。

4）其他无形资产，不属于上述两类的无形资产，如商誉等。

4. 按其取得来源分

1）企业自创（或本身拥有），企业自己研制创造获得的以及由于客观原因形成的，如自创专利、专有技术、商标权、商誉、技术文件、工艺图纸等。

2）外购的无形资产，如外购专利权、商标权等。

二、无形资产评估方法

现行的无形资产评估方法主要有3种：重置成本法（简称“成本法”）、市场比较法（简称“市场法”）和收益现值法（简称“收益法”）。

（一）成本法

无形资产评估的成本法是指在评估时按现时取得无形资产的成本进行评估。这种评估方法适用于确信该项无形资产具有超额的获利能力但无法量化其收益的情况，一般适用于为满足税务和企业财务管理需要而进行的无形资产摊销，或者在将无形资产转让给特定单位时采用此评估方法。

1. 成本法的基本含义

成本法是资产评估的基本方法之一。成本法是指首先估测被评估资产的重置成本，然后估测被评估产业已存在的实体性贬值、功能性贬值、经济性贬值等各种贬损因素，并将它从重置成本中扣除，从而求得被评估资产价值的一种方法。

成本法的计算公式如下：

资产评估价值 = 重置成本 – 实体性贬值 – 功能性贬值 – 经济性贬值

在这个公式中，资产的重置成本是指重新购置或建造全新的与被评估资产相同或类似资产的全部价值。实体性贬值是指资产经过使用之后，被评估资产和全新资产相比存在的外在磨损和因损耗而损失的价值。功能性贬值是指由于技术进步，新资产的科技含量更高、功能更先进，与新功能资产相比，旧资产因技术落后形成的技术性功能贬值。经济性贬值是指由于企业外部因素，例如市场环境、政策因素、经济形势等变化引起资产闲置、收益下滑，从而导致资产价值发生损失的贬值，该项贬值与资产本身没有关系，全部由企业外部因素引起。

2. 成本法中的基本要素

资产的重置成本按重置类别分为两类：复原重置成本和更新重置成本。

1）复原重置成本。复原重置成本是指采用与评估对象相同的功能或研发标准、设计、规格及技术等，以现时价格水平重新购置和建造与评估对象相同或相似的全新资产所产生的费用。也可简单解释为原消耗、现价格。

【例 4-1】有一项 4 年前开发的软件，假如原来使用 20 个工人，消耗了有关材料 2 000 元。如果从历史成本来讲，用的是 4 年前的消耗和价格；而现在用复原重置成本，则原来的消耗不变，人工、有关材料的价格按现在的价格人工每人工资 300 元、有关材料 3 000 元计算。

软件的复原重置成本 =20 × 300+3 000=9 000 元

2）更新重置成本。更新重置成本是指采用新工艺、新设计、新技术等，以现行价格水平购置和建造与评估对象具有同等功能的全新资产所需的费用。

如上例，现在建同一软件可以采用新技术和新设计 3 000 元，需 10 个人工，每个人工资 300 元。

软件的更新重置成本 =3 000+10 × 300=6 000 元

要引起注意的是，新消耗、现价格要考虑到技术进步的影响。

在评估实践中，如果能同时得到复原重置成本和更新重置成本资料，就选择更新重置成本计算重置成本。如果找不到更新重置成本，也可以采用复原重置成本计算重置成本。

无形资产成本测算在一些资料不全的情况下，也可以采用价格指数调整法，其公式如下：

无形资产重置成本 = 该项无形资产账面成本 × 价格变动指数

价格变动指数 = 现时的价格指数 / 无形资产形成时的价格指数

无形资产的重置净值就是重置成本扣除 3 项贬值之和，但在评估实务中，由于无形资产的实体性贬值、功能性贬值和经济性贬值很难区分和辨别，故无形资产的重置净值是通过计算无形资产的成新率乘以无形资产重置成本求得的。无形资产的成新率计算一般有两种方法：

成新率 =（全部使用年限 – 无形资产已使用年限）/ 全部使用年限

或者　成新率 =（全部应摊销额 – 已摊销额）/ 全部应摊销额

所以　无形资产重置净值 = 重置成本 × 成新率

但是，我们在求得无形资产评估值得时候还应考虑其机会成本，所以

无形资产评估值 = 无形资产重置净值 + 机会成本

3. 采用成本法评估无形资产的步骤

采用成本法评估无形资产的步骤如下：

①确认无形资产的存在；

②收集无形资产相关的资料；

③计算无形资产的重置成本；

④确定无形资产已使用年限和尚可使用年限，从而计算出无形资产的成新率；

⑤根据无形资产的重置成本和成新率计算得出无形资产重置净值；

⑥求得无形资产的机会成本，将计算得到的无形资产重置净值加上机会成本得出无形资产评估值。

这里需要指出的是，在计算无形资产成新率时，特别对无形资产的使用寿命，应该按照孰短原则取舍，也就是在经济寿命、自然寿命、法定寿命、合同寿命中选择最短寿命作为评估无形资产的使用期限。

另外，在运用成本法对无形资产评估时，需尽可能地收集完整的会计成本，特别注意分摊形成无形资产的间接成本，尽可能保证无形资产成本的完整性和可信性。

（二）市场法

1. 市场法的基本含义

市场法又称市场比较法，是指利用市场上同一或类似资产的近期交易的价格，经过直接比较或类比分析来评估资产价值的方法，它是资产评估较为重要的一种方法。

市场法使用了评估替代原则，因为市场上同一资产与被评估资产尽管是同一产品，但毕竟不是这个产品本身，能用市场上同一资产的价值来替代被评估资产的价值就是基于评估替代原则进行的。

由于市场上某产品的交易价格是买卖双方均能接受的价格，具有一定的代表

性，选择 3 个以上的比较参照物，与被评估资产进行比较，找出差异，并把差异量化，用这些差异去修正市场上参照物的价格，从而估算出被评估资产的价格。

2. 运用市场法评估的基本程序

运用市场法进行资产评估大体要经历以下 5 个步骤。

（1）选择参照物

在市场上寻找 3 个或 3 个以上的参照物，被选的参照物应与被评估资产在功能、质量、市场条件、交易条件上具有可比性。

（2）选择比较要素

在评估对象与参照物之间选择比较因素是运用市场比较法的关键一步，由于比较因素是随着评估对象的不同而有所变化的，因此根据不同的被评估资产，选择影响资产价值的可比因素成为评估工作的一大技能。不同资产影响其价值的因素是不同的，例如影响无形资产价格的主要因素是其先进性、效益，影响机器设备价格的因素主要是机器设备的功能和精度。因此，要选择对资产价值影响较大的因素作为比较因素，这有利于提高评估的正确性（准确性）。

（3）对比可比指标，找出差异并量化

将被评估资产与参照物的各项可比指标进行对比，找出差异，并将这些差异进行量化。例如无形资产的功能，评估人员可以通过利用无形资产生产相同数量产品的能耗以及相同加工时间内的产量、质量进行比较，找出差异，通过货币计量将差异量化。

（4）调整已经量化的对比指标差异

将各个参照物的市场成交价作为调整基础，将已量化的评估对象与参照物对比指标差异进行调整，得出以每个参照物为基础的评估对象的初步结果。参照物个数与初步结果个数相同，由于选择参照物在 3 个以上，所以评估对象的初步结果也应有 3 个以上。

（5）综合分析确定评估结果

将执行第（4）步评估程序得到的 3 个或 3 个以上的初步结果进行综合分析，赋予每个初步结果不同的权数，如果各项权数相等，则采用算数平均，如果各权数不等，则采用加权平均，由此最终确定评估值。

运用市场法评估单项资产应考虑的可比因素主要有以下几个。

1）资产的功能因素。资产的功能因素是指资产本身能发挥的有效功用。它是资产使用价值的主体，也是影响资产价值的重要因素之一。一般来说资产的功能越多、越好，其价值越高。

2）资产的实体外观质量和内在质量。资产的实体外观质量主要是指资产的外观、结构等。资产的内在质量主要是指资产本身的耐用时间和建造或制造工艺水平。

3）市场条件。市场条件是指市场人气、供求关系等，评估时主要考虑参照物交易时的市场条件和评估时的市场条件的变化情况。市场上有句话叫物以稀为贵，即当需求量小于供应量时，价格下跌，反之，价格上扬。

4）交易条件。交易条件是指交易动机、交易时间和交易批量等。在评估时要比较交易条件，因为不同的交易条件对单价是有影响的，例如交易数量大的一般比交易量小的价格低。

3. 市场法的细分

市场法可细分为两大类：直接比较法和类比调整法。

（1）直接比较法

直接比较法又可分为：直接使用参照物价格作为评估价格；参照物价格经修正后作为评估价格。

1）直接使用参照物价格作为评估价格。其基本数学表达式：

评估对象价格 = 参照物价格

运用直接比较法的被评估资产与参照物应是相同资产，而且应具有相同的功能。

2）参照物价格经修正后作为评估价格。其评估思路是：将参照物的某一基本特征直接与评估对象的同一基本特征进行比较，用以修正评估结果。其基本计算公式为：

评估对象价值 = 参照物成交价格 ×（评估对象基本特征 / 参照物基本特征）

【例 4-2】被评估对象与参照物，除生产能力存在不同外，其他都一样。参照物的生产能力是 10 000 件，被评估对象的生产能力是 8 500 件。而参照物的市场价格是 10 000 元。由上面的公式可算出评估对象价值为：

10 000 ×（8 500/10 000）=8 500（元）

直接比较法在评估实践中有多种方法，具体包括：现行市价法、市价折扣法、功能价值类比法、价格指数调整法和成新率指数调整法。

1）现行市价法。当评估对象本身具有现行市场价格或与评估对象基本相同的参照物具有市场销售价格时，可以直接利用评估对象或参照物在评估基准日的市场销售价格作为评估对象的评估值。例如批量生产的机器设备、家用电器等，可按相同生产厂家、相同型号、相同规格、同一批量的机器设备、家用电器等的市场销售价格作为评估值。

2）市价折扣法。市价折扣法是以参照物成交价格为基础，考虑评估对象在销售市场方面的不利因素，根据评估人员的经验，将参照物成交价格乘以一个折扣率来估算评估对象价值的方法。

资产评估价值 = 参照物成交价格 × 折扣率

【例 4-3】某机器厂拟快速变现一项无形资产，在市场上这项无形资产评估基准日正常变现价为 50 000 元，经评估人员综合分析，认为快速变现应在正常变现价格基础上打 6 折，因此，拟快速变现资产价值为 30 000 元，计算公式如下：

资产评估价值 =50 000 × 60%=30 000（元）

3）功能价值类比法。功能价值类比法是在参照物的成交价格基础上，将评估对象与参照物之间的功能进行比较，并用比较系统来修正参照物的成交价格得出评估对象价值的方法。资产的功能与其价值之间的关系可分为线性关系和指数关系两种。

a. 资产价值与其功能呈线性关系，在评估实务中又称其为生产能力比例法，其计算公式如下：

资产评估价值 = 参照物成交价格 ×（评估对象生产能力 / 参照物生产能力）

【例 4-4】某机器厂有一利用知识产权生产的流水线待评估，该流水线年生产能力为 1 000 件，参照物年生产能力为 800 件，参照物市场成交价格为 200 000 元，则待评估利用知识产权生产的这条流水线的价值：

待评估流水线的价格 =200 000 ×（1 000/800）=250 000（元）

b. 资产价值与其功能呈现非线性关系，在评估实务中又称其为规模经济效益指数法，其计算公式如下：

资产评估价值 = 参照物成交价格 ×（评估对象生产能力 / 参照物生产能力）^{x}

【例 4-5】仍以上述为例，如果其生产能力与价格成非线性关系，且该类资产的功能价值指数为 0.7，由此确定利用知识产权生产的这条流水线价值为 233 812 元。

待评估流水线的价格 =200 000 ×（1 000/800）$^{0.7}$=233 812（元）

4）价格指数调整法。价格指数调整法，是首先求出评估基准日对被评估资产购买日的价格指数，然后以价格指数调整参照物成交价作为评估对象评估值的方法。此方法中，时间间隔对资产价值有影响，其计算公式如下：

资产评估价值 = 参照物成交价格 × 物价指数

或　　资产评估价值 = 参照物成交价格 ×（1+ 价格变动率）

5）成新率指数调整法。成新率指数调整法是首先求出评估对象比参照物的成新率指数，然后以成新率指数调整参照物评估基准日的成交价作为评估对象评估值的方法，其计算公式如下：

资产评估价值 = 参照物评估基准日成交价格 ×（评估对象成新率 / 参照物成新率）

（2）类比调整法

类比调整法是市场法中常用的评估方法，该方法的最大特点是只要参照物与评估对象在大的方面基本相同或相似，就可使用该评估方法。常用的类比调整法有以下几种。

1）市场售价类比法。市场售价类比法是以参照物的成交价格为基础，考虑参照物与评估对象在功能、市场条件和销售时间等方面的差异，通过对比分析和量化差异，调整评估对象价值的方法。

资产评估价值 = 参照物评估基准日价格 × 功能差异修正系数 × 时间差异修正系数 ×……× 效益情况差异修正系数

或　　资产评估价值 = 参照物评估基准日价格 + 功能差异值 + 时间差异值 +……+ 交易情况差异值

【例 4-6】某企业委托评估一款发明专利使用权的转让，该项专利已经使用了 1 年。经评估人员查阅，相似的专利在 1 年以来有 A、B、C 三个交易案例。委托评估发明专利使用权的转让和 A、B、C 三个交易案例的专利都属于发明专利使用权转让。

A 专利在 1 年前转让，该项专利已经使用了 3 年，转让价 40 万元；

B 专利在半年前转让，该项专利已经使用了 2 年，转让价 50 万元；

C 专利在 3 个月前转让，该项专利已经使用了 1 年，转让价 55 万元。

评估对象与参照物相关情况表如表 4-5 所示。

表 4-5　评估对象与参照物相关情况表

对象	参照物 A	参照物 B	参照物 C	被评估对象
交易价格	40 万元	50 万元	55 万元	
交易状况	公开市场	公开市场	公开市场	公开市场
交易时间	1 年前	半年前	3 个月前	
成新率	85%	90%	95%	95%

评估人员经过对市场信息进行分析得知，3 个交易实例都是在公开市场条件下销售的，交易状况正常，不需要修正，影响价格的因素，主要是交易时间、成新率。

①交易时间因素的分析和修正。经分析发现近几个月的价格指数每月上涨 2%，则参照物 A、B、C 的修正系数分别为 124/100，112/100，106/100。

②成新率因素和修正。根据公式：成新率修正系数 = 被评估对象成新率 / 参照物成新率，参照物 A、B、C 的修正系数分别为 85/95，90/95，95/95。

③计算参照物 A、B、C 的因素修正后价格，得出初评结果。

参照物 A 修正后的价格 =40×（124/100）×（85/95）=44.38（万元）

参照物 B 修正后的价格 =50×（112/100）×（90/95）=53.05（万元）

参照物 C 修正后的价格 =55×（106/100）×（95/95）=58.30（万元）

④采用算数平均数取得被评估专利使用权转让的评估价值为：

（44.38+53.05+58.30）/3=51.91（万元）

2）市盈率倍数法。市盈率倍数法是指利用评估基准日参照物（上市公司）公布的市盈率乘以评估对象（或企业）的收益额，用以测算评估对象价值的方法，计算公式如下：

评估对象（企业）评估价值 = 评估对象（企业）收益额 × 参照物（上市公司）的市盈率

【例 4-7】某被评估对象是一家非上市银行，其经营业绩与民生银行相仿，该银行的年净利润 12 亿元，查上市公司报表民生银行评估基准日的市盈率为 13 倍，则该银行的评估价值为：

该银行的评估价值 =12×13=156（亿元）

3）成本比例法。成本比例法是指以评估对象现行合理成本与参照物现行合理成本的比乘以参照物成交价格来估算评估对象的价值的方法，计算公式如下：

资产评估价值 = 参照物成交价格 ×（评估对象现行合理成本 ÷ 参照物现行合理成本）

4. 运用市场法评估的基本前提条件

运用任何一种评估方法对评估对象进行评估都有前提条件，因为评估方法的适用范围是与评估方法相适应的，它是评估结果合理、科学的基本保证，也是科技成果评价师规避风险的有力武器。因此，通过市场法进行资产评估也需要有前提，其具有两个最基本的前提条件。

（1）要有一个活跃的公开市场

活跃的公开市场是指市场是规范的、开放的，既有买方，又有卖方，买卖双方的信息是对称的，且双方都是自愿的，不存在欺诈、胁迫、买卖双方都有足够的时间来确定是否实施交易，而且这种交易活动不是个别的，是普遍存在于市场上的。

（2）有 3 个以上的可比交易案例作为参照物

可比交易案例是指交易的对象与被评估对象相似，具有可比性，而且在公开市场上必须有 3 个以上的成交案例作为参照物。

（三）收益法

1. 收益法的概念

收益法又称收益现值法，是通过估算被评估资产（企业）未来预期收益的现值来估测被评估无形资产价值的各种评估方法的总称，是目前受到普遍认可的评估方法。

收益法实际上是一种将利求本的思路，从本金和利息的关系来说，已知本金乘上利率就能得出利息，即本金 × 利率 = 利息。而收益法与之相反，由利息、利率求出本金，也就是说，在多少资金量（资产）和何种利率下能够带来多少收益。

【例 4-8】已知本金 50 000 元，年利率 10%，那么一年的利息是多少？

按利息 = 本金 × 利率的公式可得出利息 =50 000 × 10%=5 000（元）

【例 4-9】利息是 5 000 元，在年利率 10% 的情况下，本金是多少？

由本金 = 利息 ÷ 利率的公式可得出本金 =5 000 ÷ 10%=50 000（元）

本金 = 利息 ÷ 利率的公式在资产评估中，本金可以理解为资产，因为资产同样能产生收益（相当于利息），也就是说使用该公式可以将年收益通过将利求本的方法来计算出资产或企业的价值。

2. 收益法评估的基本程序

为了科学、正确地评估资产的价值，采用收益法进行评估必须遵循一定的评估程序，经过十几年的评估实践，评估界认为收益法评估必须遵循以下基本程序。

1）搜集并验证与预期收益有关的数据资料。采用收益法进行评估所收集的数据资料主要是评估资产（企业）未来的经营前景、经营风险、财务状况和市场形势等。

经营前景是指这项资产（企业）的销售前景，包括销售数量、销售价格及其价格趋势以及企业的经营管理情况、人员结构、管理制度、生产前景等。

经营风险是指经营这项资产可能遇到的影响其市场销售前景、销售数量、销售价格等各种因素形成的风险以及企业可能遇到的影响企业正常生产的各种风险。

财务状况一般可以通过企业的财务报表反映，企业财务报表包括资产负债表、利润表、现金流量表等各种报表。

市场形势一般通过整个经济形势的预测资料、市场的销售业绩来反映，主要包括企业的销售报表、销售价格、销售数量分析资料等。

2）分析测算被评估资产（企业）未来预期收益额。

3）确定折现率或资本化率。

4）将被评估资产（企业）所有未来预期收益，用折现率或资本化率折算成现值。

5）分析确定评估结果。

3. 收益法的基本参数

（1）收益额

收益额必须是由被评估资产（企业）创造的收益。如果某些收益并不归被评估资产的所有者所有，则不能计入。比如使用资产赢得了利润，这利润并不完全是拥有资产的所有者的收益，因为利润要按一定的比例缴纳所得税，所得税并不归所有者所有，而是国家的收入，它作为税金流出企业，显然这种收益不能包含在资产所有者的收益当中。

收益法中的收益额是资产未来的预期收益，它不是资产的历史收益，也不是现实的收益，而是根据历史资料来推算今后预期的客观收益。在这里我们要充分注意到定义里特别强调的亮点：

①收益额是被评估资产未来预期能创造的收益额，而不是资产过去创造的收益额或现实收益额；

②收益法中所讲的收益额是被评估资产的客观收益，而不是被评估资产的实际收益。

客观收益是根据各种变量、因素预期的合理的收益，而现实收益中可能包括不合理的因素。

【例 4-10】某机器厂将一项实用新型专利租借给有业务往来的另一家企业，租金每天 200 元，在租赁市场，一项该种实用新型专利正常租金每天 500 元，评估中用租金作为这台设备的收益，租金用什么指标来计算？

在计算其收益时，是用实际租金每天 200 元计算，还是用租赁市场该种专利正常租金每天 500 元计算？我们说收益法所指的收益是客观收益，这个例子的客观收益应该是每天租金 500 元，因为借给另一家企业的租金是低的，这一家企业与大隆机器厂有业务往来，是一个关系户。实际租金不是一个客观收益，不能作为评估中的收益。还要指出的是，在每天 500 元的收益中还要扣除由于出租专利必须缴纳的税金。

（2）折现率

折现率是指将未来有期限的预期收益折算为现值的比率。资本化率（本金化率）通常是指将未来无限期的预期收益折算为现值的比率。折现率和资本化率在本质上是一样的，二者的区别仅仅在于适用的场合不同。在评估实务中，将资本化率与折现率通用。

折现率不是利率，而是收益率。折现率是管理的报酬，利率是资金的报酬。利率只表示资金本身的获利能力，而与占用和使用途径没有直接联系，折现率则与资产以及所有者使用效果相关。

折现率在收益法中是一个关键因素，折现率的高低直接影响评估值的大小，而且影响程度大，所以选择折现率要慎之又慎。另外，选择折现率时要注意折现率的口径与收益的口径保持一致。

折现率实际上是一个期望的投资报酬率。投资一定金额购买一台机器，预期可以得到多少回报，这是一个预期的投资回报率。投资报酬率可被分解为两部分：一是无风险报酬率，二是风险报酬率。无风险报酬率可以用同期的国库券利率经单利调整为复利后使用；风险报酬率则要进行测算，在评估实务中，一般根据所投资的行业所面临的各种风险如经营风险、财务风险、市场风险等来测算。

（3）收益期限

收益期限是指被评估资产在其持续使用前提下，未来能够为所有者带来预期收益的年限，可以是 1 年、2 年、5 年、10 年等有期限的，也可以是永续无期限的。

4. 收益法的运用

收益法根据收益变化、期限不同有多种计算方式。

（1）纯收益不变，各因素不变

1）收益不变，期限有限，各因素不变的条件下，计算公式如下：

$$P=\frac{A}{r}\left[1-\frac{1}{(1+r)^n}\right]$$

式中　P——评估值；

A——年金；

r——折现率或资本化率；

n——收益年期。

该公式的适用条件是：①每天收益不变；②收益年期有限，为 n；③折现率固定不变，且大于零。

2）收益不变，期限无限，各因素不变的条件下，计算公式如下：

$$P=\frac{A}{r}$$

该公式的适用条件是：①每天收益不变；②收益年期无限；③折现率固定不变，且大于零。

（2）纯收益在前期变化，若干年后保持不变

1）收益年限无限，计算公式如下：

$$p=\sum\frac{R_i}{(1+r)^i}+\frac{A}{r(1+r)^n}$$

该公式的适用条件是：①纯收益在 n 年（含 n 年）以前有变化，n 年以后保持不变；②收益年限无限；③ r 大于零。

2）收益年限有限，其计算公式如下：

$$p=\sum\frac{R_i}{(1+r)^i}+\frac{A}{r(1+r)^n}\left[1-\frac{1}{(1+r)^{n-i}}\right]$$

该公式的适用条件是：①纯收益在 i 年（含 i 年）以前有变化，在 i 年以后保持不变；②收益年限有限，为 n；③ r 大于零。

这里要注意的是，纯收益 A 的收益年限是有限的，其期数为（$n-i$）年而不是

n年。

（3）纯收入按等差级数变化

1）在纯收益按等差级数递增，收益年期无限的条件下，计算公式如下：

$$p=\frac{A}{r}+\frac{B}{r^2}$$

该公式的适用条件是：①纯收益按等差级数递增，递增额为B；②收益年限无限；③r大于零。

2）在纯收益按等差级数递增，收益年期有限的条件下，计算公式如下：

$$p=\left(\frac{A}{r}+\frac{B}{r^2}\right)\times\left[1-\frac{1}{(1+r)^n}\right]-\frac{B}{r}\times\frac{n}{(1+r)^n}$$

该公式的适用条件是：①纯收益按等差级数递增，递增额为B；②收益年限有限为n；③r大于零。

3）在纯收益按等差级数递减，收益年期无限的条件下，计算公式如下：

$$p=\frac{A}{r}-\frac{B}{r^2}$$

该公式的适用条件是：①纯收益按等差级数递减，递减额为B，收益递减到零为止；②收益年限无限；③r大于零。

4）在纯收益按等差级数递减，收益年期有限的条件下，计算公式如下：

$$p=\left(\frac{A}{r}-\frac{B}{r^2}\right)\times\left[1-\frac{1}{(1+r)^n}\right]+\frac{B}{r}\times\frac{n}{(1+r)^n}$$

该公式的适用条件是：①纯收益按等差级数递减，递减额为B，收益递减到零为止；②收益年限有限，为n；③r大于零。

（4）纯收益按等比级数变化

1）在纯收益按等比级数递增，收益年期无限的条件下，计算公式如下：

$$p=\frac{A}{r-s}$$

该公式的适用条件是：①纯收益按等比级数递增，递增比率为s；②收益年限无限；③r大于零；④s大于零且小于r。

2）在纯收益按等比级数递增，收益年期有限的条件下，计算公式如下：

$$p=\frac{A}{r-s}\left[1-\left(\frac{1+s}{1+r}\right)^{n}\right]$$

该公式的适用条件是：①纯收益按等比级数递增，递增比率为 s；②收益年限有限，为 n；③ r 大于零；④ s 大于零且小于 r。

3）在纯收益按等比级数递减，收益年期无限的条件下，计算公式如下：

$$p=\frac{A}{r+s}$$

该公式的适用条件是：①纯收益按等比级数递减，递减比率为 s；②收益年限无限；③ r 大于零；④ s 大于零且小于 r。

4）在纯收益按等比级数递减，收益年期有限的条件下，计算公式如下：

$$p=\frac{A}{r+s}\left[1-\left(\frac{1+s}{1+r}\right)^{n}\right]$$

该公式的适用条件是：①纯收益按等比级数递减，递减比率为 s；②收益年限有限，为 n；③ r 大于零；④ s 大于零且小于等于 1。

5）收益年限有限，且知道收益期末即若干年后资产价格的条件下，被评估资产的评估价值的计算公式如下：

$$p=\frac{A}{r}\times\left[1-\frac{1}{(1+r)^{n}}\right]+\frac{P^{n}}{(1+r)^{n}}$$

该公式的适用条件是：①纯收益在第 n 年前保持不变；②第 n 年末资产的价格为 P；③ r 大于零。

【例 4-11】某科技公司有一项发明专利，还能使用 3 年，该发明专利 3 年后变为公知技术，由于其某项配套的技术可变现净值 2 000 元，其 3 年的净收益资料如表 4-6 所示，试评估流水线的价值。

表 4-6　某科技公司某次发明专利收益额相关资料表

时间	收益额（万元）	折现率	折现系数	收益折现值（万元）
第 1 年	70	10%	0.909	63.63
第 2 年	80	10%	0.826	66.08
第 3 年	45+0.2	10%	0.753	34.04

该题可使用收益年限有限，且知道收益期末即若干年后无形资产价格的计算公式，该专利资产的评估价值 =63.63+66.08+34.04=163.75（万元）。

【例 4-12】某科技公司有一项无形资产，利用该无形资产生产某项产品，预计未来 5 年收益额分别是 10 万元、12 万元、13 万元、14 万元、15 万元。假定从第 6 年开始，以后各年收益均为 15 万元，确定的折现率和资本化率均为 10%。分别确定该收益性资产持续经营的收益评估值和经营 20 年的收益评估值。

①永续经营条件下的评估过程。

首先，确定未来 5 年收益额的现值。

未来 5 年的收益额 =10 × 0.909+12 × 0.826+13 × 0.753+14 × 0.683+15 × 0.621=47.65（万元）

计算中的现值系数，可以用计算器取得，也可查复利现值表取得。

其次，将第 6 年以后的收益进行资本化处理，即 15/（10%）=150（万元），然后再乘上 5 年的现值系数，即 150 × 0.621=93.15（万元）。

最后，确定该企业评估值：

该项无形资产的评估价值 =47.65+93.15=140.80（万元）

②经营 20 年的收益价值评估过程。

该收益性资产经营 20 年的收益评估值，计算如下：

$$p=\sum\frac{R_i}{(1+r)^i}+\frac{A}{r(1+r)^n}\left[1-\frac{1}{(1+r)^{n-i}}\right]$$

$$=\frac{10}{(1+10\%)}+\frac{12}{(1+10\%)^2}+\frac{13}{(1+10\%)^3}+\frac{14}{(1+10\%)^4}+\frac{15}{(1+10\%)^5}+\frac{15}{10\%(1+10\%)^{20-5}}$$

=9.09+9.92+9.77+9.56+9.31+35.91=83.56（万元）

运用该项收益性资产经营 20 年的收益的评估值为 83.56 万元。

5. 运用收益法的基本前提

收益法是评估资产的一个基本方法，但是，不是所有的资产都能使用收益法进行评估，也就是说，运用收益法有一定的前提条件。收益法评估的基本要素有 3 个：收益预期额 A、折现率 r、产生预期收益额的收益期 n。这 3 个基本要素是运用收益法的前提条件，基本前提条件具体表现在以下 3 方面。

（1）被评估资产的未来收益能用货币计量，且可以预测。即这项资产的未来收益是可以预期且可以度量的，不是想不到、看不到的收益。这种预期收益是依据资产潜在的、能采用科学的预测方法得到的，经得起推敲。

（2）资产拥有者获利预期收益所承担的风险也可以预测并可以用货币衡量。它涉及收益率的测算，因为从经济学的角度来看，收益率的大小是和风险成正比的，也就是说风险越大收益越高。收益率的构成包括两个方面。一是无风险收益率。无风险收益率可以用国债利率来代替，因为国债虽然不能说没有一点风险，但国债的风险很低，可以拿同期国债利率来近似地替代无风险利率。二是风险收益率。风险是可以测算的，风险收益率 + 无风险收益率 = 收益率。

（3）被评估资产预期获利年限可以预测。

专利资产作为无形资产的重要组成部分，在社会经济中的作用日益增强，为了更好地开展专利资产评估工作，有必要对其进行专门的了解。

三、专利资产的评估与价值分析

（一）专利资产的评估

1. 专利资产

我国专利法将专利分为 3 类：发明、实用新型、外观设计。

专利权需要经过申请受理、初步审查、公告、实质性审查等阶段才可获得。但在没有正式批准前，它也是有价值的。我们将处于申请阶段尚待批转的各类发明、实用新型和外观设计称为专利申请技术。其具有以下两方面的特性。

（1）过渡性

专利申请技术是通过《中华人民共和国专利法》的有关规定而明确的一种存在于公知领域的一般技术和专利之间的一种过渡性表现形式。如果专利申请技术获得授权，就转变为专利；反之，就是一种公知领域的一般技术。

（2）不确定性

过渡性的特点决定了专利申请技术具有不稳定性。

通常我们把专利权和专利申请技术合称为专利资产。

2. 专利资产的价值形成缘由

1）利用专利资产生产的产品和提供的劳务，在理念上是全新的，从而提高了生产和服务的竞争力，为企业带来超额收益。

2）利用专利资产可以增加产品的产量、销量，提高产品的价格，从而增加了销售收入。

3）利用专利资产可以节约成本，从而增加了企业利润。

4）利用专利资产也可能既节约了成本又提高了产量和价格，从而综合增加了企业利润。

3. 专利资产的价值实现方式

专利资产的价值可以通过所有权转让、使用权转让等形式实现。

（1）专利资产所有权转让的具体方法

1）一次性买断。一次性买断是拥有人将其所拥有的专利、非专利技术的所有权一次性转让给受让方。它的支付方式可以是一次性支付，也可以是分期多次支付。

2）作价投资入股。作价投资入股是拥有人以其所拥有的专利的所有权作价投资，取得商定股份并获得红利。

3）设定干股、期股、期权。专利拥有人以上述资产进入企业，经约定以干股、期股、期权在将来某一时间取得股权或某项权利等激励方式实现上述资产的价值。

（2）专利资产使用权转让的具体办法

1）独占许可使用权的转让：专利资产使用权转让给某一特定主体独家使用，收取使用费来实现其价值。在这种情况下，专利资产拥有人自己不能再使用该专利资产。

2）排他许可使用权的转让：专利资产使用权转让给某一特定主体使用。在这种情况下，权利所有人和被转让人两家可以共同使用该专利资产。

3）普通许可使用权的转让：专利资产拥有人通过市场将其专利资产的使用权转让给多家主体共同使用。

4）带特殊条件的许可使用权的转让：专利资产拥有人通过市场将其专项资产的使用权有条件地转让给其他主体使用。在这种转让方式下，其转让的限制条件有各种方式，如销售地域限制、销售价格限制、销售数量限制等。

4. 专利资产的评估

专利资产的评估一般要经过专利资产存在状态的确定、专利资产价值状态的确定以及专利资产的估算这样三个阶段。

（1）专利资产存在状态的确定

专利资产存在状态的确定又分为专利和专利申请技术的确定，而专利的存在状态又分为专利的所有权确定和使用权的确定两种。

1）专利的所有权确定。

专利所有权按照其存续的时效，可以分为有效专利和失效专利。

法律意义上的有效专利是指还在专利保护有效期内的专利，可以通过核查专利证书和年费缴纳凭证确定。没有证书和年费缴纳凭证的就是失效专利。

专利所有权按其申请区域，可以分为一国专利、多国专利和国际专利。仅在一国内申请并获得授权的专利为一国专利；在多个国家申请的并获得授权的同一技术为多国专利；在一国内申请并获得授权之后，并在知识产权国际公约协议国范围内申请了优先权的为国际专利。这里类别的专利所有权可以通过核查专利证书、优先权申请书等资料加以确定。

2）专利的使用权确定。

专利使用权一般是通过专利许可使用协议加以约定的，因此，专利使用权的存在状态应根据对专利许可使用协议的分析确定。但专利许可使用权的存在状态是建立在专利所有权的相应状态基础上的，因此，还应结合专利所有权的存在状态加以判断。

专利申请技术从申请获得受理开始，一直到取得专利授权之前，可以分为受理、初步审查、公告、实质性审查等阶段。我们可以通过专利申请书、专利申请受理通知、初步审查通知、专利公告、实质性审查通知、专利证书等资料来确定其处的于哪个阶段。

（2）专利资产价值状态的确定

一般而言，一项专利、专利申请技术的领先程度越高，技术构成越复杂，所处的行业技术更新周期越长，其价值越高。

专利只有在有效的状态下才可能存在价值。有效专利是指尚未被新专利所替代，同时又在法律保护期内的专利。判断其价值状态必须先了解同类技术近期专利申请和授权的情况，并根据该专业的专家判断加以确定。

专利申请技术由于处于申请阶段，其新颖性、创造性、实用性尚待确认，是否能最终取得专利权尚不确定，对其是否具有所申请专利权的价值进行确认具有风险。但这些风险理论上随着处于受理、初步审查、公告、实质性审查等不同阶段而有所不同。因此，其价值高低次序应依次为：受理阶段≤初步审查阶段≤公告阶段≤实质性审查阶段。

（3）专利资产的估算

1）市场法估算。目前我国还没有成熟的、完善的有关专利资产交易案例的数据库，且由于专利资产的特殊性，要获得3个或3个以上的比较案例比较困难。即使有了3个案例，还要特别注意其案例的可比性。另外，评估人员还必须获得其有关比较数据，这就增加了采用市场法评估专利资产的难度。

2）成本法估算。由于专利资产成本与其价值的弱对应性，要想获得专利资产成本的全部构成几乎是不可能的，因此采用成本法评估专利资产，除财务做账摊销的需要外，一般不建议采用。

3）收益法估算。专利资产采用收益法估算是建立在专利资产能够创造出高于一般资产收益的理论之上的。使用专利资产能够创造多少高于只用一般资产所创造的价值呢？这是估算专利资产价值的一个关键。在评估时往往能够计算出整个生产经营创造的全部利润，但有多少是专利资产创造的却不易计算，这是专利资产采用收益法评估的难点。人们设想找出专利资产创造的价值占整个生产经营创造价值的比重，也就是找出分配专利资产和其他生产要素在整个生产经营中创造利润的比例，以解决这个难题。在评估界把这个比例称之为分成率。

经过海量的统计分析，按统计的大数定律，现在国际上的分成率通常有三分法和四分法之说。所谓三分法，即专利资产所创造的价值占整个生产经营创造价值的比重为三分之一，四分法即占四分之一。在实际的评估中，评估师应经过仔细的分析，认真把握专利资产在整个生产经营过程中发挥作用的大小，可以在三分法或四分法的基础上做些调整。

5. 专利资产的估算案例

（1）成本法评估案例

一股份有限公司由于经营管理不善，效益不佳，亏损严重，将要被同行业的某股份有限公司收购，现经某股份有限公司委托，需要对该股份有限公司全部资产进行评估。该股份有限公司有一项实用新型专利，于3年前自行研制开发并获得了专利证书。现需要对该专利资产进行评估。评估的步骤如下。

1）确定评估对象：一项实用新型专利。

2）技术功能确定：经有关专家鉴定，该项专利有一定的先进性，而且有一定的市场情景。

3）评估方法选择：由于目前企业经营不善，该专利资产不能采用收益法，因为市场上也没有同类专利成交案例，所以只能采用成本法对其进行评估。

4）评估估算如下。

首先，分析测算其重置成本。该项专利技术系自创形成，其开发形成过程中的成本资料可从企业中获得。具体如下。

材料费用	35 000 元
工资费用	20 000 元
资料费	2 000 元
咨询鉴定会务费	15 000 元
差旅费	2 000 元
管理费分摊	2 000 元
专用设备折旧费	5 400 元
非专用设备折旧费分摊	8 000 元
专利费用及其他	2 600 元
合计	92 000 元

根据专利技术开发的过程分析，各类消耗仍按过去实际发生定额计算，对其价格可按现行价格计算。重置成本计算如下：

重置成本 =92 000 ×（1+4%）×（1+5%）×（1+3%）≈ 103 500（元）

其次，确定该项专利资产的贬值率。

由于实用新型专利保护期为 10 年，现在已经使用了 3 年，所以其贬值率计算如下：

贬值率 =3 ÷ 10 × 100% = 30%

5）计算评估值，作出评估结论

评估值 = 103 500 ×（1−30%）= 72 450（元）

最后，确定该项专利评估值为 72 450 元

（2）市场法评估案例

某企业委托评估一款游戏机专利所有权的转让，该专利已经使用了 2 年，有功能 10 项。经评估人员查阅，相似的专利在近半年以来有甲、乙、丙 3 个交易案例。委托评估的游戏机专利和甲、乙、丙 3 个交易案例的游戏机都是发明专利。

甲游戏机在半年前转让所有权，游戏机已经使用了 2 年，转让价 22 万元；

乙游戏机在半年前转让所有权，游戏机已经使用了 1 年，转让价 23 万元；

丙游戏机在 3 个月前转让所有权，游戏机已经使用了 3 年，转让价 18 万元。

经比较，被评估游戏机较甲游戏机功能少一项，与乙游戏机功能一样，较丙游戏机功能多一项。被评估对象与参照物情况表如表 4-7 所示。

表 4-7 被评估对象与参照物情况表

对象	参照物甲	参照物乙	参照物丙	被评估对象
交易价格	22 万元	23 万元	18 万元	
交易状况	公开市场	公开市场	公开市场	公开市场
交易时间	半年前	半年前	3 个月前	
功能	11	10	9	10
成新率	90%	95%	85%	90%

评估人员经过对市场信息进行分析得知，3 个交易实例都是在公开市场条件下销售的，交易状况正常，不需要修正。影响价格的因素，主要是交易时间、成新率和功能。其中功能与其市场销售呈指数管理（功能修正因素的指数为 0.6）。

1）交易时间因素的分析和修正。经分析发现，近几个月的游戏机销售价格每月下跌 5%，则参照物甲、乙、丙的修正系数分别为 70/100，70/100，85/100。

2）成新率修正。

成新率因素修正 = 被评估对象成新率 / 参照物成新率

参照物甲、乙、丙的修正系数分别为 90/90，90/95，90/85。

3）功能因素修正。

功能因素修正 = 被评估对象功能数 / 参照物功能数

参照物甲、乙、丙的修正系数分别为 $(10/11)^{0.6}$、$(10/10)^{0.6}$，$(10/9)^{0.6}$。

4）计算参照物甲、乙、丙的因素修正后价格，得出初评结果。

参照物甲修正后的价格 $=22\times(70/100)\times(90/90)\times(10/11)^{0.6}=14.54$（万元）

参照物乙修正后的价格 $=23\times(70/100)\times(90/95)\times(10/10)^{0.6}=15.25$（万元）

参照物丙修正后的价格 $=18\times(85/100)\times(90/85)\times(10/9)^{0.6}=17.26$（万元）

5）采用算数平均数取得被评估游戏机的评估价值。

$(14.54+15.25+17.26)/3\approx15.68$（万元）

（3）收益法评估方案

评估对象：某一机器人制造技术

委托方：某民营企业

评估基准日：2016 年 1 月 1 日

评估方法：收益分成法

评估目的：转让

1）评估对象基本情况介绍。

该机器人制造技术由委托方单位发明，已获实用新型专利。委托方对机器人制造技术的评估价值为 1 亿元。委托评估时，委托方自称其产品为更新换代产品，在技术上对原来的同类产品是一次革命，其原理也与现在市场上的产品截然不同，产品性能超出一般标准很多。

但依据评估公司的工作惯例需要专家对机器人制造技术进行专门的鉴定。进行鉴定后发现其产品权威性较差，与企业同类产品相比有一定差距，专家们对该产品提出如下意见。

①该机器人制造技术生产出的产品为一般产品，性能并不先进。

②该机器人制造技术级别原理并无与现在同类产品的基本原理不一致之处，该机器人制造技术也并非发明创造，为一般技术。

③该机器人制造技术有一定的新意，但距完善有较大的距离，如果能做好后续开发工作，在降低产品成本上也许能有一定的成效。

2）分析判断。

技术专家的评价是客观、准确的。委托方企业规模较小、依靠该机器人制造技术能略有盈利，说明该机器人制造技术还有一定的经济价值。同时，该机器人制造技术完善之后，经济效益可能会有所提高。该机器人制造技术明显不够成熟，转让或合作的可能性较小。综合来看，采用收益法确定该机器人制造技术的评估值是可行的。

3）参数的选取。

①确定收益额。本次评估采用税后利润为收益额。在考虑企业未来的预期收益时，采用如下假设：企业的规模比现在扩大 3 倍，达到本行业中等规模；在企业规模扩大的基础上，企业原有赢利能力随着规模的扩大而相应提高，成本相应降低。

②选择折现率。本次评估选择无风险利率加风险保持率为折现率，无风险利率选择国库券利率，为 8%，考虑该技术不够成熟以及可能的市场风险因素，风险报酬率取 12%，则总的折现率为 20%。

③选择分成率。由于委托方原来的盈利与管理水平、工人工资水平等有密切关系，确定该机器人制造技术的分成率时考虑了这些因素，经综合分析，确定分成率

为 25%。

④评估机器人制造技术。经研讨，该机器人制造技术作为一般技术其经济寿命周期为 5 年，5 年的预期收益额和折现情况如表 4-8 所示。

表 4-8　某民营企业某一机器人制造技术的收益额和折现情况

年份	预期收益额（万元）	折现系数	预期收益折现值（万元）
2016	200	0.83	166
2017	250	0.69	172.5
2018	280	0.58	162.4
2019	300	0.48	144
2020	300	0.40	120

该机器人制造技术 5 年累计预期收益折现值为 764.9 万元，该机器人制造技术的评估结果为 764.9 × 25%=191（万元）。

该项技术资产的评估值为 191 万元。

（二）专利价值分析①

专利价值分析作为专利运营和管理的核心环节，与专利资产评估有较大的区别。专利资产评估值与成本、产量、收益等商业指标密切相关，最终的评估值是一个具体价格。专利价值分析得出的结果是专利价值的大小，不是具体价格。《专利价值分析指标体系操作手册》一书提出了“专利价值度”这一表征自身价值大小的度量单位，专利价值分析以专利价值度来度量专利的“好”“坏”，从而能够支持多个专利进行横向、纵向的对比，并通过指标体系客观呈现专利的特点。

1. 专利价值分析指标体系

专利价值分析指标体系分为三大方面：法律价值度、技术价值度和经济价值度，它们最终综合为专利价值度。

（1）法律价值度

法律价值度是指从法律的角度来评价专利的价值。为了使得法律价值度的分析具有可操作性，法律指标又可细分为 7 个支撑指标（图 4-1），包括稳定性、不可规避性、依赖性、专利侵权可判定性、有效性、多国申请和专利许可状态。每个指标的分值都为 0~10 分。其中，鉴于专利稳定性的分析评价结果将直接说明待评专利

① 国家知识产权局专利管理司，中国技术交易所. 专利价值分析指标体系操作手册 [M]. 北京：知识产权出版社，2012.

在法律意义上能够存在的前景，专利稳定性的价值度较低表明专利被宣告无效的风险较大，因此将稳定性指标作为参数因子，其他 6 个法律价值度支撑指标所具有权重各不相同，如表 4-9 所示。

表 4-9　法律价值度中 6 个支撑指标的权重

支撑指标	不可规避性	依赖性	专利侵权可判定性	有效性	多国申请	专利许可状态
权重	30%	15%	20%	15%	15%	5%

法律价值度的计算公式为：

法律价值度（*LVD*）= 稳定性 ×（不可规避性 ×30%+ 依赖性 ×15%+ 专利侵权可判定性 ×20%+ 有效性 ×15%+ 多国申请 ×15%+ 专利许可 ×5%）

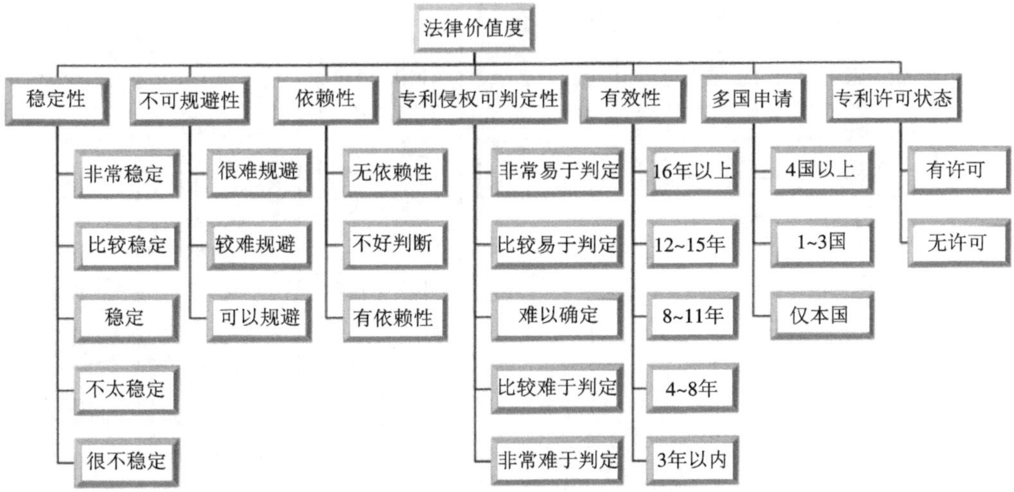

图 4-1　法律价值度评价指标

（2）技术价值度

技术价值度是指从技术的维度来评价专利的价值。影响技术价值度的指标可细分为 6 个支撑指标，包括先进性、行业发展趋势、适用范围、配套技术依存度、可替代性、成熟度（图 4-2）。每个指标的分值都为 0~10 分。每个支撑指标在技术价值度中都具有一定的权重，具体权重分布如表 4-10 所示。

表 4-10　技术价值度中各支撑指标的权重

支撑指标	先进性	行业发展趋势	适用范围	配套技术依存度	可替代性	成熟度
权重	15%	10%	20%	15%	20%	20%

技术价值度的计算公式为：

技术价值度（*TVD*）=（先进性 ×15%+ 行业发展趋势 ×10%+ 适用范围 ×20%+ 配套技术依存度 ×15%+ 可替代性 ×20%+ 成熟度 ×20%）×10

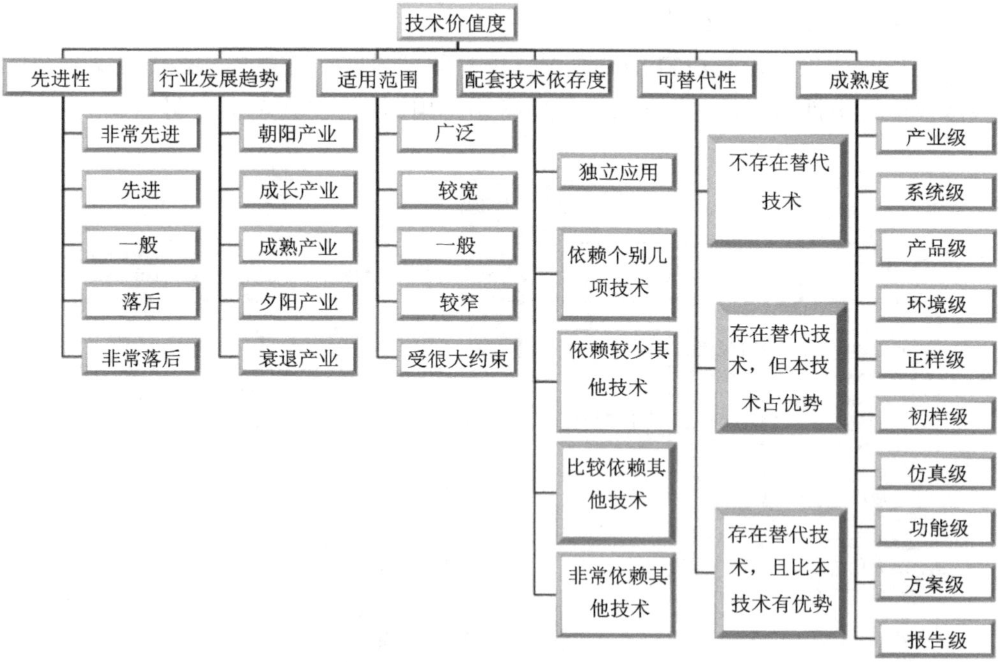

图 4-2　技术价值度评价指标

（3）经济价值度

经济价值度是从市场经济效益的角度来评价一项专利的价值。专利的价值最终会体现在产品和生产产品的工艺方法上，而产品和工艺方法的价值受到市场状况、竞争对手、政策导向等因素的影响。因此需要考虑影响专利产品或工艺经济价值的各种因素来分析专利的经济价值度，影响经济价值度的指标可细分为 5 个支撑指标，包括市场应用情况、市场规模前景、市场占有率、竞争情况、政策适用性（图 4-3）。每个指标的分值都为 0~10 分。每个支撑指标在经济价值度中都具有一定的权重，具体如表 4-11 所示。

表 4-11　经济价值度中各支撑指标的权重

支撑指标	市场应用情况	市场规模前景	市场占有率	竞争情况	政策适用性
权重	25%	20%	20%	20%	15%

经济价值度的计算公式为：

经济价值度（EVD）=（市场应用情况 ×25%+ 市场规模前景 ×20%+ 市场占有率 ×20%+ 竞争情况 ×20%+ 政策适用性 ×15%）×10

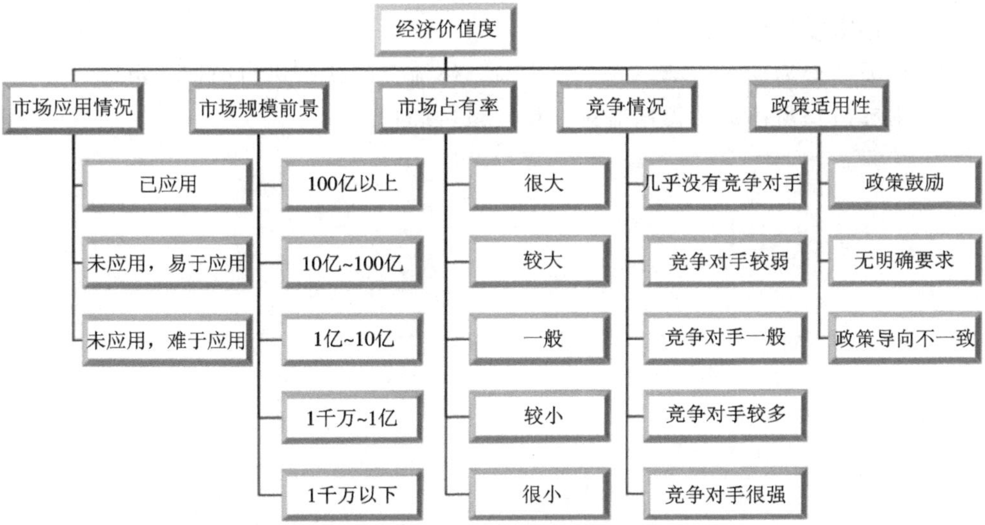

图 4-3　经济价值度评价指标

（4）专利价值度

专利价值度的三维度权重划分及计算方法如下：

$$PVD=\alpha\times LVD+\beta\times TVD+\gamma\times EVD$$

其中，PVD——专利价值度；

LVD——法律价值度；

TVD——技术价值度；

EVD——经济价值度；

$\alpha+\beta+\gamma=100\%$。

2. 专利价值分析体系的整体流程

（1）项目负责人操作流程

项目负责人必须具有专利法、专利撰写、诉讼等方面相关的知识以及待评价项目所在领域的知识，并且熟悉专利价值分析体系的整体操作规范及要点。

项目负责人的操作流程包括确认需求、分配专家、开展检索、行业报告收集、一致性检验、项目完成。

（2）专家打分操作流程

专家的所在领域可分为法律、技术和经济三个方向。每个方向的专家仅需要对与该方向相对应的指标进行打分与评价。

专家打分流程包括接受任务、打分与评价。

（3）终审委员会审核流程

终审委员会为独立的第三方，负责对整体流程的执行进行监控与审核。

终审委员会审核流程包括流程监控、审核项目。

第五章　科技成果供需对接

科技成果转移转化服务一般源自两个方向的需求。一个是供方之求，就是拥有技术商品的一方为了收回技术商品研发成本并获得一定利益或者为了维持其技术商品的持续开发以实现技术商品的升级优化，要求技术经理人为其寻找技术商品买方。另一个是需方之求，要求主要来自企业，即企业为了产品结构或者产业结构的调整和优化，提升企业产品竞争力和企业核心竞争力，获取最大或者满意利润，要求技术经理人助其选择技术商品。

在市场上，不管是从需求端发起的科技成果转移转化需求，也就是常说的技术难题解决，还是供给端发起的科技成果转移转化需求，即成果推广，技术经理人最需要做的就是对各种供需信息进行搜集、筛选，将潜在的、真正的技术需求或推广项目挖掘出来，使科技成果供需对接工作“有的放矢”，从而提高科技成果转移转化服务工作的效率和质量。

第一节　科技成果供给侧发起的对接服务

一、科技成果信息的获取

信息是资源，是技术经理人最重要的资源。一般而言，技术经理人可以从以下几个途径获取相关的技术信息。

（一）从信息的源头获取信息

近年来，高校承担了大量的科研任务，高校科研管理体制逐渐完善，从数量上看，高校科技成果丰硕。2017 年 3 月，教育部科技发展中心公布了 2016 年获发明专利授权前 50 名高校和至 2016 年年底有效发明专利排名前 50 名高校两项数据。其中，仅 2016 年一年获发明专利授权前 50 名的高校获授权的发明专利合计已达

31 116 件；至 2016 年年底拥有有效发明专利排名前 50 名的高校的有效专利数合计达到了 116 156 件，高校已成为科技成果的重要研发单位。

企业在技术市场上以技术买方和技术卖方双重身份出现。一方面，企业为了提高核心竞争力而进行产品结构调整、产品升级换代等，大大提高了对技术的需求。另一方面，处于成长期的企业发展速度快，技术转化快，同时技术的更新与技术路线转变也快。一旦确定某项技术前景不乐观或者随着企业战略调整其技术路线，都会放弃一些技术。在处理这一类被舍弃的技术时，大部分企业没有采取任何措施。对这一类技术资产及时处置，使其成为能够为企业带来经济效益的无形资产，是非常有必要的。此外，国防科研和国防工业领域多把替代下来的、具有较高可靠性的军用技术通过市场转为民用，或者利用他们的科研力量从事民用产品的研究，这也是重要的信息源之一。

（二）通过科技活动获取信息

各级政府、行业协会、中介机构等组织为加强科技合作与交流，每年也会举办各种类型的科技活动，如举办科技周、科技展览会、中国国际高新技术成果交易会、技术交流会、科技成果发布会、技术难题招标会、科技招商会等，汇集的信息涉及各行业及领域，具有广泛性和综合性，也是技术经理人获得技术信息的良好途径。

（三）通过新闻传媒获取信息

由于媒体具有信息传播量大、速度快、内容丰富、受众面广等特点，其已成为传播技术市场信息的主要媒介之一。目前，大量的科技与经济发展信息、市场对技术的需求信息、科技资源、科技成果信息、相关的政策法规信息都可以从媒体上获得，如中国技术交易网的官网（http://us.ctex.cn）等。

（四）从科技信息机构获取信息

目前专业化的信息咨询机构、专业性的网站、情报机构等，它们收集、整理信息，使信息如同商品一样可以进行交易。技术经理人可根据需要，通过商业途径从这些机构购买信息，如为研发和 IP 打造的情报平台智慧芽（http://www.zhihuiya.com/）等。

（五）从各类技术转移机构获取信息

专业协会、孵化器、科技园区等都聚集了大量的海外高科技人才，国际技术交流畅通，技术创新与制度创新更加活跃，特别是在科技园区，许多国外大公司在那里落户，设立了研发机构，技术成果、需求信息都很集中，能够给技术市场提供大量有益的信息。

技术经理人应当与多方面保持密切的联系，尤其是应当与政府有关部门和新闻单位保持较多的联系，一方面可以及时了解掌握国家和各级政府各时期的方针政策，借助政府等有关部门的力量推动技术商品交易活动，从而取得事半功倍的效果；另一方面要加强与新闻媒体的接触，通过各种新闻媒体向社会广泛宣传优秀技术商品的性能作用，为优秀科技商品的迅速商品化、产业化奠定良好的社会条件。此外，技术经理人还应当广泛同社会知名人士、社会团体负责人、有关专业的专家学者保持一定的联系，以便在适当的时候借助他们的力量把技术商品迅速从科研领域推向生产领域，转化为优质产品。

二、科技成果的评价

通过市场所获取的各种信息涉及面广且信息繁杂，如果不能进行筛选和识别，很难满足交易的需求，以致降低了服务的效率。技术经理人可以通过科学的方法进行分类、整理和筛选，使之成为可用资源，为开展科技成果转移转化服务工作奠定良好的基础。

第一，技术经理人需要对科技成果的真实性进行评价，主要针对科技成果权益归属的合法性。

第二，对科技成果进行技术和时效性的评价，包括成熟度、创新度、先进度（具体可参照第四章成果标准化评价和无形资产评估），技术发展的日新月异要求成果必须保持时效性，同时还要具备成长性。

第三，对科技成果进行实用性和针对性评价，主要包括应用于什么领域、解决什么问题。

第四，对科技成果进行市场方面的评价，包括市场需求情况（需求现状及发展趋势、竞争结构和市场的需求规模）、市场风险以及技术商品定价的合理性等。

第五，对科技成果进行接产条件的评价，包括工艺流程与设备（工艺流程设计、设备选择）环境与能源（生产技术方面要有治理“三废”、保护环境的方案和措施等）；物资与供应（原材料、半成品、配套件、辅助材料的品质是否优良、来源是否方便、价格是否合理和能否供应等）以及人力资源的要求等。

第六，对科技成果进行经济效果分析，包括资金估算与资金筹集（固定资产投资估算、流动资金估算、无形资产投资估算、资金筹措等）、经济效益和社会效益评价等。

同时，技术经理人应根据自己的专业背景，结合市场需求，逐步形成适合自己的专业服务范围，要广泛收集、积累该专业领域内技术供给、技术需求、相关经济政策等一系列信息，还要依靠咨询相关技术、行业、财务、投资等领域的专家进行论证，这个过程是反复进行的，需要不断刷新认识，这就要求技术经理人具备复合型知识结构和沟通协调能力。

三、科技成果信息发布

一项科技成果通常由实现此项技术的物理工具（硬件）或材料及提供给工具的信息（软件）两部分组成，科技成果除了被物化的硬件部分，主要是由信息构成的，所以科技成果转移转化其实就是一个信息沟通的过程。成果供方应充分发挥科技成果扩散的作用，以便建立对该项技术的相互认知和不断双向反馈的过程。成果转化应用、技术转让的过程，就是减少技术的不确定性的过程，就是减少信息不对称的过程。信息发布的方式主要有以下几种。

1）组织开展学术交流推介会。推介会旨在介绍高新技术和产品的开发经验，进一步沟通市场信息，展示相关行业和产品技术发展的新亮点，会议组织相关领域的高校及院所、生产加工企业以及相关领域的专家参加。此类会议通过提供技术、产品和市场信息的交流平台，以达到推进行业创新和增强产学研合作的目的。

2）出版发行文字或音像资料。高校及科研院所将相关行业的科研成果进行整理并集结成册，对科技成果的信息传播具有较高参考价值。

3）组织成果拥有人专题推介会。召集相关的对接企业，由成果拥有人系统介绍科技成果的具体内容，使广大应用企业了解创新点和应用场景等。

4）组织实地调研。充分发挥重点实验室和研发基地学术推广的作用，组织相关企业及相关行业协会参观交流，发挥带动行业技术发展和提升企业自主创新能力的作用。

5）采用多媒体的方式进行推介。采用网络、公众号等渠道，用灵活多样的方式定期推介科技成果。

6）参加相关赛事活动。充分利用创新创业大赛、创新挑战赛及科技成果直通车等各种科技成果赛事，调动广大科技工作者的参与热情和积极性，加速科技成果转移转化。

四、科技成果对接活动

科技成果对接活动是促进科技成果转移转化的一种方式，成果供给方与成果需求方直接见面，就某个（或某些）技术研发问题进行商洽，若达成一致，则达成委托研发协议、科技成果转化协议。技术经理人在组织召开科技成果对接会之前，需要充分挖掘潜在的需求用户，有针对性地进行组织。

（一）对接方召集

利用召开成果推广会、点对点对接等方式，将科技成果真正投放于市场，使科技成果的价值得到充分体现。在此，最核心的工作是找到那些对科技成果感兴趣、需要成果的特定的企业，用精准推广的方式使成果与目标人群对接。

1）匹配企业、打造品牌。筛选出与科技成果匹配的相关领域的企业，组织其召开技术交易对接会。通过技术交流及信息发布等方式，展示具备价值且可转让的科技成果。同时，使该交易会成为常态并进行品牌建设，将其打造成为宣传、转让科技成果的固定渠道。

2）点对点精准对接。按照前期征集上来的企业技术需求，将筛选出的科技成果与需求进行相应匹配，使企业技术难题得到解决，同时使科技成果得到应用。

3）点面结合、分类组织。对于起点高、难度大、后劲足的项目，要联合相关委办局、产业技术联盟、行业协会予以重点扶持、协同推广。

（二）推广对接

科技成果对接仅靠轰轰烈烈的会场造势还不够，还需要在现场深入研究问题。现场对接会有利于突出主题，针对特定的成果需求方的需求，规划商洽研发项目，介绍利用现有成果如何解决实际问题。现场对接的会场气氛不一定非得热热闹闹，但需要聚焦主题。要点包括：一是采取主旨讲解、现场观摩、情况介绍、专题答辩多种形式，拉近成果需求方与成果供应方的距离；二是设计互动预案，让参会者主动参与互动交流；三是提供样品、样机或生产线进行实物展示；四是事先联系与成果关系密切的技术人员和高级管理人员，结合现场主题介绍自身的经验；五是专家介绍评价，增强成果或问题解决方案的说服力等[①]。

① 铁怀江. 科技成果对接研究 [J]. 企业改革与管理，2014（12）.

五、技术经理人为供给方提供的服务策略

（一）选题策略

选题策略就是要根据市场的需求来选择研究开发的课题，要把专业学科的发展和市场需求统一起来，改变从自我需求（单纯专业学科需求）出发而未按消费需求进行选题的情况。研究市场需求应从广度和深度上展开。从广度上来说，要研究直接市场和间接市场需求。直接市场需求是指技术市场中技术商品需求单位或使用单位的需求；间接市场需求是指购买利用技术商品生产出的一般商品的消费者的需求。也就是说，既要研究技术市场，又要研究一般商品市场，同时还要研究国内市场和国外市场。从深度上来说，要统一研究这四个市场，对备选课题进行可行性研究、市场预测，在研究技术、经济、商业财务、管理等常规参数的基础上，还必须对消费者的购买力和购买欲望进行深入研究。

（二）效益策略

效益策略就是要以最佳效益为目标，将技术商品的先进性、可行性和有效性密切统一起来。进行技术开发，若对技术先进性、生产可行性、经济效益指标的设立，对它们之间关系的处理，工艺路线、加工方法、原材料、机械结构、自动化程度等做不同的选择，其产生的实用效果是不一样的，其适销程度也可能会有很大的差异。单一、盲目地追求先进性，在专业学科上可能有一定的意义，但在生产实践上不一定可行，或在生产实践上可行，但无多大效益，这会导致这类技术商品的适销性受到限制。那种技术本身不一定很先进，但在实际生产中可行，且经济效益较高的技术商品，尽管可能会对某些用户的吸引力差一些，但仍会受到一些技术要求不太高的用户的欢迎。当然，如果能做到既先进又可行且效益又好，那么这类技术商品肯定会受到用户的欢迎。

（三）配套性策略

现代工业在向专业化方向发展的同时，也在向综合效率提升的方向上发展。科学技术也同样在向着高度专业化方向发展的同时，对纵向的配套发展提出要求。一项新技术的应用，需要有工艺、装备、材料、配方、监测、三废管理等配套设施的协调配合。但在生产实践中往往会出现下述情况：某道工序应用新的单项技术商品后，局部生产效率大为提高，但由于后道工序中某一环节跟不上，致使总的生产效率并未能得到提高，或者总体生产效率有所提高，而新使用的原材料、辅助材料、三废治理、耗能等某个环节出现短线或存在问题，不能充分提高总体效率。因此，这种局部优化但系统不优化的技术商品并不会受到用户的欢迎，只有配套完善能达

到系统优化的技术商品才有适销性。

（四）产品组合策略

产品组合策略是按照技术消费的结构生产各层次的技术商品。产品组合包括3个因素，即产品线的宽度、深度和关联性。一般来说，拓宽产品线有利于发挥本单位的潜力，开拓新市场；加深产品线，可以生产出更多满足市场需求的产品；加强关联性，可以增强研究和生产企业的市场地位，发挥和提高专业生产方面的能力。产品组合策略包括两方面的内容，一是原有技术发展，即利用本单位的技术特长和优势，在原有技术基础上，生产多种不同类型的新产品；二是多样化技术发展，即通过对技术市场的调查，找出市场需求的新变化，实行新的技术转移，从而在新的研究和生产领域里开展经营活动。

第二节 科技成果需求侧发起的对接服务

一、需求意向采集

（一）采集方式

采集需求是技术经理人的基本工作任务，可通过与企业接触的各种机会进行需求意向的了解和信息采集工作，并与企业建立常态联系。需求采集主要包括以下几种方式。

1）利用邮箱、微信等渠道不定期发送表格，邀请企业填报技术需求信息表。

2）在创新创业活动现场发放表格，并指导企业填报技术需求信息表。

3）组织创新挑战赛等活动，以征集赛题的方式，面向企业征集技术需求。

4）利用自有或公共科技成果转移转化服务平台，获取技术需求。

5）结合主营业务，在与企业接触时主动引导企业提出技术需求。

6）不定期推送相关领域的科技成果、行业动态，引导企业发现新技术，激发其改进技术、工艺的意愿，从而产生技术需求。

（二）采集内容

重点采集企业基本信息，包括主营业务、科研能力、承接能力等；联系人信息，包括姓名、职务、联系方式等；需求信息，包括需求名称、需求详述、预期效果、现有基础、需求领域、需求类型、拟投资金等。

（三）企业走访

技术经理人对企业进行实地走访，是挖掘企业真实需求的重要方式。一般情况下，要争取企业方面技术总工或主管技术的副总出面接待。企业走访可以是结合其他业务工作进行的需求采集，也可以是在企业发出需求意向后进行的深度走访。

企业走访的目的和作用主要是将成果转化服务理念和服务内容直接传递给企业，通过长期、动态的联系将其发展为客户；了解企业的产品、技术、工艺和市场情况，采集信息、挖掘需求。挖掘的需求应清晰、明确，不应只是泛泛地介绍一个非具体的问题，而是要全面细致描述需求的核心要素。

（四）信息整理

将企业基本信息以及走访过程中采集到的企业需求信息、产业化信息、行业信息，及时整理并分类保存。一旦与企业在某方面达成约定，如提供相应的科技成果、对接某位专家、查找相关优惠政策等，应及时兑现并推进后续活动，保持和企业的联系。如果确定无法为企业提供帮助和支持，也应尽量为企业介绍更合适的机构，以保持与企业的友好联系。

二、技术需求挖掘

技术需求挖掘是一项专业化、系统化的工程，多数企业在需求挖掘上需要专业技术经理人的引导。技术经理人应结合企业家访谈、企业调研、资料检索等多种方式进行需求挖掘，以提供清晰、明确的需求信息。挖掘技术需求时，按照企业是否提出需求意向将其分为两类进行[①]：当企业已经提出需求意向时，技术经理人要进一步对技术需求信息进行挖掘，从而得到清晰、明确的技术需求，这是开展科技成果供需对接服务的基础；当企业没有提出需求意向时，技术经理人需通过对企业的科技体检识别其潜在的技术需求。

（一）企业综合诊断

在掌握需求意向、确定好被服务企业后，首先对企业及其所处行业进行初步调查，了解企业的产品、技术、工艺、市场和经营管理情况，然后深入企业内部进行挖掘。技术需求主要包括企业现有生产技术问题的解决、转型升级的技术创新研发和技术引进等需求，挖掘需求除了要了解企业基本情况和承接能力以外，还要重点关注技术领域、技术问题、技术现状、拟达到的指标、排除方案、费用预算、项目周期、合作模式等。技术经理人需要对需求进行分析梳理和标准化描述，经企业确

① 明翠琴，钟书华. 创新驿站企业需求挖掘的技术评估方法 [J]. 技术与创新管理，2012（6）.

认后才能进行后续服务工作。

（二）企业科技体检

企业科技体检以企业科技要素为主要问诊内容，结合区域经济发展与行业技术创新趋势，对企业的资源基础、创新意识、管理体系、合作能力、成果运用等方面进行调研诊断，挖掘技术、人才、资金等资源需求，并提供相应服务。企业科技要素包括研发机构、科研立项、科技成果、科技财税、研发团队和知识产权等。技术经理人进行企业科技体检的方式包括调查研究、企业走访、企业家访谈等，调研内容除行业分析、企业科技要素分析外，还包括对企业未来 3~5 年的战略目标、企业的核心定位及核心优势、竞争对手和行业标杆等情况的掌握和分析[①]。

（三）附加说明

需求信息的表述一般遵循以下原则，以便于客户及合作方理解。

1）尽量使用日常用语，少用专业术语（必要时除外）。如果需要使用文献专著中的信息，注意将其转变为通用的可以理解的表达方式。

2）简明扼要，既要保证包括尽可能多的信息，也要注意删除冗余语句。

3）使用清晰易懂的标题，让人第一时间理解信息内容。

三、技术需求评估

需求信息明确以后，技术经理人要从需求完整性、技术可行性、技术先进性、经济合理性、生产可行性等维度进行技术需求评估，形成切实可行、真实可靠的技术需求信息，以此来判断是否接受企业委托并提供后续对接服务。

技术需求评估离不开评估专家的辅助，评估专家由企业内部专家和外部专家组成，内部专家必须是熟悉企业情况的技术骨干或者管理者，在评估过程中，企业内部专家是技术经理人与企业沟通的桥梁；外部专家是指具有相关技术领域专业背景和产业化实战经验的专业人员。

对企业技术需求的评估主要从需求完整性、技术可行性、技术先进性、经济合理性、生产可行性 5 个方面进行分析。

1）需求完整性：技术需求所属类型，如技术难题、技术关键、工艺改造；技术需求指标及依据；提出的技术需求对于解决技术问题是否有效；是否有其他途径可实现该技术需求相同的功能；问题解决后能达到什么效果（获得什么收益）。

2）技术可行性：与技术需求相关的技术原理是否科学、技术路线是否可行、

① 倪向东，费红琳，严艳红. 企业技术需求的挖掘、评价与对接研究 [J]. 江苏科技信息，2017（20）.

关键技术是否能够获取、技术供方是否可靠等。

3）技术先进性：综合考虑技术水平、技术成熟度、技术创新度等有关技术定位的因素。

4）经济合理性：技术所应用产品的市场定位、与同类产品的比较竞争优势、对技术需求的投入估算及依据。

5）生产可行性：研发设备及研发场地建设是否足够有保障，材料或外协件是否有配套供应商；开发团队能否消化吸收新的技术需求（自身现有技术水平、知识产权情况）等。

四、技术需求对接

（一）不同需求类型及对接方向

1. 技术研发

技术研发指各种研究机构、企业或个人根据市场现实或潜在的需求，通过一定的材料和技术路线，研发出新品种、新技术、新服务。技术研发按其逻辑性可以被划分为 5 个阶段：概念、计划、开发、测试、发布。该类需求主要包括行业难题、共性技术、关键技术，可以通过委托开发或合作研发，也可以通过创新挑战赛等借助全社会力量共同研究。

2. 产品研发

产品研发指在现有技术水平和生产能力的基础上，研发新产品或改造老产品，使其具有新的特征或用途，满足市场需要。该类需求包括医疗器械精准度提升、图文识别准确率提升、智能仓储机器人爬坡设计等，技术经理人一般可以帮助企业对接高校、科研院所，合作开发产品。

3. 技术改造

技术改造指企业为了提高经济效益、提高产品质量、降低成本、节约能耗、加强资源综合利用和三废治理、劳保安全等目的，采用先进的、适用的新技术、新设备、新材料等对现有设施、生产工艺条件进行的改造。该类需求包括废水处理、油泥处理、土壤改良等，一般可以帮助企业对接高校、科研院所或其他研发能力较强的科技型企业。

4. 技术配套

技术配套一般指企业在生产过程中碰到的技术、产品或服务问题市场上有成型的解决方案，技术经理人可以帮助其对接相关技术、产品或服务的提供方。该类需求主要包括某些已经成熟应用的自动化生产设备、智能监测系统等，一般可以帮助其直接对接科技型企业，完成企业间的技术转移。

（二）技术需求对接一般流程

针对企业需求，进行成果扫描，找到相匹配的科技成果供给方，是技术经理人的经常性工作，基本按照以下步骤进行。

1. 技术经理人匹配技术供方

根据企业需要，依照相关要求及解决方案的期望效果对接相关领域的专家、专利、技术和项目等，形成有针对性的咨询方案。

2. 专家进行技术评测

通过技术经理人的初步描述，专家会通过一系列的手段和方法对项目难点及实施方案进行预评估，如果专家不能解决该难题，还需要返回上一步骤，继续匹配。

3. 签订专家合同

此时签订的专家合同并非三方的整体解决方案，而是专家赴项目现场考察的劳务合同。

4. 供方进行现场实地考察

专家组前往工地、企业去现场考察及评估，专家组还会与企业负责人、技术负责人直接进行沟通，尽可能多地了解第一手资料。结束考察后，专家组会根据调查情况，对项目的研发做详尽的介绍和计划。

5. 技术经理人提出研发方案

技术经理人根据专家的调查报告，并结合以往的技术方案、现有专利、同类项目等形成一份适合当前项目的技术咨询方案，即项目研发方案。之后会递交至项目需求企业供其参考，并就研发周期、费用、交付模式等研发细节，形成项目的可行性方案。

6. 签订三方合同

项目需求方认可技术经理人提供的研发方案，在研发之前需要签订包含技术提供方、技术需求方以及技术经理人三方的合同。从需求侧出发完成的技术服务，通常合作方式是技术转让、委托开发等，合作周期较短，企业通常也有一定的时限要求，效率低下的匹配往往很容易让企业失去耐心。因此，对技术经理人的进度把控、解决突发事件的能力要求也较高。

7. 按研发进度付款

在项目研发过程中，技术需求方需按照研发进度付款，具体付款进度由三方来拟定。每完成一个进度，企业需方会按照合同约定的技术指标为标准进行验收，如果阶段性验收有偏差，成果供给方会根据企业需方要求进行修改，如果企业需方满意成果供给方的工作，企业需方需要付约定的研发款，然后进行下一进度的研发。

8. 项目收尾

技术经理人对交付成果指标进行委托检测，供需双方确认，验收。

附件：技术转移实施流程及要点

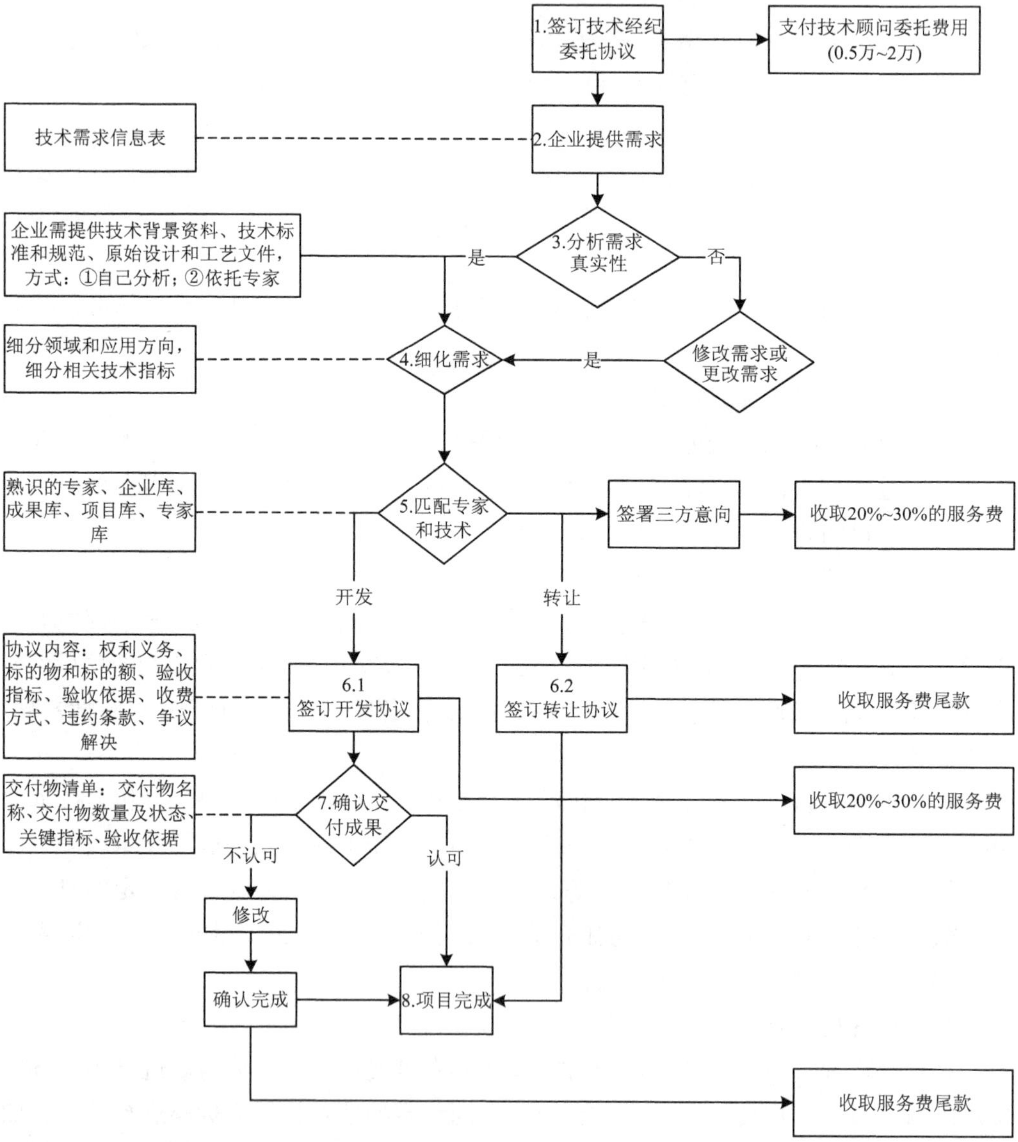

案例[①]

A企业主营高品质网络专用服务器及相关产品，为世界级的网络嵌入式系统研发制造厂商，承担网络通信设备研发、测试与量产导入等研发内容。公司已先后通过ISO9001、ISO14001、OHSAS18001、TL9000认证。

某技术经纪公司于2011年开始服务该企业，访问初期即针对企业整体情况进行摸底调查，对企业进行了各项科技数据信息采集、高层企业家访谈，在行业技术路线分析、专利布局以及区域政策等方面都进行了细致深入的了解分析。

调查发现，企业在发展中存在三大难题：一是长期以来缺乏相应的技术研发与管理，技术含量较低，在研发机构建立及管理、成果转化、立项管理、知识产权等技术方面相对滞后；二是A企业为集团式的外企，规模较大（年产值15亿），产品加工多为OEM（原始设备制造商，Original Equipment Manufactures）生产，研发投入偏低，且受集团财务要求、发展战略等的限制，使得科技财务管理处于困境；三是人员基数大，但多为基层生产员工和一线销售员工，技术人员和研发人员比例偏低。

在充分了解A企业发展的实情之后，某技术经纪公司联合专家委员会中的无线通信技术和网络设备行业专家、财务专家、发展战略及企业管理专家组成专家指导小组，深入A企业进行全面的调研与指导。经过与企业的短暂沟通，众多专家迅速进入具体工作岗位，发挥自身优势服务企业。

某技术经纪公司各位专家结合自身专业优势，从以下个方面对A企业的发展情况进行探究。

①研发机构建立。A企业有具有一定科研实力的研发中心及相关设备、人员配置，但未获得外部的资质证明。设立研发机构，能够促进和加强产学研合作，加速技术渗透，丰富科技成果。在研发平台管理体系方面，研发工作由测试实验室和工程部等部门人员承担，且用于研发的相关设备设施未做分类和统计，虽有独立的《研发项目管理章程》《研发资金核算管理办法》《研发人员绩效考核奖励制度》等管理制度，但是过于模板化，并没有实际应用。在科技顾问的辅导过程中已经逐渐将制度融入公司的管理文件中，并结合企业的具体事宜逐步在修正。根据规划方案，企业已于2012年成功获得工程技术中心资质，并于2013年获得外资研发机构资质。同时，企业已于2014年完成自动化改造备案工作，为后续平台的进一步突破奠定了技术基础。

---

① 案例来源："国际技术转移"公众号。

②科技成果转化。缺乏行业认证、技术鉴定、成果鉴定等可直接证明成果科技含量的证明材料，技术成果不能很好地为产品的技术开发提供支持。为应对这方面的问题，该企应逐步完善科技成果转化体系，将科技成果转化变成常规化的工作。在后续的技术发展与新产品开发、产品结构调整的过程中，A企业技术成果转化更偏向尖端无线通信等方向发展，同时将相关的科技成果进行科技成果鉴定与认证，获取更充足、更有说服力的证明材料。

③立项与产学研。A企业存在立项管理不规范的问题，没有形成实质上的立项流程和缺乏实际研发意义的产学研项目，未能产生有效的科研成果。通过技术经理人的服务，在产学研方面，企业找到了苏州大学，开展了“WIFI与3G混合通信技术开发”项目的产学研合作，是A公司研发历程重要的里程碑。

④人力资源体系。作为一个制造型企业，A企业实际的高素质科技人员数量和研发队伍的人才数量及知识层级配置情况仍不能满足企业规模及发展对研发人才的需求。企业在后续发展中应充分利用博士中心高端人才储备，为企业可持续化发展提供职业化的研发人才梯队，满足企业在研发生产中对高素质研发人才的需求；组建一支由研发核心人员和新品产业化测试技工组成的综合研发人员梯队，改变之前单一的研发人才结构，使得整个研发流程更加一体化。

技术经理人的一系列工作，为A企业不断积累了研发、技术、人才、管理等重要科技元素，助力A企业科技创新发展体系的完善，实施企业科技发展“里子”工程建设，整体提高了A企业的竞争力。

第三节　科技成果交易

科技成果交易实现的周期较长，而且从科技成果的洽谈到签约，涉及技术、经济、知识产权、法律等诸多要素。技术经理人在其中的作用是：疏通障碍、协调分歧、提供各种促进交易的服务；通过技术经理人的指导与沟通，使交易双方明白彼此之间的利益依赖关系，确定交易方式，参与谈判。

一、科技成果交易方式注意要点

1. 技术开发

技术开发分委托开发和合作开发，开发对象为新技术、新产品、新工艺或者新材料及其系统。在整个技术开发过程中，除了注意开发成本、开发进度控制外，还要注意以下几个要点。

1）保密和不当竞争控制。在技术开发合作前，技术经理人应考察对方的保密制度、保密措施的相关情况，确定对方商业秘密管理水平达到合格标准后再签订技术开发合同。合同双方签订保密和不竞争协议，在附件中列明双方竞争对手清单或识别方法。

2）开发风险控制。开发风险包括研发失败、合作破裂和情势变更，因此要通过技术开发合同对研发目标进行详细约定，对成果验收方法、认定标准、研发失败的程序和方法进行约定，并对研发失败的责任分担和责任追究进行重点约定。

2. 技术转让

技术转让可分为专利权转让、专利申请权转让、专利实施许可及技术秘密转让。这个过程要注意以下几个要点。

1）要注意专利与技术秘密的有效性。专利的有效性是指转让的专利或者许可实施的专利在有效期限内。技术秘密的有效性主要体现在保密性上，即不为社会公众所知，是所有人的独家所有。如果是已为公众所知的技术，就不存在转让问题了。

2）技术的有关情况应当约定清楚。技术是技术转让合同的标的，技术的有关情况应当在合同中详细规定，便于履行。技术的有关情况包括技术项目的名称，技术的主要指标、作用或者用途，关键技术，生产工序流程，注意事项等。

3）转让或者许可的范围。转让技术或者许可他人实施技术，都应当明确范围。尤其是专利可以使用的区域范围，如果是专利许可，则要明确在什么区域内可以使用该专利，超过的就是违约；如果是技术秘密转让，让与人要承担保密责任，其使用范围可以是全国，也可以只是某个地区。

4）转让费用的约定。转让费用包括转让费和使用费。在专利转让情况下，受让人应当支付转让费。转让费根据技术能够产生的实际价值计算，通常规定一个比例，便于操作。在实施许可的情况下，则需根据是否是独家等因素考虑转让费或者使用费的数额。受让人未按照约定支付使用费的，应当补交使用费并按照约定支付违约金。实施专利或者使用技术秘密超过约定范围的，未经让与人同意擅自许可第三人实施该专利或者使用该技术秘密的，应当停止违约行为，承担违约责任。

3. 技术作价入股

技术作价入股作为一种技术转移方式，在转移过程中可发生所有权的完全转移、部分转移甚至无所有权转移，在技术作价入股的过程，还要注意以下几个要点。

1）确定专利状态。要审查专利是否有专利证书、是否为职务发明、专利证书是否失效及专利权是否设定质押、许可，确定专利权的稳定性（被宣告无效的可能性）。

2）明确界定出资技术。明确技术出资方的具体技术方案及附带的技术范围，并从技术内容、市场、产业及法律等4个方面对技术水平进行评估。

3）明确股权激励比例和分配额度。明确在出现技术价值贬值时，技术股东相应的股权比例调整及资本补充责任，并明确技术股东具体工作范围，保密协议和竞业限制协议。

4. 技术服务

技术服务是指拥有技术的一方为另一方解决某一特定技术问题所提供的各种服务。如进行非常规性的计算、设计、测量、分析、安装、调试以及提供技术信息、改进工艺流程、进行技术诊断、检验检测等服务。技术服务的主要环节包括寻找技术服务商、交易双方对技术服务项目进行内部定价、合同谈判以及技术服务合同签订。

5. 技术咨询

技术咨询是对特定技术项目提供可行性论证、经济技术预测、专题调查、分析评价等咨询报告。技术咨询通过签订技术咨询合同展开，关键点在于合同中双方权利、义务和违约责任的约定，一般而言顾问方不对委托方的决策结果负责，保密条款也是需要注意的要点。

二、交易谈判注意要点

1. 明确转让技术合同产品的型号、规格、性能

这是对转让技术的具体内容、技术参数、质量指标的要求。所谓合同产品，就是利用转让技术设计制造出来的符合合同规定的转让技术水平的产品，它具有使转让技术内容的价值具体化，使人们明白无误地看到技术的客观存在和经济效益的作用，它是今后考核验收的依据。

合同产品的型号、规格、性能主要取决于市场对该产品的需求，因此，要在调查研究的基础上，对市场需求进行预测，看合同产品具有多大的竞争能力，能获取多大的市场份额。

2. 确定转让技术的先进性、适用性和可靠性

所谓先进性，是指从转让技术的发展水平来看，虽不一定是尖端的，但对技术受方说，它应该是一流的、高水平的、有利于缩短企业与行业先进水平的差距。所谓适用性，就是转让的技术要适合技术受方，要与技术受方的消化吸收能力、资源状况、设施配套能力、现有技术体系等相适应。所谓可靠性，是指转让的技术是经过生产验证的，具有可靠的成效，可以直接应用于生产实践。在谈判准备工作中，可将调查得到该技术在实际生产中存在的问题作为谈判过程中讨价还价的依据。

3. 转让专利技术要注意的问题

1）专利技术的地域性。专利技术是受法律保护的，但是任何专利法都是国内法，因此专利的保护是有地域性的。我国已实施《中华人民共和国专利法》，因此，准备购买的专利技术应该是已在我国专利主管机关提出申请并经授权且有效的，或虽未在我国申请，但应用此项技术生产的产品要向一些国家出口，而在其中一些国家，只有专利权所有人享有专利，才有必要购买此专利。

2）专利技术的时效性。专利权具有时效性，专利转让前，受让人需要核实该专利是否有多个专利权人，专利的状态是有效的还是无效的，距离保护期满还有几年，专利是否已经在银行或是其他地方质押等，这些都影响着购买决定及转让价格的谈判。

4. 确定许可方授权的范围

授权范围是指许可方授予被许可方使用权的种类、范围和性质等。

1）使用权的种类，包括技术的使用权、产品的制造权、产品的销售权。应明确确定许可使用上述哪几种权利。

2）使用权的范围，包括使用、制造和销售的地域范围。

3）使用权的性质，指许可证的种类的性质。如前所述，许可证的种类按权利范围不同，可以分为普通许可证、排他许可证、独占许可证、分许可证、交叉许可证，应明确确定采取哪种性质的许可证。

就转让技术的价格而论，普通许可证＜排他许可证＜独占许可证。选择专利技术实施许可证种类时，主要考虑许可地区的市场性质、容量和专利技术所具有的技术特点。容量不大的市场和使用不广的专利技术，以排他许可比较合适；反之，具有固定的大量需求的相应产品的专利技术，即使存在着几个技术受方，也不会妨碍产品的销售，所以不一定要排他许可，可选择普通许可。在市场竞争非常激烈的情况下，为了排除竞争，则可选择排他许可甚至独占许可。

5. 技术的升级与改进

现代技术更新换代极快，因此双方在谈判时最好对改进和发展后的技术的归属问题进行约定。

6. 后续的技术支持

大部分技术交易都需要技术供方提供技术培训或技术指导来帮助技术受方在交易后能够真正生产出符合要求的产品，通常，技术供方只会将一部分技术用作专利申请，而将更多的技术细节作为技术秘密保护起来，技术受方应有相应的心理准备，并在谈判时尽可能将这部分未披露的技术细节，涵盖于技术交易合同中的“后续技术培训”或“后续技术支持”部分中，还可协商如果非因供方原因，受方仍未掌握该部分技术细节，如人员流失导致技术失传，那么受方还可以通过后期技术咨询等方式掌握这部分技术细节。

7. 注意转让次数对技术转让费的影响

每一次转让都意味着产品市场的缩小和竞争对手的增加，当然也反映了技术供方开发费用的回收情况。因此，通常情况下转让次数越多，技术的价格越低。技术转让次数较多，对于技术受方并不完全是坏事。转让次数多，说明市场对产品的需求看好，也说明技术比较成熟可靠，投资的风险较小；在经过若干次转让之后，技术供方收回了开发成本或获得了期望利润之后，也愿意降低转让费，在这种情况下，只要存在市场机会，技术受方就不应轻易放弃选择该技术的机会，并应尽量压低价格。

三、科技中介服务机构的报酬与支付

科技中介服务机构的技术转移转化服务报酬为佣金。佣金的支付办法、标准和方式参考以下方式。

1. 佣金的支付时间

佣金的支付时间应在科技中介机构完成约定的服务，买卖双方已订立技术交易合同并且合同已生效之后。一般在科技中介机构撮合的技术交易成交前不支付经纪活动佣金，但不排除有特别的约定。

2. 佣金形式

①比例提取：佣金额 = 技术转移成交额 × 佣金提取比例。

②包价确定：以包价的形式确定佣金。

佣金 = 实际成交额 − 委托最低价（卖方委托）

佣金 = 委托最高价 - 实际成交额（买方委托）

③比例提取 + 包价确定：由委托方（买方或卖方）确定一个最高价（买方委托）或最低价（卖方委托），之后委托经理人代理交易，交易成功后，按照事先达成的约定，分别对包价内和包价外的部分使用不同比例提取经纪佣金。

3. 佣金支付标准

在按包价方式计付佣金的情况下，交易成功后包价外的部分金额，即为佣金支付标准。如果采用按比例提取方式，在确定支付标准时，则应该考虑按级次差别采用不同的提取比例标准。

当然，除了从成交额的级次考虑，还要根据中介参与服务的深度来调整佣金提取比例。例如，实际案例中，某些中介服务机构采取如下佣金提取比例：仅提供供需信息发布平台的，免费或成交后提取 1%；助匹配对接买卖双方的，成交后提取 5%；提供深入的调研、咨询、协调谈判以及草拟文件等服务的，成交后提取 10%~20% 比例不等。

4. 佣金的支付人

佣金的支付原则上按技术交易买卖双方“谁委托谁支付”的办法确定支付人。经协商达成共识后，也可由交易当事人双方按事前商定的办法及比例共同成为的支付人。

5. 成交后未实现的交易佣金

由经纪中介撮合而订立交易合同的，如果合同因故未能履行，只要不是由于经理人原因造成的，经理人获取的佣金不应该受到影响，支付人应照付佣金。

6. 支付方式

经纪业务费用数额较大的，前期可以考虑向经理人适量预付部分佣金以支持经理人的工作，剩余部分，待经纪业务完成，交易双方签订合同后结清。另外，根据情况也可以采取费用和佣金分开计算并支付的办法。经理人在服务活动中实际支付的差旅费、办公费、公关支出、通信费、外聘专家咨询费等费用由委托人随时报销，佣金在服务完成后按成交额比例提取。

第六章　技术合同

为了加强国家对技术市场和科技成果转化工作的指导、管理和服务，规范技术交易行为，2000 年科技部、财政部、国家税务总局联合发布了《关于印发〈技术合同认定登记管理办法〉的通知》（国科发政字〔2000〕063 号），其中明确规定，未申请认定登记和未予登记的技术合同，不得享受国家对有关促进科技成果转化规定的税收、信贷和奖励等方面的优惠政策。截至目前，全国已形成省、地、县三级联动，1 000 余家登记机构支撑的技术交易协同管理监督系统。2018 年，技术合同登记 367 586 项，交易额 13 424 亿元，是我国科技创新和技术转移成效的晴雨表。

第一节　技术合同概述

一、技术合同的概念和订立原则

（一）技术合同的概念[①]

《中华人民共和国合同法》（以下简称《合同法》）于 1999 年 3 月颁布，并于当年 10 月份开始施行，将原有的《中华人民共和国技术合同法》《中华人民共和国经济合同法》《中华人民共和国涉外经济合同法》三法统一为一法。技术合同出现在《合同法》分则部分第十八章（第三百二十二至三百六十四条）。《合同法》第二条规定，合同是平等主体的自然人、法人、其他组织之间设立、变更、终止民事权利义务关系的协议。《合同法》第三百二十二条将技术合同定义为当事人就技术开发、转让、咨询或者服务订立的确立相互之间权利和义务的合同。

技术合同具有以下特征。

① 成晓建. 技术经纪人培训教程 [M]. 上海：同济大学出版社，2018.

（1）技术合同主体具有广泛性和特定性

技术合同主体广泛性是指，技术合同的主体可以是我国的自然人、法人和其他组织，也可以是外国的个人、企业和其他组织。

技术合同特定性是指，各方当事人至少一方能够利用自己的技术力量从事技术开发、技术转让、提供技术咨询和服务。

（2）技术合同标的具有特殊性

技术合同标的特殊性是指，技术合同的标的是提供技术的特定行为。提供技术的行为包括提供已掌握的技术成果、对尚待掌握的技术进行开发以及提供与技术有关的辅助性帮助的行为。技术是人类脑力活动的产物，技术具有价值和使用价值，上升为法律对象的技术集知识性与商品性于一身，技术是无形的，但它的载体是有形的，如设备、工具、数据、公式等。因此，技术合同的性质与一般买卖、承揽合同不同，其标的所涉及对象为技术。确定一个合同是否为技术合同，首先就应对其标的进行判断。

（3）技术合同具有双方义务性

技术合同具有双方义务性是指，技术合同当事人双方都承担相应的义务。受托方有进行开发、咨询或者服务等的义务，委托方有支付价款的义务；受托方提供有偿技术服务以获取报酬，委托方支付费用以获取技术服务①。

（二）技术合同订立的基本原则

（1）有利于科学技术进步原则

订立技术合同的根本出发点在于鼓励和引导当事人正确运用技术合同这一有效的法律形式促进科技成果转化为现实生产力。因此，该原则也为技术合同的根本原则。

（2）平等原则

订立技术合同的当事人，其法律地位是平等的，没有高低、从属之分。一方不得将自己的意志强加给另一方。平等原则主要体现在两个方面：一是合同当事人的法律地位一律平等；二是合同约定的权利与义务是平等的。

（3）自愿原则

《合同法》第四条规定，当事人依法享有自愿订立合同的权利，任何单位和个人不得非法干预。自愿原则主要体现在以下几个方面：①当事人依自己的意愿自主决定与谁订立或是否订立技术合同；②当事人在法律范围内自愿约定技术合同的内

① 成晓建. 技术经纪人培训教程 [M]. 上海：同济大学出版社，2018.

容；③在履行技术合同过程中，当事人经协商可以就合同内容进行补充或变更；④当事人自愿约定违约条款，自愿选择解决合同争议的方式；⑤当事人可以协议解除合同。

二、技术合同的一般内容[①]

《合同法》对技术合同进行了明确的分类，其将技术合同分成技术开发合同、技术转让合同、技术咨询合同、技术服务合同。这 4 类合同俗称“四技”合同。

（一）技术开发合同

技术开发合同是指当事人之间就新技术、新产品、新工艺或者新材料及其系统的研究开发所订立的合同。技术开发是当事人在新技术、新知识领域有所突破，有所创新的行为，是当事人在订立技术合同时尚未掌握的产品、工艺、材料及其系统等技术方案，是研究开发方依照技术开发的合同要求，经过创造性劳动而取得的新的技术成果。由于受人类现有技术水平的限制，技术开发可能失败，因此技术开发合同存在高风险性。

技术开发合同包括委托开发合同和合作开发合同两种类型。委托开发合同是一方当事人委托另一方当事人进行研究开发工作并提供相应研究开发经费和报酬所订立的技术开发合同，委托他人进行技术开发的一方为委托方，受他人委托进行技术开发的一方为研究开发方。合作开发合同是当事人各方就共同进行研究开发工作所订立的技术开发合同，当事人共同投资、共同参与研究开发活动、共同承担研究开发风险、共同分享研究开发成果。

（二）技术转让合同

技术转让是指具有一定技术水平和实用价值的技术商品在不同法律主体之间交易而形成的权属转移。技术转让从本质上来讲是技术拥有者与技术需求者之间关于技术权属的转让。技术的转让不是知识本身与原来的主体分离，而是向新法律主体转让了技术知识，赋予其使用该技术的权利，根据转让权利化程度的不同，分为专利申请权转让、专利权转让、专利实施许可和技术秘密转让。

技术转让合同是指当事人之间就专利权转让、专利申请权转让、专利实施许可、技术秘密转让所订立的合同。技术转让在形式上虽表现为以图纸、资料、磁盘、磁带为物质载体的技术文件或技术方案在当事人之间转移，但本质上是专利申请权、专利权、专利实施许可权、技术秘密权的权属在当事人之间转移。

① 成晓建. 技术经纪人培训教程 [M]. 上海：同济大学出版社，2018.

（三）技术咨询合同

技术咨询是指掌握技术的当事人一方，用自己的知识、经验和信息，通过调查研究、分析和预测，为委托方提供决策咨询、工程技术咨询、管理咨询、信息咨询等服务。技术咨询的工作成果属于软科学研究成果。

技术咨询的内容包括项目立项的可行性分析、专题技术调查、市场营销策略、企业管理、发展规划预测、政策研究等。就咨询内容而言，技术咨询可以分为决策咨询、工程咨询、管理咨询、专业咨询和信息咨询。技术咨询合同是一方当事人（受托方）为另一方（委托方）就技术项目提供可行性论证、技术预测、专题技术调查、分析评价所订立的合同。

技术咨询合同具有履行结果的不确定性和风险承担的特殊性的特征。在合同履行上，咨询报告没有一个确定的数量或质量上的判断标准，提出的分析意见和建议只是作为委托人进行决策时的参考。因此，委托方按照受托方提供的符合合同要求的咨询报告和意见作出决策时，所造成的损失由委托方自己承担，但当事人另有约定除外。

（四）技术服务合同

技术服务是指掌握技术的当事人一方，以技术知识及按照约定为委托方提供服务工作。技术服务一般不具有创造性，是拥有技术的当事人一方在熟悉的专业范围内，对自己掌握的知识、技术、经验、信息的重复运用。

技术服务合同是指当事人一方以技术知识为另一方解决特定技术问题所订立的合同，不包括建设工程合同和承揽合同。这里的“特定技术问题”，包括需要运用专业技术知识、经验和信息解决的有关改进产品结构、改良工艺流程、提高产品质量、降低产品成本、节约资源能耗、保护资源环境、实现安全操作、提高经济效益和社会效益等专业技术问题。

三、技术合同的主要条款[①]

根据《合同法》第三百二十四条的规定，技术合同的内容由当事人约定，一般包括以下条款：

①技术项目名称；

②技术标的的内容、范围和要求；

③合同履行的计划、进度、期限、地点、地域和方式；

① 雷霆. 合同审查精要与实务指南 [M]. 北京：法律出版社，2018.

④技术情报和资料的保密；
⑤风险责任的承担；
⑥技术成果的归属、收益的分成办法；
⑦合同验收标准和方法；
⑧价款、报酬或者使用费及其支付方式；
⑨违约金或者损失赔偿的计算方法；
⑩解决争议的方法；
⑪名词和术语的解释。①

四、技术合同签订一般性注意事项②

1. 技术项目名称

项目名称指技术合同标的涉及的项目名称，当事人应准确约定，包括技术标的的类别、性质等。技术合同的项目名称应使用简明、准确的词句和语言反映出合同的技术特征和法律特征，并且项目名称一定要与内容相符。

2. 技术标的的内容、范围和要求

合同标的是合同法律关系的客体，是合同当事人权利和义务共同指向的对象。技术合同对标的的规定应当描述准确、具体清楚，还要根据不同标的的要求，明确该标的的技术范围和技术指标要求。

对于技术内容、范围等，当事人双方应尽可能准确、全面地填写。例如，技术开发合同标的的技术内容，是指当事人通过履行合同所要完成的科学技术成果。此外，合同还应当载明开发成果所达到的科技水平以及衡量和评定的主要技术指标和经济指标。技术开发合同标的技术的形式，是指当事人通过履行合同所完成的技术成果的形式。当事人必须明确约定技术开发合同标的技术的形式。当事人可以约定的形式包括：产品设计、工艺流程、材料配方和其他图纸、论文、报告等技术文件；磁带、磁盘、计算机软件；动物或者植物的新品种、微生物菌种；样品、样机；成套技术设备。在实践中，对于这个条款的拟定和审查，公司律师或法律顾问应与技术人员一起来予以确定。

① 与履行合同有关的技术背景资料、可行性论证和技术评价报告、项目任务书和计划书、技术标准、技术规范、原始设计和工艺文件，以及其他技术文档，按照当事人的约定可以作为合同的组成部分。技术合同涉及专利的，应当注明发明创造的名称、专利申请人和专利权人、申请日期、申请号、专利号以及专利权的有效期限。

② 雷霆. 合同审查精要与实务指南 [M]. 北京：法律出版社，2018.

3. 合同履行的计划、进度、期限、地点、地域和方式

技术合同的履行应当根据技术合同的标的来确定技术合同的履行形式及内容，且并非所有技术合同均要求具有履行的计划、进度、期限、地点、地域和方式等内容。如在技术开发合同中，具体的履行内容包括技术开发合同经费的支付、技术资料和原始数据的提供、开发失败的风险约定、研究开发的进度、期限和技术成果的交付等。在专利实施许可合同中，具体履行内容则包括实施许可的专利名称、内容、专利号、实施许可的期限、地域及方式等。在技术转让合同中，可以约定让与人和受让人实施专利或使用技术秘密的范围等，但不得限制技术竞争和技术发展。

4. 技术情报和资料的保密

保密条款对于技术合同是十分重要的条款，除专利技术外，技术合同的标的一般都是不对外公开的，一旦公开，其经济价值就大大降低，因此在合同中应当对需要保密的技术情报和资料的事项、范围、期限、责任等作出具体的约定。具体来说包括以下几个方面。

1）在技术开发合同中，技术开发合同标的的技术成果具有新型的特点，一般只有研发人员才了解该技术成果的具体特性及应用。因此，需要明确约定研发人员不得向第三者泄露技术秘密。

2）在技术转让合同中，让与人与受让人可以约定承担保密义务。因为让与人已经了解其所转让的技术成果的内容，如果让与人向受让人转让技术之后，又向他人泄露了该技术成果的内容，则受让人的利益将受到损害，其所受让的技术成果的价值也将贬损。同时，受让人也应当按照约定的范围和期限，对让与人提供的技术中尚未公开的秘密部分，承担保密义务。此外，《合同法》第三百四十三条规定："技术转让合同可以约定让与人和受让人实施专利或者使用技术秘密的范围，但不得限制技术竞争和技术发展。"《最高人民法院关于审理技术合同纠纷案件适用法律若干问题的解释》第二十八条规定，《合同法》第三百四十三条所称"实施专利或者使用技术秘密的范围"，包括实施专利或者使用技术秘密的期限、地域、方式以及接触技术秘密的人员等。当事人对实施专利或者使用技术秘密的期限没有约定或者约定不明确的，受让人实施专利或者使用技术秘密不受限制。

3）对于技术秘密转让合同，保密条款尤为重要。《合同法》第三百四十七条规定："技术秘密转让合同的让与人应当按照约定提供技术资料，进行技术指导，保证技术的实用性、可靠性，承担保密义务。"《最高人民法院关于审理技术合同纠纷案件适用法律若干问题的解释》第二十九条规定，《合同法》第三百四十七条规定

技术秘密转让合同让与人承担的“保密义务”，不限制其申请专利，但当事人约定让与人不得申请专利的除外。当事人之间就申请专利的技术成果所订立的许可使用合同，专利申请公开以前，适用技术秘密转让合同的有关规定；发明专利申请公开以后、授权以前，参照适用专利实施许可合同的有关规定：授权以后，原合同即为专利实施许可合同，适用专利实施许可合同的有关规定。人民法院不以当事人就已经申请专利但尚未授权的技术订立专利实施许可合同为由，认定合同无效。此外，《合同法》第三百五十一条还规定：“让与人未按照约定转让技术的，应当返还部分或者全部使用费，并应当承担违约责任；实施专利或者使用技术秘密超越约定的范围的，违反约定擅自许可第三人实施该项专利或者使用该项技术秘密的，应当停止违约行为，承担违约责任；违反约定的保密义务的，应当承担违约责任。”另外，由于技术的秘密性，受让人在缔约过程中，需要先了解技术秘密的内容，才会决定是否订立技术秘密转让合同。因此，受让人需要在技术秘密合同订立之前先承担保密义务。

5. 风险责任的承担

科学研究和技术开发本身是一项高风险活动，故在技术合同的履行中，如在技术开发合同的履行过程中，受托人所研究开发的技术是作为“新”技术存在的，而非现有的技术成果。因此，在研究开发中，由于现有的知识水平、技术水平的限制，经常面临着不可预知的、可能导致技术开发失败或部分失败的风险。在技术咨询合同中，受托人所提供的咨询和报告意见只是为委托人作出最终的决策提供参考，具体的决策工作是由委托人自己作出的，而非由受托人作出的。所以，依据《合同法》第三百五十九条第三款规定，“技术咨询合同的委托人按照受托人符合约定要求的咨询报告和意见作出决策所造成的损失，由委托人承担，但当事人另有约定的除外”。

因此，当事人双方应当根据具体情况，在合同中对技术开发项目的风险责任，作出合理的约定。具体内容包括约定风险责任承担主体、风险责任分担原则及比例、风险责任承担方式。当事人在合同中没有约定风险责任而发生损失的，双方应本着友好协商的原则合理承担风险责任。当事人一方发现可能导致研究开发失败或者部分失败的情况时，应当及时通知另一方并采取适当措施减少损失；当事人一方没有及时通知另一方并采取适当措施，致使损失扩大的，应当就扩大的损失承担责任。

6. 技术成果的归属、权益的分成办法

根据《最高人民法院关于审理技术合同纠纷案件适用法律若干问题的解释》第

一条规定，技术成果，是指利用科学技术知识、信息和经验作出的涉及产品、工艺、材料及其改进等的技术方案，包括专利、专利申请、技术秘密、计算机软件、集成电路布图设计、植物新品种等。技术秘密，是指不为公众所知悉、具有商业价值并经权利人采取保密措施的技术信息。技术成果的归属和分享，是指在技术开发合同中所产生的技术发现、技术发明创造和其他技术成果权益的归属，以及对由此产生的利益的分配。成果的归属和分享是技术开发合同的一个特殊条款，当事人应当在合同中对包括著作权、专利权、非专利技术使用权、转让权如何使用、归谁所有以及利益如何分配作出约定。

还需要注意的是，《合同法》第三百二十六规定，职务技术成果的使用权、转让权属于法人或者其他组织的，法人或者其他组织可以就该项职务技术成果订立技术合同。法人或者其他组织应当从使用和转让该项职务技术成果所取得的收益中提取一定比例，对完成该项职务技术成果的个人给予奖励或者报酬。

7. 合同验收标准和方法

验收标准和方法是确定当事人是否依据合同约定履行义务的依据。此处所说的验收，是指技术合同的当事人就研究开发人或受让人等所交付的技术成果是否符合合同约定而进行的检验。研究开发验收标准既可以由当事人按照国家规定的标准直接约定，也可以由双方直接约定具体标准。

例如，以技术开发合同的验收为例。验收标准是委托开发合同的研究开发或合作开发合同中合作双方进行研究、开发工作的操作标准和具体要求，同时也是合同完成以后双方验收时应共同遵守的准则。验收标准是技术开发合同实施完成后，当事人双方或一方确认所完成的技术成果是否符合和达到当事人约定的技术指标和经济指标的尺度。验收方法是指技术开发合同实施完成后，当事人双方或一方确认所完成的技术成果是否符合和达到当事人约定的技术指标和经济指标的具体方法。技术开发合同的验收可以采用技术鉴定会、专家技术评估等方式，同时也可以由委托方单方认可即视为验收通过。不管采用何种验收方式，最后都应由验收方出具验收证明及文件，作为合同验收通过的依据。

8. 价款、报酬或者使用费及其支付方式

价款主要是指在涉及技术成果权属的技术转让合同中受让人应支付的对价；报酬主要是指技术委托开发合同、技术咨询合同和技术服务合同的委托人所应支付的金钱；而使用费主要是指专利实施许可合同和技术秘密许可使用合同中被许可人应支付的金额。具体而言要注意以下 3 方面的内容。

1）在技术开发合同中，《合同法》第三百三十一条规定："委托开发合同的委托人应当按照约定支付研究开发经费和报酬；提供技术资料、原始数据；完成协作事项；接受研究开发成果。"这里的研究开发费用不同于报酬，研究开发费用主要是指完成研究开发工作所需要的成本，比如购买研究必需的设备仪器、研究资料、试验资料、能源和试制、安装以及获取情报资料等的费用，而报酬则是研究开发成果的使用费和研究开发人员的科研补贴。在合同中，可以约定将研究开发经费的一定比例作为使用费和科研补贴，不单列报酬。

实践中，经常会因为技术开发合同中对于研究开发费用以及报酬这一条款约定不明，或者对其结算方式、支付方式约定不明而产生不必要的纠纷。那么当事人到底应当怎样选择合适的计算方法和结算、支付方法呢？下面具体就这 3 个方面进行分析。

①当事人双方应当明确写明合同研究开发经费的总金额以及研究开发经费和报酬的来源，如果是合作开发，应明确双方分担经费的数额并在合同中分别写明。

技术开发合同经费结算方式主要有两种。一是经费包干，实行经费包干时，研究开发方的报酬应包含在结余的研究开发经费中，委托方不另行支付报酬。二是实报实销，实行该计算方式，双方当事人应在合同中约定，当研究开发经费不足时，委托方应补充支付；当经费出现剩余时，研究开发方应如数返还。

②当事人双方还应明确规定，研究开发的报酬数额，支付的形式和时限等。

③当事人还应当明确约定合同价款的支付方式。当事人可以协商议定采取一次总算、一次总付或一次总算、分期支付；也可以采取提成支付或者提成支付附加预付入门费的方式。约定提成支付的，可按照产品价格、实施技术后新增的产值、利润或者产品销售额的一定比例提成，也可按照约定的其他方式计算。除此以外，最好明确约定是现金支付还是信用卡支付等支付方式。

2）在技术咨询和服务合同中，委托人所支付的报酬中通常包含费用在内。因此，在委托人支付报酬之外，受托人一般不得再向委托人请求支付相应的费用。《最高人民法院关于审理技术合同纠纷案件适用法律若干问题的解释》第三十一条规定，"当事人对技术咨询合同受托人进行调查研究、分析论证、试验测定等所需费用的负担没有约定或者约定不明确的，由受托人承担"。因此，如果当事人没有约定费用或就费用的负担约定不明确的，应当由受托人承担该费用。

3）《最高人民法院关于审理技术合同纠纷案件适用法律若干问题的解释》第十四条规定，对技术合同的价款、报酬和使用费，当事人没有约定或者约定不明确的，人民法院可以按照以下原则处理：对于技术开发合同和技术转让合同，根据有关技术成果的研究开发成本、先进性、实施转化和应用的程度，当事人享有的权益和承担的责任，以及技术成果的经济效益等合理确定；对于技术咨询合同和技术服务合同，根据有关咨询服务工作的技术含量、质量和数量，以及已经产生和预期产生的经济效益等合理确定。技术合同价款、报酬、使用费中包含非技术性款项的，应当分项计算。

第二节　技术合同法律风险

一、技术合同法律风险概念及分类

（一）技术合同法律风险概念

技术合同法律风险是一种特殊的合同法律风险，是一种以技术（技术成果）为标的的合同的合同法律风险。技术合同法律风险包括“技术性”合同法律风险和一般性合同法律风险。

（二）技术合同法律风险的分类

（1）按照技术合同的标的进行分类。

根据技术合同的标的不同，可以将技术合同法律风险分为“技术开发合同法律风险”“技术转让合同法律风险”“技术咨询合同法律风险”和“技术服务合同法律风险”。

（2）按照技术合同的阶段进行分类。

根据技术合同所处的阶段不同，可以将技术合同法律风险分为“技术合同签订前的风险”“技术合同签订时的风险”和“技术合同履行时的风险”，其中的“技术合同签订时的风险”中的“签订”应做扩大解释，即也包含了技术合同变更和解除的风险。

（3）按照技术合同的主体进行分类。

根据技术合同的主体不同，可以将技术合同法律风险分为“技术提供方的风险”和“技术接受方的风险”，由于技术合同的标的类型较多，还可以将其细分为“技术开发方的风险与委托方的风险”“技术转让方与技术受让方的风险”“技术信息提供方的风险和技术信息接收方的风险”以及“技术服务提供方的风险和技术服务接受方的风险”。

（4）按照技术合同的履行方式进行分类。

根据技术合同的履行方式不同，可以将技术合同法律风险分为“双方一次性履行的风险”“单方一次性履行的风险”以及“双方分阶段履行的风险”。

二、技术合同法律风险案例分析

技术合同法律风险存在于技术合同的订立、履行、变更等多个阶段，从“风险”的定义可知其是一种“不确定”的状态，因此如果要确定“风险”，应当从“风险”的外在表现形式即“纠纷”当中对其进行归纳。对于技术合同来说，最能直观显示出技术合同法律风险的就是实际发生的各种技术合同纠纷。为此，本书选取了具有代表性的经典案例[①]作为技术合同法律风险实证分析的样本，对每个案例中的争议焦点进行分析。

（一）技术开发合同法律风险实证分析

1. 未开发出合同约定的技术成果的风险

案例：在某石油助剂厂与某省石油化工研究所委托开发合同纠纷一案中，某石油助剂厂（乙方）与某省石油化工研究所（甲方）签订了一份油田泥浆处理剂的技术开发合同，合同约定甲方在乙方现有技术的基础上进行稍加改造生产泥浆处理剂，水分小于等于10.4%，盐水泥浆加量1%，失水量小于11%等技术标准。甲方负责向乙方技术交底、中试生产、培训操作人员，乙方负责提供中试设备、原料、生产人员。如果3个月后生产不出合格产品，甲方应退还全部开发费用。乙方于合同签订后提供了设备、原料和生产人员，但对甲方在3个月内多次实验生产出的产品进行检测，发现10个样品中有9个不能达到失水量小于11%的技术标准，故某石油助剂厂将某省石油化工研究所诉至法院要求其退还开发费用。一审法院认为，某省石油化工研究所未在约定时间内生产出合格产品，应当承担违约责任，退还开发经费。而后某省石油化工研究所上诉，二审法院查明由于某石油助剂厂搞企业达标和卫生检查以及准备原料使得试验中断5次共26天，而且其提供的原料中有杂物，不符合合同的要求，法院认为某石油助剂厂的行为是导致试验失败的主要原因，其应当承担主要责任，某省石油化工研究所对对方提供的原材料把关不严是次要原因，应当承担次要责任，故判决某省石油化工研究所退还5 555元研究经费。

技术经理人需明确该案例属于未开发出合同约定的技术成果风险。委托人与受

① 本部分案例参考了西南交通大学温雯的研究生学位论文《我国技术合同法律风险研究》。

托人的矛盾焦点在于合同约定的技术成果未能如期开发，受托人未能获得合同约定的开发经费，委托人未能获得约定技术从而指导生产实践。

2. 技术开发完成后发生技术成果权属纠纷的风险

案例：在某大学与某中心合作开发合同纠纷本反诉一案中，某大学与某中心签订了一份合作开发环境保护生物工程技术的协议，约定双方共同成立公司，成立后共同开发的成果属于公司所有。后公司因故没有成立，但双方仍合作开发了多个技术，其中包括了“光合细菌菌肥技术”，双方合作终止后，某大学将该技术转让给了案外人某公司，某中心亦将该技术许可给某水利管理局。后某中心将某大学诉至法院要求解除转让合同并由某大学赔偿经济损失，某大学亦提出反诉称某中心侵犯技术成果权应赔偿损失。后法院判令该技术为双方共同所有，故某大学单方将该技术转让给某公司，侵犯了某中心的技术成果权，某中心单方将该技术许可给他人使用也侵犯了某大学的技术成果权，双方经济损失可以抵消，互不支付。

技术经理人需明确该案例属于技术成果如期开发后而产生成果权属纠纷的风险。委托人与受托人的矛盾焦点在于合同双方中的一方是否有权单独进行转让、许可。在处理此类合同时，需明确技术成果开发后的权属问题。

3. 技术开发合同属性不明的风险

案例：在某公司与某科研所技术开发合同纠纷一案中，某公司与某科研所签订产品深加工技术开发合作合同书一份，约定某公司与某科研所“联合开发”某产品的深加工技术，某公司提供原始技术、原料、水电、场所，某科研所研究产品的深加工技术并配备所有设备，设备作价 8 万元，研究费用 7 万元，公司每年销售产品 2 万吨，每吨科研所提取 3 美元，3 年后科研所收回 15 万人民币开发费，设备归某公司所有。合同生效后，科研所履行了约定的义务，但是某公司以科研所提供的设备未包括出配电柜和电缆线以及研究费过高等问题要求终止合同，因为其拒绝接受机器设备，故未能及时生产，约定的提成也没能支付。科研所将某公司诉至法院要求其承担违约责任。某公司辩称，科研所提供的并非新技术，双方联合开发的情况下，研究费用 7 万元的约定明显过高，而且双方是合作关系，因此在没能生产取得收益的情况下其不应当支付提成。后法院判决某公司支付违约金 15 万元。

技术经理人需明确该案例属于合同属性不明的风险。案例中，合同双方虽签订的是技术开发合同，但在实际合作中，双方未能如约“合作”开发，存在“委托开发”之嫌，故导致了风险的存在。因此，在签订此类合同之前，要充分了解合同双方的主体责任才能明确合同属性。

4. 发生技术开发风险责任承担主体争议的风险

案例：在某机械厂与某煤矿合作开发合同纠纷本反诉一案中，某机械厂拥有液压支架专利，某煤矿与之签订了 Z-1 型支架工业性试验技术合作开发合同，约定机械厂提供 200 个液压支架并提供技术资料和服务，派员对煤矿工人干部提供培训，进行支架的工业性试验，试验 3 个月结束后机械厂支付给煤矿 15 万元劳务费。煤矿负责试验全过程，并在试验成功后提供 532 个工作面有关地质资料，试验成功后煤矿以优惠价格认购此 200 个支架。试验开始后，出现支架升高不能顶到切眼顶部、支架与支柱不稳等其他问题，使得煤矿出现冒顶的安全问题，后双方同意停止试验，待技术改进后再行试验。但此后双方未再就试验达成一致，故机械厂起诉煤矿要求恢复试验并赔偿损失，煤矿提出反诉要求赔偿试验造成的损失。法院在审理中聘请了专家进行论证，专家认为试验失败是因为无法预见、无法防止、无法克服的技术原因造成的，属于合理失败，法院认为试验失败属于风险责任，判决损失应由双方分担，机械厂应赔偿煤矿 49.94 万元。机械厂上诉后双方达成和解，机械厂补偿煤矿损失 30 万元，其他损失双方各自承担。

技术经理人需明确该案例属于责任承担主体争议的风险。值得注意的是，技术风险并不等同于技术合同的法律风险，在处理纠纷时，需明确承担主体的风险责任。

5. 合作开发合同一方怠于履约的风险

案例：在某研究所实业开发公司与某手表厂技术合作开发合同纠纷一案中，某研究所实业开发公司与某手表厂签订联合开发时间管理机生产协议，约定手表厂投入固定资产和动态技术共计 300 万元，某研究所实业开发公司投资 40 万元，手表厂成立专门生产车间，由双方组成领导小组进行 3 年的联合开发。后某研究所实业开发公司支付手表厂 40 万元投资款，手表厂提供了 135 平方米的厂房和两台设备，但手表厂实际没有解决时间管理及关键技术问题并且把车间改作他用，故某研究所实业开发公司起诉该手表厂要求退回 40 万投资，并返还利息赔偿损失。经法院查明，双方在协议中约定的动态技术没有确定含义，从手表厂不能说明其具有动态技术并且夸大固定资产和动态技术的总价值判定，其在签订合同时采用了欺诈的手段，因此判决手表厂退还投资款。手表厂提出上诉后二审法院维持原判。

技术经理人需明确该案例属于合作开发一方怠于履约的风险。“故意”不履行约定，是一种违约行为，需在合同条款中明确违约成本。

6. 开发的技术违反法律、法规等规定的风险

案例：在王某与某通用机械厂委托开发合同纠纷一案中，某通用机械厂与其退休工程师王某签订技术开发协议，约定王某为机械厂研制自行车节能电动装置，由机械厂提供设计参数及设备，研制完成后对样机按照技术参数进行验收，机械厂先支付研制费3.5万元，样机通过验收后再支付1.5万元。王某负责提供生产技术、图纸和样机。合同签订后不久，机械厂发现当年实行的《中华人民共和国道路交通管理条例》规定，自行车、三轮车不得安装机械动力装置，遂要求与王某解除合同并退款，王某不同意，机械厂向法院请求确认合同无效并要求王某退还研制费。法院认定该技术合同约定的电动装置属于《中华人民共和国道路交通管理条例》中规定的机械动力装置，因此判决合同无效，王某返还研制费3.5万元，机械厂补偿王某研制费500元。

技术经理人需明确该案例属于开发的技术违反法律、法规等规定的风险。对于违反法律、法规等规定开发出的技术成果不能用于实际生产实践，会导致研发费用变成沉默成本，合同变为无效合同。因此，技术经理人应协助合同双方在签订技术开发合同之前明确合同标的的技术是否违反相关法律、法规的规定。

（二）技术转让合同法律风险实证分析

1. 技术转让合同属性不明风险

案例：在某中药研究所诉某制药厂技术合同纠纷一案中，中药研究所与某制药厂签订了名为“疏络止痛膏技术协作合同”的技术合同，约定中药研究所向制药厂转让疏络止痛膏有关技术材料，制药厂支付前期补偿费用5万元，技术转让费25万元，其中25万元在投产3个月之后分两批支付，制药厂负责申报及获得批文。合同签订后制药厂支付了5万元前期补偿费，中药研究所也将疏络止痛膏有关技术材料提供给药厂，后药厂要求修改处方中的基质，中药研究所认为因为工艺改变所以质量标准、初步稳定性药效学以及毒性试验都需要重做，需要一定的时间。后制药厂以该产品失去市场竞争力、失去开发的实效性为由要求终止协作合同。中药研究所向法院提起诉讼，称制药厂违约，要求其赔偿25万元。法院认定双方签订的合同系技术转让合同，制药厂要求终止合同是单方违约，判决赔偿损失25万元。制药厂上诉称，双方签订的是技术合作开发合同而非技术转让合同，该药没有投产故不应当支付约定的投产后的25万元费用，二审法院驳回上诉维持原判。

技术经理人需明确该案例属于“技术开发合同”与“技术转让合同”属性不明的风险。“技术开发”与“技术转让”交付物都为特定技术成果，因此在签订合同

时常常由于合同属性不明而隐藏产生纠纷的风险。因此，技术经理人需协助合同双方在合同中明确权利与义务，从而界定合同属性。

2. 实际交付的专利技术与申请专利的技术不一致的风险

案例：葛某与某太阳能技术研究所技术转让合同纠纷一案中，葛某与某太阳能技术研究所签订了关于真空椎体球形聚光式太阳能集热器的专利实施许可合同，约定葛某将其拥有的专利技术许可给研究所，并提供产品图、装配工艺、验收标准和说明书等技术资料，许可费为 4 万元，交付图纸和工艺后支付 1 万，其余部分在产品试制成功后半年支付。合同签订后，葛某交付了技术图纸，但没有交付聚光反射器施工图，研究所支付了 5 000 元入门费，但研究所其后向法院起诉葛某交付的技术与其申请的专利不一致，要求返还入门费 5 000 元。葛某辩称是研究所考虑成本问题不要该聚光反射器，并要求其变更设计。经法院查明，葛某交付的技术确实与合同约定的专利技术不一致，且葛某主张研究所要求变更设计没有证据可以证明，但研究所在未收到全部技术的情况下就支付入门费，也应当承担一定的责任，故判决返还入门费 2 500 元。

技术经理人需明确该案例属于交付物与合同约定不一致的风险。为避免在技术交易中诸如此类风险的发生，可在合同中对交付物进行预期效果的详尽描述。

3. 被许可实施的专利侵犯他人权利的风险

案例：在某专利侵权纠纷案中，原告拥有一种分层式锅炉给煤装置实用新型专利，在此之后不久某公司也向国家专利局提交了一种正传链条给煤装置的实用新型专利申请并获得授权，某公司将此技术许可给某锅炉厂，某锅炉厂按照许可的技术进行生产并销售了 3 台产品。后原告以锅炉厂生产的产品侵犯专利权为由向法院起诉，要求停止生产销售并赔偿损失 40 万元。经法院查明，锅炉厂的产品的技术特征全部落入了原告专利的保护范围，故判决锅炉厂停止侵权并赔偿损失 11 万元。

技术经理人需明确该案例属于被许可实施的专利侵犯他人权利的风险。此类风险主体为技术合同的被许可人，为保护被许可人的权益，应在合同中明确风险责任承担主体及违约成本。

4. 被许可实施的专利权被宣告无效的风险

案例：在某技术转让合同纠纷案中，某厂经中科院上海专利事务所介绍与自然人某甲签订了专利实施许可合同，约定某甲将其多彩集束笔和专利技术许可给某厂，并提供专利申请文件和有关技术资料以及负责培训、解决生产中的技术问题，直到产品试制成功。某厂支付入门费 1 万元。后双方有签订补充合同将该技术同时许可给某厂的联营企业，入门费增加 1 000 元。某厂支付入门费后进行了开模，但被告一直未能提供技术服务。故某厂向法院起诉要求某甲退还入门费赔偿开模的损失。一审法院支持了原告的诉讼请求，某甲上诉后二审法院驳回其上诉，其后某甲申请再审，再审期间法官发现，该专利已经在二审期间被国家专利复审委员会宣布无效，故判决合同无效，某甲退还技术入门费赔偿开模的损失。在此案中，某厂并非因为专利权被无效提起诉讼，但是却客观反映出技术合同的被许可人可能面临的一个风险，即作为技术合同标的的专利权被无效。

技术经理人需明确该案例属于被许可实施的专利权被宣告无效的风险。专利权被宣告无效后，会对被许可人造成无可挽回的经济损失。

5. 转让的技术不成熟的风险

案例：在某修理厂与某开发总公司技术转让合同纠纷一案中，某修理厂与某开发总公司签订了关于立式振动光饰机的技术转让合同，约定开发总公司向修理厂提供全部技术资料、图纸等，并对修理厂员工进行培训以及进行样机调试，修理厂支付转让费 1.2 万元。双方还约定了违约金和利润提成的内容。修理厂支付了技术费并取得图纸后，按照图纸进行生产，然而图纸有多处差错，生产出来的样机无法使用。故修理厂起诉开发总公司，要求退还转让费、赔偿违约金和经济损失。法院委托中国技术市场开发中心对该技术进行了鉴定，鉴定报考显示施工图纸上存在大量差错、图纸凌乱且标注不全，又无技术人员签名，不符合国家相关规定，不能用于投产。双方在法院调解下达成协议，终止技术转让合同，开发总公司退还修理厂转让费 1.2 万元，赔偿损失 9 000 元。

技术经理人需明确该案例属于转让的技术不成熟的风险。在处理此类风险时，往往最难之处在于如何界定技术是否成熟。因此在签订合同时，一定要在合同之中明确验收的标准。

6. 技术转让方不具有转让技术的权利的风险

案例：在某乡企业总公司与某科技公司技术转让合同纠纷案中，某乡企业总公司与某科技公司签订了一份联合开发立方氧化锆人造钻石协议，约定科技公司的熔炼钻石技术转让给某乡企业总公司，并由科技公司负责代购熔炼设备、厂房设计、现场培训、机器调试和产品的鉴定工作，并提供销售渠道，总公司负责提供生产所需的电力、水源、厂房和资金以及组织生产，并给付科技公司设备费 17 万、技术服务费 5 万以及技术转让费 15 万，产品鉴定后再支付技术转让费 5 万元。协议签订后，某乡企业总公司支付了全部费用。其后四天某科技公司与上海的周某签订了上述协议中约定的技术的转让协议，并支付转让费取得有关技术资料。后某乡企业总公司因为炼制出的成品质量不合格无法销售，向法院起诉，要求某科技公司返还技术转让费并赔偿损失。科技公司辩称，在其技术指导下熔炼出的晶体质量合格，某乡企业总公司在其不知情的情况下自己生产造成的产量不足应自行负责。法院认为科技公司在签订技术转让协议之后才从他人处取得该项技术，说明其在签订合同时不具有该技术，属于明显的欺诈行为，科技公司对某乡企业总公司的损失承担主要责任，某乡企业总公司在技术合同签订前未全面了解总公司情况，应承担次要责任，故判决科技公司退还技术转让费，并赔偿经济损失 1.5 万元。

技术经理人需明确该案例属于技术转让方不具有转让技术权利的风险。技术经理人在促成技术交易之前，应协助受让方在签订合同之前对技术进行深入的了解，从而避免因该技术本身的问题导致的经济损失。

7. 技术转让合同生效但专利权未转移的风险

案例：在王某与某厂技术转让协议纠纷中，王某与某厂约定将其拥有的实用新型专利技术蜂窝煤采暖炉转让给被告，王某提供图纸和技术交流，某厂支付技术指导费 5 000 元，其后提取销售额的 4% 作为转让费。后王某将技术资料和草图交给某厂并指导其成功量产，但该厂一直未支付任何费用且未办理登记、公告及专利转移手续，故王某将某厂诉至法院，要求其支付技术指导和转让费、违约金，法院认定技术合同有效，判令某厂支付技术指导费、转让费和违约金。

技术经理人需明确该案例属于技术转让合同生效但专利权未转移的风险。如专利权未能有效转移，则会给受让方带来无法以权利人身份维权的问题。

（三）技术咨询合同和技术服务合同法律风险

1. 发生技术咨询合同的性质争议的风险

案例：在江苏某建设工程管理咨询公司与某城市投资发展有限公司技术咨询合同纠纷一案中，江苏某建设工程管理咨询公司与某城市投资发展有限公司签订了一份工程咨询合同，双方约定了服务时间和服务范围以及咨询服务报酬。合同签订后，江苏某建设工程管理咨询公司不仅按约定完成了工作任务，还完成了大量额外咨询服务，但某城市投资发展有限公司拒绝支付服务报酬，故某建设工程管理咨询公司将某城市投资发展有限公司诉至法院要求其承担违约责任。被告某城市投资发展有限公司认为，双方签订的合同依照《合同法》和科技部 2001 年颁布的《技术合同认定规则》，不属于技术咨询合同，而是普通的劳务合同，因此不应该适用技术合同有关法律的规定。最终法院认定，双方签订的合同符合《合同法》规定的技术咨询合同的特征，应被认定为技术咨询合同，并且某城市投资发展有限公司拒绝支付服务报酬的行为构成违约，故判决某城市投资发展有限公司支付技术咨询费并赔偿损失。

技术经理人需明确该案例属于技术咨询合同性质争议的风险。在技术交易过程中，往往存在技术服务与劳务服务性质不明的风险。为避免此类纠纷，需在合同中对于合同性质做出明确约定，并对服务“内容”做出明确说明。

2. 发生技术咨询报告实施的风险责任承担主体争议的风险

案例：在某机械制造有限公司与某研究院技术咨询合同纠纷一案中，某机械制造有限公司与某研究院签订了一份技术咨询合同，合同约定某研究院对某机械制造有限公司生产线改进及构配件材料调整等项目进行全面的分析、评估，某机械制造有限公司需提供全部基础技术材料，保证材料的真实性和完整性，某机械制造有限公司先行支付 3.5 万元，待双方确认评估工作完毕后再支付 1.5 万元。并约定如果一方不认真履行合同而导致双方损失，后果自负。合同签订后，某研究院依约履行了合同，出具了技术咨询报告一份，结论为该生产线改进的技术较为成熟，某机械制造有限公司依约支付了技术咨询费，并按照咨询报告中的意见进行生产线改造。在改造过程中，却出现了多个技术障碍，造成该生产线比预计多停产数日，后由生产线生产出的构配件由于材料原因仅有 3 成合格。故某机械制造有限公司起诉某研究院要求其承担违约责任，退还技术咨询费并赔偿损失。某研究院辩称，某机械制造有限公司已经接受并认可其提供的意见，进行生产是其自行决策，损失应当由某机械制造有限公司自行承担。法院认为，双方对于技术咨询报告实施的风险责任的承担约定不明确，按照《合同法》的相关规定，委托人按照受托人符合约定要求的咨询报告和意见作出的决策造成的损失，由委托人承担。故判决驳回某机械制造有限公司的诉讼请求。

技术经理人需明确该案例属于技术咨询报告实施的风险责任承担主体争议的风险。值得注意的是，在技术咨询合同中往往有“如果一方不认真履行合同而导致双方损失，后果自负”的约定，无法清晰界定如按照技术咨询报告实施后造成的损失由谁承担。因此，需在技术咨询类合同中，明确风险责任承担主体。

第三节　技术合同政策红利

一、税收优惠政策

1）减免所得税。对符合条件的技术转让所得免征、减征企业所得税，一个纳税年度内，居民企业技术转让所得不超过500万元的部分，免征企业所得税；超过500万元的部分，减半征收企业所得税。（居民企业所得税基本税率为25%）

政策文件：《中华人民共和国企业所得税法实施条例》（国务院令第512号），自2008年1月1日起施行。

2）免征增值税。纳税人提供技术转让、技术开发和与之相关的技术咨询、技术服务免征增值税。与技术转让、技术开发相关的技术咨询、技术服务，是指转让方（或者受托方）根据技术转让或者开发合同的规定，为帮助受让方（或者委托方）掌握所转让（或者委托开发）的技术，而提供的技术咨询、技术服务业务，且这部分技术咨询、技术服务的价款与技术转让或者技术开发的价款应当在同一张发票上开具。（一般纳税人研发和技术服务的增值税税率为6%）

政策文件：《关于全面推开营业税改征增值税试点的通知》（财税〔2016〕36号），自2016年5月1日起执行。

3）进出口税收优惠政策。①企业（包括外商投资企业、外国企业）为生产《国家高新技术产品目录》的产品而进口所需的自用设备及按照合同随设备进口的技术及配套件、备件，除按照国发〔1997〕37号文件《关于调整进口设备税收政策的通知》规定《国内投资项目不予免税的进口商品目录》所列商品外，免征关税和进口环节增值税；②企业（包括外商投资企业、外国企业）引进属于《国家高新技术产品目录》所列的先进技术，按合同规定向境外支付的软件费，免征关税和进口环节增值税；③对列入科技部、商务部《中国高新技术产品出口目录》的产品，凡出口退税率未达到征税率的，经国家税务总局核准，产品出口后，可按征税率及现行出口退税管理规定办理退税。

二、激发活力政策

技术合同登记奖酬金。法人和其他组织按照国家有关规定，根据所订立的技术合同，从技术开发、技术转让、技术咨询和技术服务的净收入中提取一定比例作为奖励和报酬，给予职务技术成果完成人和为成果转化作出重要贡献人员的，应当申请对相关的技术合同进行认定登记，并依照有关规定提取奖金和报酬。技术开发、技术咨询、技术服务等活动的奖酬金提取，按照《中华人民共和国促进科技成果转化法》及《实施〈中华人民共和国促进科技成果转化法〉若干规定》执行。

政策文件：《技术合同认定登记管理办法》（国科发政〔2000〕063号）、《关于实行以增加知识价值为导向分配政策的若干意见》（厅字〔2016〕35号）

第七章　科技中试与创业孵化

第一节　科技中试

一、科技中试的概念

科技中试[①]是技术创新链中的重要环节，既是集基础研究、应用研究、试验发展为一体的技术创新活动，也是涵盖了技术、管理、金融、市场等各方面创新要素的经济活动。随着我国科技与经济的结合日益紧密，经济、产业结构调整对提高企业自主创新能力的需求更加迫切，科技中试环节在技术创新尤其是科技成果转化过程中的关键作用和意义愈加突出。

中试是中间性试验的简称，是在实验室小规模生产工艺路线打通后，采用该工艺在模拟工业化生产的条件下所进行的工艺研究，以验证放大生产后原工艺的可行性，保证研发和生产时工艺的一致性。中试的目的是验证、复审和完善实验室工艺所研究确定的反应条件及研究选定的工业化生产设备结构、材质、安装和车间布置等，为正式生产提供数据以及物质量和消耗等。

大多数高校及中小企业，由于人力、物力和财力的限制，要独立建立中试基地有很大困难。高校与高校之间，高校与企业之间，企业与企业之间可以建立行业性的中试基地。政府可以从科技开发经费中拨出一定比例的款项作为中试资金，也可以依靠政府或民间形式的中试机构，进行样品生产、技术鉴定、小批量试制、产品鉴定等一系列工作。

---

① 本节参考了刘波、杨芮、李娜《科技成果转化中试环节：模式、问题及对策》部分内容。

二、科技成果转化中试环节的特点

1. 实验性

中试是介于实验室研究和大规模生产之间的关键环节，它既是实验室研究的后延，也是大规模生产的初探；它既要对实验室小试成果进行实验性验证，也要对大规模生产进行探索性预演。一方面，中试通过对小试成果进行放大实验，从而验证和完善成果的相关技术指标；另一方面，它通过对生产进行预演，实现对生产技术、机械装备、工艺流程、工程控制、产品质量、市场评价等经济指标的确定与完善。只有经过中试放大实验，对成果进行多次完善与改良之后，才可将成果投入大批量生产。

2. 规模性

中试是对小试成果进行的放大实验，是在大规模生产前的小规模预演，即在一个近似产业化生产的环境中，通过模拟预演来确定和修改生产技术，探索市场反应，以降低在实际的大规模生产中的风险。因此，规模性也是实现其实验性的一个重要特性。中试相较于小试，涉及原料、设备、工艺、市场等多方问题，相应地，其所需投入的人力、物力、财力也相对多得多。由此，充足的投入是实现中试规模性的重要保证。

3. 风险性

首先，中试环节的风险具有固有性。科技成果转化的每个阶段都伴随着风险性，只是每个阶段其风险性的程度、类型、表现有所不同。其次，中试环节的风险具有纯粹性，这是由其收益特点决定的。中试既是对技术的验证与修改，也是对生产的探索和实验，都不直接以经济收益为目标。这意味着，中试无论成功与失败，其都不具有直接的经济收益，而其他收益是否能在后期的产业化生产中获得，全部取决于中试成果，因此其具有极大的不确定性。

三、中试需要做的验证

中试作为实验室小试和产业化生产之间的中间环节，是一个承上启下的关键环节，对科技成果实现生产上的可行性和经济效益的可行性具有至关重要的作用，主要验证技术、市场、资源 3 个方面的情况。

1）技术方面，中试环节有助于检验科技成果是否具备产业化生产的技术条件。在实验室研究阶段，科技成果虽然经过小试，但是在实验室的标准实验条件下形成的单个产品，作为实验室研究成果，仍可能存在一定的技术局限性，并不一定能直接应用于常规条件下的大规模生产。因此，在进行产业化发展之前，必须经由中试环节，对科技成果的生产技术、产品工艺、生产流程、配套设备及元件、所需材料、产品质量等多方面进行检验与完善。只有经过中试环节的放大实验，经过多重检验与完善，才能够将实验成果应用于大规模生产之中，保证生产上的可行性，促进科技成果转化成功。

2）市场方面，中试环节有助于检验科技成果能否被市场所接受。科技成果转化，其目标是实现产业化发展，投入市场，获得经济收益。但实验室研究只能实现对科技成果成本的估计，很难确切地掌握更全面的技术经济指标，了解其在市场中的可接受度和赢利能力。中试环节，在小试实验的基础上，通过放大性试验，对大规模生产进行预演，能够模拟大规模生产的产业化状态，从而掌握科技成果目前所具有的相关经济指标，如成本收益率、劳动生产率、资源消耗量、资金利用率、投资风险指数等；同时，还可以通过中试对研究成果进行试销，了解作为新产品的科技成果的市场需求、顾客评价、产品竞争力等，从而获知科技成果的经济效益的可行性。

3）资源方面，中试环节有助于实现资源的优化配置。中试除了可以在技术和市场方面发挥重要作用以外，还可以对资源的优化配置起至关重要的作用。中试在验证生产上的可行性和经济效益的可行性的同时，还可以根据实验成果，实现对资源的合理配置，包括人力资源的培训与任用、特定设备与元件的筹备与生产、集约化生产流程的优化、生产资料的组合、组织结构的优化等多个方面。资源的优化配置可以进一步保证科技成果经济效益可行性的实现，从而促进科技成果的成功转化。

四、科技成果转化中试模式

按照中试基地建设主体不同，目前主要有 4 种模式的中试服务基地，分别为高等院校 / 科研院所模式、企业模式、科技中介模式、合作模式。

1. 高等院校 / 科研院所模式

高等院校 / 科研院所模式是由科技成果研发类主体，即高等院校或者科研院所，直接建设中试基地，进行中试的模式。该模式将科技成果直接由实验室转移到科研单位自建的中试基地，完成中试放大实验，从而实现对实验室研究成果的验证与完善。该种模式不仅有利于加强科技研发主体的自身建设，更因科技成果经过中试实验，使得其产值、价值得到验证，从而有利于实现与科技成果应用主体（企业）的紧密对接，从而促进科技事业发展，满足科技成果研发同经济发展相结合的需要。该种模式将科技成果转化的前三个环节集于一体，更具连续性与一贯性。

2. 企业模式

该模式是指由科技成果应用主体，即企业，直接进行中试基地建设的模式。该模式中，企业根据科技成果应用于生产的需要，通过引进相应的中试设备，在正式大规模生产之前，对实验室小试成果进行适度规模的熟化实验，以降低产业化生产的风险。该种模式将科技成果转化的后两个环节紧密结合，直接连接中试实验与产业化生产，减少了环节转换间的时滞，有效提升了科技成果的转化速率，实现了生产力的发展与经济效益的提升。企业因其丰富的资源占有量，是科技成果转化过程中的中坚力量。由企业建立的中试基地，往往具有引进较为先进和完善的技术设备的能力。因此，该模式具有资金投入充足、基地性能优良、应用导向性强、成果熟化程度高的特点。

但该模式也由于与科研单位的脱节，在基地建设中存在着技术支持难以到位等问题，从而限制中试基地功能的发挥。

3. 科技中介模式

科技中介模式，主要指由科技成果中介类主体，即科技中介组织等直接建立中试基地的模式。科技中介机构一般具有多种不同功能，甚至覆盖整个科技成果转化链，包括科技咨询与评估、科技情报信息提供、科技企业孵化以及科技风险投资等。在该模式中，科技中介组织为了强化自身的科技成果流转、企业孵化等配套功能建设，通过将技术成果投入中试基地，对成果进行验证与完善，以促进企业应用。该模式具有资金充足，信息、技术支持完善，配套服务健全等特点。但该模式可能存在中试前科技成果筛选、中试后技术应用企业找寻的问题，将会致使各环节衔接不畅、连贯性不强，导致出现转化时滞。

4. 合作模式

合作模式，即由多个主体共同合作建立中试基地的模式。高校 / 科研院所同企业合作建立中试基地是该模式中最常见的主要形式。在该形式中，由高校 / 科研院所提供技术支持、流程设计、工艺改进、人员技能培训等，而由企业提供相应的资金、设备、生产管理经验、市场运作等支持。该模式可以有效发挥高校 / 科研院所和企业双方的优势，弥补双方各自研发不足或是资金不足、经验不足的缺陷，将科技成果转化的整个流程整合连贯，实现从科技原理构想、实验室研究、中试放大到产业化生产的紧密连接，提高科技成果转化率，促进生产力的提高与经济效益的提升。

除科研单位同企业合作的模式以外，科技中介机构作为功能相对齐全的转化单位，可以根据合作双方的需要，与科研单位、企业等不同主体选择合作。总体而言，相较于其他模式，合作模式可以说是最优模式。该模式具有高成熟化、应用导向性强、合作紧密、连贯性强等其他模式所具有的多种特点。但该模式也在风险承担、利益分配方面可能存在一定局限。

第二节　创业孵化

科技企业孵化器（含众创空间等）是以促进科技成果转化、培育科技企业和企业家为宗旨，提供物理空间、共享设施和专业化服务的科技创业服务机构。孵化器是国家创新体系的重要组成部分，是创新创业人才的培养基地，是大众创新创业的支撑平台。《中华人民共和国促进科技成果转化法》第三十二条指出，“国家支持科技企业孵化器、大学科技园等科技企业孵化机构发展，为初创期科技型中小企业提供孵化场地、创业辅导、研究开发与管理咨询等服务”。在这一法律基础上，国务院关于科技成果转化的多项政策也都把发展科技企业孵化器列为重要举措。

一、企业孵化器的作用

企业孵化就是孕育新企业，是围绕企业创业活动展开的一系列创业服务，即聚集创新创业资源并将资源提供给创业企业，使得创业企业得以顺利成长。

具体讲，企业孵化有 4 个方面的作用，即保护、支持、调节和干预创业活动。首先，受传统观念制约和改革进程所限，我国仍处于“创业友好型”营商环境建设阶段，创造局部优化的、免受各方面干扰的环境对初创企业的成长至关重要，保护弱小的初创企业是孵化活动的首要职责。其次，孵化活动支持初创企业成长，向初创企业提供工作空间、优质的设备和办公服务，分配企业所需的公共设施，提供业务咨询、关键性的专业服务，创造让入驻企业感觉舒服的商务环境，并创造和保持良好创业氛围。孵化企业在共享空间中相互交流、相互促进、共同发展。再次，调节就是帮助创业者和创业企业协调政企、银企、介企、投企、校企、研企和企企之间的关系和资源，帮助企业更好地获得外部资源。最后，以较强的创业导师队伍和天使投资功能针对创业活动实施干预，就是以咨询、股权投入、服务期权以及客户市场等为杠杆，影响企业战略和日常经营，使创业企业在不同程度上调整创业方向、理顺创业团队、重组业务结构等，从而加速成长。

二、孵化器的特征

1）孵化器的表象特征。有孵化场地与公共设施，而且这种供初创的小企业使用的场地是弹性的共聚空间；面向特定的服务对象，即新创办的科技型中小企业；能提供以企业发展服务为核心的孵化服务；具有服务导向和复合型专业知识和能力的服务团队；结合外部环境与政策制定了符合自身特点的孵化政策制度。

2）孵化器的内在特征。孵化器的发起者和主办者是科技创业企业的直接利益相关者，创立目的是促进新创科技企业的存活和成长，并进而实现发起者和主办者的社会或经济目标。孵化器管理团队是由熟悉科技发展和企业创业与成长的人员组成，并在人员数量上能够保证与孵化企业所需相配比。除了要具备保证孵化企业需要的相关条件的基本物理空间和共享设施外，专业孵化器还应具有与其专业方向一致的开发、测试等共享技术服务平台；要具有一定的孵化资金或有综合运用多种贴近创业者的服务手段，降低企业创业成本，丰富创业企业发展的融资渠道，帮助企业度过初创期的“死亡之谷”；与大学和科研院所等研究机构有紧密的联系，从而保证创业企业能够得到源源不断的技术支持；所孵化的企业是科技创业企业，并具有显著的成长性；在孵化企业具有一定独立发展能力后要毕业并离开孵化器，然后再吸纳新的创业企业入驻，形成新创企业和毕业企业的孵化循环；孵化时间通常为3~5年；要考虑迁出无法取得毕业资格的企业，将孵化资源提供给其他有发展潜力的新创企业；与当地其他相关科技企业发展服务组织有紧密联系，以保证更多地利用社会资源为创业企业发展提供有效服务。虽然各地情况不尽相同，但孵化器一般都能得到当地政府及社会各界不同程度的支持。

三、孵化器为成果转移转化提供的服务

（一）创业辅导服务

孵化器的核心价值就是通过不断研究创业企业，从团队建设、技术开发、市场开发到生产、财务、融资等各个运行环节的规律，总结创业成功企业的经验和失败企业的教训，掌握企业创业成长的规律，指导创业企业顺利发展。

1. 正式培训

正式培训主要包括针对创业企业普遍存在的共性问题，运用一般管理、战略管理、财务管理、市场营销、技术创新管理以及创业管理等围绕企业创业发展的一系列知识与技能，结合孵化器总结提炼出的创业企业发展中的实际问题，开发出较完整的课程体系，由富有经验的创业导师，以正规授课的形式，在培训场地或在线组织对创业企业的创业者和创业团队开展的课程类培训。同时，面对创业企业的创业者和创业团队开展的专业知识培训、政策培训、经验分享型培训和创业训练营等也属于正式培训。

2. 非正式培训

所谓非正式培训，就是脱离开教与学的环境，在非正式培训时间和场所发生的，通过非教学性质的社会交往来传递和渗透知识、经验与信息，由创业者自我调控、自我负责的培训。它的形式可以是企业家俱乐部（老板俱乐部、私董会）和创业沙龙的形式，也可以是早餐会、下午茶的形式，还可以是经验交流的形式，其核心是建立起入驻企业之间的关系网络，通过非正式的定期或不定期活动、正式的年度晚餐会和表彰会、固定的经理俱乐部等形式增进交流，鼓励孵化企业使用其他人的创业与经营技巧和技术，放大培训效果。

3. 咨询辅导体系

咨询辅导体系是学习并借鉴国外孵化器先进的导师制度，创建的“创业导师 + 辅导员 + 联络员”的辅导体系，它将辅导工作纳入了孵化服务制度化体系。其中，企业联络员是孵化器咨询辅导体系中的基础部分，一般由孵化器中面向企业服务的一线服务人员担任，其主要职责包括日常联系创业企业，向创业企业提供一般性咨询，帮助企业解决一般性的政策问题、财务知识问题、经营管理问题等；企业辅导员是孵化器咨询辅导体系中的中坚力量，一般由孵化器中富有经验的部门经理人员担任，其主要职责包括向创业企业提供系统化的咨询辅导，组织利用孵化器的各类资源，帮助创业企业解决较深层次问题；创业导师是孵化器咨询辅导体系中的骨干力量，一般由孵化器高级经理人员和孵化器合伙人或董事人员担任，同时聘任一部分外部专家，其主要职责是为创业企业指点迷津，帮助解决创业发展中的重大问题，通过“大手”拉“小手”，扶助创业企业成长。

（二）技术创新服务

孵化器要为在孵企业提供技术创新过程中所需的项目评估、管理诊断、专业技术难题攻关、产品推广、企业融资、知识产权管理等各种全面、深层次的服务和帮助。

1）专家系统。孵化器通过建立专家系统，服务在孵企业的技术创新，并为企业推荐优秀的研发人员，为企业聘请权威专家，解决企业对专业人才的需求。

2）技术咨询、培训服务。为创业企业提供技术开发、技术咨询等“四技”服务，并举办各种技术讲座、报告会、短训班，传播新技术。

3）技术转移、技术支持服务。作为技术经理人，孵化器帮助在孵企业寻找急需的技术成果，同时帮助孵化企业将技术成果向外转移。

4）产学研促进服务。孵化器要营造有利于产学研合作的良好环境，促进高等院校、各类科研机构、企业聚集，建立它们相互间的合作关系，开展产学研结合服务。

5）知识产权服务。协助企业制定知识产权战略，帮助企业申请专利；协助在孵企业争取地方政府知识产权项目资助；与相关机构合作建立知识产权服务平台，提供知识产权检索、文献利用、知识产权托管、知识产权维护、知识产权交易、知识产权融资等服务。

6）利用外部大型仪器设备资源服务。

7）市场开发服务。孵化器利用自己的市场开拓经验、专业背景和该专业领域里的关系网络，为在孵企业的产品市场开发提供服务。

8）创新人才引进与服务。孵化器应充分发挥地方政府为吸引海外留学人员回国创业、引进高层次海外人才来华创业、吸引国内高层次人才创业制定的政策的作用，为孵化器引进高水平的创业人才。

（三）为创业企业提供政策落地支持服务

国家和地方支持科技创业企业的政策大体包括了科技政策、产业政策、人才政策、经贸政策和财税政策等。一些地方还制定了一些特色政策，支持科技创业企业发展的科技政策主要包括国家高新技术企业优惠政策、企业研发费用加计扣除、科技计划专项补贴等。同时，我国面向科技创业企业还有很多直接资助和间接资助。直接资助方面，在科技部组织的全国创新创业大赛中获奖的创业企业和团队都可以获得数额不等的直接财政支持，各地区的获奖企业和团队还可以获得各地区的资助；间接资助方面，我国很多地区设立了科技创新券等政府购买服务的创新资助，帮助包括科技创业企业在内的科技型中小企业发展。此外，我国还有支持科技企业参与国际合作的资助，从促进科技成果转移转化方面对通过技术市场购买技术成果的企业的资助，鼓励科技企业运用知识产权战略申请专利等方面的资助，鼓励科技企业通过股份制改造加快发展等多方面的资助，以及鼓励银行和创投机构支持科技型中小企业发展的一些科技金融政策等，内容非常丰富。

（四）投融资服务

早期传统孵化器帮助创业者和创业企业融资的方式和渠道有限。随着我国政府对小微企业发展的重视、科技部门对创业创新支持力度的加大，很多国有孵化器获得了更多资金，从而得以通过建立孵化基金等方式支持创业企业融资。同时，随着创业风险投资业的成长，天使投资型孵化器（包括众创空间）也迅速兴起，连同对天使投资＋创业导师孵化模式认识的深化，商业资本大量投入创新创业，我国孵化器投融资服务实践越来越丰富。

孵化器开展的创业投融资服务大体包括了如下内容与方式：借助政府的支持与自有资金，为创业企业提供短期直接借款；借助政府的支持与自有资金，向创业企业直接投资；作为中介机构，以平台等方式帮助创业企业获得商业银行的债权融资；作为推介机构帮助创业企业获得股权融资；孵化器开展员工持股孵化；孵化器借助新兴的互联网众筹新模式帮助创业企业获得投资。这些服务方式与工具适用场景不同，效果也不尽相同。

（五）与专业服务机构的合作

虽然对于创业者和创业企业来说，孵化器了解更多企业创业过程中的大量专业信息，掌握专门知识和能力，但“术业有专攻”，孵化器不可能穷尽所有创业企业所需要的外部服务。对于一些特别专业的服务，孵化器还要作为中介服务机构，进一步与专业服务机构开展合作，开展对创业者和创业企业的服务。

这类与外部专业机构的合作，主要包括：与专业的律师事务所合作，为创业企业开展法律服务；与专业的会计师事务所合作，开展财务、税务与审计服务；与专业的技术转移转化服务机构合作，开展技术经纪服务；与知识产权专业机构合作，开展知识产权申请与保护服务；与大型仪器服务网合作，开展大型仪器使用合作。

（六）创造环境与资源条件

共享设施是为初创企业创造的有利于其共同成长的环境的一部分，目的是为创业企业降低创业成本，同时方便其使用。

1）供企业租用的场地。新建企业一般需要的开发、生产和办公场地面积不大，但应是弹性的，价格应是较低的，这对初创企业来说既方便又负担得起。

2）共享技术开发、试验与检测平台。由于综合技术企业孵化器中孵化企业技术领域具有较大分散性，所以一般会借助周边的大学和科研院所的平台。但原则上，专业技术孵化器应建有自己的技术开发、试验与检测平台。

3）共享空间、公共会议室和洽谈室、现代信息通信设施、商务中心、生活服务设施。

4）行政及商务服务。孵化器的行政及商务服务是指孵化器为孵化企业提供的各项办公相关的支持活动及配置的相关商务资源，具体内容需根据入孵企业的需求特点及其行业特点来确定，一般包括公共秘书、商务代理、办公礼仪、办公设备租用、维修维护等方面的服务。

5）其他代理服务。创业企业或创业者自身人手和能力不足，或者规模经济性不足，可以委托孵化器集中为他们直接提供的服务，这些服务主要体现在以下方面。

在企业创立过程中，为拟建企业起草股东协议、公司章程、董事会决议草案；为初创企业起草建立各类规章制度；为初创企业招聘员工、办理入职手续、举办员工初步的岗位培训、起草并协助签署劳动合同；建立人事档案并移送有资质的人事代理机构，办理初次用工手续。

在企业运行过程中，帮助企业考核员工；提供专业员工蓄水池服务（如代为招聘一部分软件工程师，为软件园中各用工数量不稳定的大量软件企业稳定提供软件工程师）；为企业代理记账及日常财务工作；为企业集中采购共用生产资料（主要是专业技术孵化器）；利用孵化器公共技术服务平台为企业提供检测服务（主要是专业技术孵化器）；代企业起草高新技术企业认定材料；代企业起草各类政府资助项目申请材料；代企业起草研发经费加计扣除申请材料。

第八章　成果转移转化金融服务

第一节　成果转移转化金融服务概述

一、融资的目的和意义

技术成果转变为技术资本，与其他生产要素结合，形成企业生产经营、创造价值的多种要素之一。受内部及外部因素影响，企业在将技术成果产品化、商品化的过程中需要占用货币资金，往往在发展过程中面临资金短缺问题。融资对于企业而言，实际上就是筹集资金的一种业务活动。但融资并不只是解决缺钱的问题，实际上众多融资案例中有很多融资方并不缺钱，这些案例体现出融资除了解决资金短缺问题以外的其他目的和意义。

（一）分散融资渠道风险

诺贝尔经济学奖得主詹姆斯·托宾提出过经典理论——“不要把所有鸡蛋放在一个篮子里，但也不要放在太多的篮子里”，也就是说融资渠道和方式不要过于单一，但也不要选择过多的融资渠道而牵扯精力和成本。对于科技企业融资以及金融机构都是适用的。科技企业融资渠道及方式多样化，可以有效降低融资渠道风险，能在有较大融资需求时确保大多数融资渠道的资金供给通畅。

（二）未雨绸缪以降低融资成本

货币资金关乎企业的经营命脉，企业在缺钱而想办法找钱时，往往可选择的渠道很少，尤其在企业财务报表表现不佳时，金融机构很少有愿意提供帮助，需要融资的企业谈判的筹码就更少了，尽管存在一定的融资渠道，大多数情况下也会在谈判时给企业增加更加苛刻的条件，增加企业的融资成本。因此，科技企业更需要在平时多接触各类金融机构，建立好融资渠道关系，在真正需要资金支持时做到从容不迫。

（三）提升企业竞争力

科技企业在获得股权投资后，往往投资机构希望企业有更好的发展，他们虽然不参与企业实际经营，但会给企业提供与新客户合作的机会、企业发展战略建议以及其他更有价值的资源，提升企业竞争力，加速企业的发展。这不仅是投资机构期待更多的投资回报及资本溢价，同时也是因为利益驱使使得投资机构与企业为了共同的事情而努力，这一点对于企业而言，比单纯融资更有价值。

（四）增加企业价值

科技企业在进行股权融资时，如果有知名投资机构的投资，会大幅增加企业的价值。这是因为知名投资机构对于项目的审核比一般机构要严格很多，而且具有成功的投资案例，比如高特佳、深创投、IDG 等，这类投资机构投过的企业未来上市可能性较大，资本溢价较高，获得了知名投资机构青睐的企业相当于被做了背书，为下一轮融资奠定基础，也为企业在融资的过程中增加了谈判资本。另外对于企业而言，获得股权投资最大的好处是可以通过资本挣钱，每一轮融资会对企业市值进行估值，有新的投资方加入企业股东行列中，估值水涨船高，企业的价值也能不断地展现出来。

二、融资的概述

融资是指企业资金筹集的行为与过程，融资方式即企业融资的渠道。

融资可根据资金和来源进行分类。按照资金性质分类，可以其分为两类：权益性融资与债务性融资。权益性融资主要指的是股权融资，而债务性融资则包括银行贷款、企业债券等。按照资金来源分类，主要有两种模式：内源融资和外源融资。内源融资是将留存的盈利和折旧费用转化为投资，外源融资是从其他经济主体进行融资。外源融资又可分为直接融资（资本市场融资）与间接融资（信贷市场融资）两种融资方式。相比内源融资的自主性、低成本性和抗风险性的特点，外源融资具有灵活性、高效性和集中性等特征。科技企业根据所处发展阶段、经营状况、资金需求等，可选择适合的融资方式。

科技型企业作为融资的主体，主要的特点就是轻资产、重技术，因此在融资过程中应重点关注知识产权等无形资产价值，基于核心技术成熟度的技术估值方法开展融资活动。

三、成果转化过程中的主要融资渠道

（一）债权融资

1. 银行贷款

银行贷款是企业通过债权融资获得资金的最主要方式和途径，也可称之为信用贷款。根据贷款偿还期限，可分为短期贷款（一年以内贷款，含一年）、中期贷款（一年以上五年以下贷款，含五年）和长期贷款（五年以上贷款），不同期限的贷款基准利率也不同，一般市面上对公贷款业务以短期和中期贷款为主流。根据贷款担保条件不同，可分为保证、抵押、质押、票据贴现等形式。

银行信贷业务的基本商业模式是通过贷款资金发放，回收本金和利息，扣除贷款资金的成本后获得利润；如果贷款发生违约，即借款人未按照合同要求按时支付利息、返还本金而产生贷款逾期、呆滞、呆账等，银行除通过法律诉讼等途径追偿弥补损失以外，对于确定不良贷款无法回收时，需要从利润中扣除不良贷款未偿还的本金及利息部分，得到最终的收益。因此，银行在信贷业务方面更加重视风险控制，通过各种方式及手段使正常贷款成为大概率事件，严格控制贷款不良率，以确保利润率及业务正常运转。

对于科技企业而言，开展贷款业务主要包括以下步骤：确定贷款银行，贷款申请，配合银行开展贷前调查、准备及报送贷款审批材料，等待贷款审批结果，与银行签署借款合同，接收贷款资金并按期还贷，配合银行开展贷后检查，贷款到期支付完所有本金及利息等。

值得注意的是，科技企业在开展信贷业务时，银行更多关注其还款来源。还款来源包括第一还款来源、第二还款来源和其他还款来源。第一还款来源是指科技企业生产经营活动及直接用于还贷的其他相关业务活动产生的现金流总称；第二还款来源是指科技企业无法偿还贷款时，银行通过处理该笔贷款的担保方式，如拍卖或处置抵押物、质押物以及对担保人追偿等形式获得的款项；其他还款来源是指第一、第二还款来源以外的方式，比如贷款风险补偿资金、企业及实际控制人其他相关资产等。第一还款来源对于企业和银行尤为重要，即企业经营性收入，这是确保企业能否按照借款合同要求履约的最直接判断方式。因此，企业选择银行贷款及银行选择贷款企业，都要“量力而为”。

银行贷款产品种类较多，对于轻资产的科技型企业通过银行贷款进行融资而言，可以首先考虑与企业纳税、知识产权质押等相关的信贷产品，一般商业银行、股份制银行的综合贷款利率与国有银行相比较高，但在审批效率及成功率方面有一定优势。目前市场上科技企业在信贷方面存在三大诉求，一是贷款资金额度能否满足资金缺口需求，二是贷款综合利率能否承受，三是贷款发放周期与资金缺口时期是否匹配。技术经理人应针对企业实际需求，根据不同银行的不同信贷产品以及企业发展情况和资金需求，选择最适合企业发展的信贷产品，确定融资额度，设计好还款计划，最大程度降低企业融资成本及还款风险。

2. 担保融资

这里的担保融资是狭义概念，指的是科技企业通过融资性担保机构与银行业金融机构等债权人约定，当科技企业不能正常履行借款合同要求的相关债务时，由融资性担保机构承担合同约定的担保责任行为。在此，融资性担保机构即为担保人，科技企业便是被担保人，通过担保融资能增加企业获得银行贷款的成功筹码，为企业增加信用，当然也需要负担一定成本，即担保费用。

融资性担保机构主要的赢利方式即收取担保费用，以自有本金为企业提供增信担保服务，扣除资金成本后获得利润；如果企业出现不良贷款事件，根据企业、融资性担保机构、银行等三方签署的合同条款，由融资性担保机构承担合同要求其代替企业偿还银行贷款的部分资金（简称代偿），同时向企业依法开展追偿活动以减少损失，再从利润中扣除确定损失的资金后，得到最终收益。融资性担保机构的特点是可以根据自身情况，在风险可控的前提下，以提高杠杆率的形式放大自有本金，帮助更多企业获得银行贷款，收取更多担保费用而实现超额收益。

建议技术经理人在为有较强债权融资需求的轻资产科技企业提供服务时，首选企业与担保机构合作的方式，尽管综合融资成本与单纯的银行贷款相比较高，但从贷款获批成功率、贷款额度方面来看，担保融资确实能满足企业的需求。

3. 保证保险

这里所说的保证保险主要是信贷保证保险，是一种履约保险模式，是以企业信用风险为保险标的的保险。信贷保证保险的 3 个主体分别是投保人——银行业金融机构、保险人——保险公司、被保险人——贷款企业，信贷保证保险存在的意义主要是银行业金融机构对于贷款企业缺乏信任，但对于保险公司的履约能力信任度较高，保险公司基于其对企业风险把握及深入调查，向符合条件的贷款主体提供信贷保证保险，在一定程度上降低了银行的信贷风险，企业获得了资金支持，保险公司在风险可控的前提下获得盈利，从而实现市场三方的互利共赢。保证保险融资方案在科技型企业进行债权融资过程中起到的作用，实际上与担保融资方案起到的作用类似，也是一种能够帮助企业解决债权融资需求的途径，而目前国内保证保险业务量并不高，导致保险费率较高，部分地方政府一般会给予一定比例的补贴以降低融资成本。

4. 小额贷款

小额贷款业务的主体是小额贷款公司，根据业务经营特点，其可被分为商业性和福利性两种。小额贷款公司主要针对在创业期融资较为困难的科技企业，通过调查对符合条件的企业给予一定额度的资金支持，补足了银行信贷业务的部分空白。目前市面上商业性小额贷款业务以企业短期资金缺口、过桥借款、倒贷业务为主，其通过高额的利息收入弥补较高的资金风险；福利性小额贷款公司以国有背景机构为主，相对于商业性小额贷款而言利率水平较低，业务与银行信贷业务趋同但有所创新，从审贷角度来看，相比于银行业更加灵活，更注重企业的经营及还款能力，企业资产要素不作为其主要关注点，对于科技企业融资活动而言，在成本能够负担的前提下，福利性小额贷款业务更加灵活适用。

5. 发行债券

债券是一种有价证券，是基于企业的融资需求所发行的一种债务契约，承诺在未来的某一特定日期偿还本金，并按照事先约定的利率支付利息。利用债券融资，对企业的要求比较高，企业需有较好的财务状况和现金流，对于处于成长期和成熟期的科技企业较为适合；但从风险角度而言，如出现债券违约，对企业的影响非常大，其会造成较高的违约成本，极大影响企业的未来发展。

近年来，对资产证券化（Asset-Backed Security，简称 ABS）的研究越来越多，《证券公司及基金管理公司子公司资产证券化业务管理规定》中明确规定，资产证券化业务是指以基础资产所产生的现金流为偿付支持，通过结构化等方式进行信用增级，在此基础上发行资产支持证券的业务活动。科技企业通过资产证券化开辟融资的新途径，可以盘活资产负债表左侧资产，依靠已有资产或未来取得资产的现金流获得融资。资产证券化不占用企业贷款和发债额度，募集资金用途不受限制。

知识产权证券化是从有形资产证券化交易结构基础上发展而来的，知识产权证券化（Securitization of Intellectual Property）是科技企业将其拥有的知识产权或其衍生债权（如授权的权利金），转移给一个特殊目的载体（Special Purpose Vehicle，简称 SPV），再由此特设载体以该资产作担保，经资产重组、信用评级及增级等过程后，在市场上发行的可流通证券，进而为发起机构谋求资金的一种融资行为[①]。尽管

① 王红，苑泽明．科技型企业知识产权证券化的理论框架研究 [J]．财会通讯，2016，31.

知识产权证券化存在各种风险及不确定因素，主要来自于知识产权价值评估以及企业信用评估，但随着业态不断发展和完善，对于科技企业而言，它将会是一种较为便利的融资方式。

6. 融资租赁

融资租赁是当科技企业需要购置生产设备时，先由租赁公司出资购置相关设备，再由租赁公司将设备租给科技企业使用，科技企业向租赁公司分期支付租金，租赁期内设备所有权属于租赁公司，科技企业拥有使用权；租赁期满后，科技企业支付完毕所有的租金并履行完与租赁公司签订合同中的所有义务后，根据合同约定确定设备所有权的最终归属。融资租赁对于企业的信用条件并不算太高，是比较适合初创期和成长期的科技企业的融资活动。

（二）股权融资

1. 股权投资

根据科技企业技术成果转化所处阶段及企业生命周期，股权投资可分为天使投资、风险投资（Venture Capital，也称创业投资）、私募股权投资（Private Equity）等，这几类投资在现实投资活动中并无清晰的界限，主要在于投资轮次的参与程度。股权投资的主要赢利模式是以相对较低的价格投资入股企业，经过企业发展以较高估值价格实现股权退出，赚取股权溢价部分实现赢利。

对于科技企业而言，最重要的还是做好本职工作，努力将做成优质项目，才能获得优质的投资机构的青睐。市面上投资机构很多，专业程度千差万别，在筛选投资机构过程中也要选择适合自身发展的，借力资本做好企业的经营发展才是关键。

2. 并购融资

科技企业与另外一家企业合并为一家企业，或另外一家企业用货币资金、有价证券购买科技企业的股票或资产获得对科技企业的所有权或控制权，此种融资方式为并购融资。并购活动一般是并购方想获得被并购方的资产、市场渠道、技术、产品、人员团队等优势要素，与自身资源形成互补或增强效应，与被并购方开展投资谈判，通过换股、以现金或资产收购股权等方式而实现其目的。并购融资更适用于考虑强强联合的优秀企业，也适用于负债过多、创业失败的企业，但对于企业股东的不利因素是将会失去对企业的控股权或控制权。

（三）其他渠道

1. 多层次资本市场

科技企业根据其发展阶段，对金融机构有不同的融资需求。资金需方和资金供方长年以来不断产生对接与交易，形成了一个多层次的、涵盖股权与债权两类融合的资本市场体系。国内的债权市场大体上分为银行间市场、交易所市场、机构间私募产品报价与服务系统等。债权产品种类比较丰富，其中适用于企业的包括短融、中期票据、非公开定向债务融资工具、公司债、企业债、资产支持证券等，但对于发债主体的条件较高，对于科技中小企业融资而言并非主流市场，在此不再赘述。国内的股权交易市场主要分为场内市场——沪深两市主板、深市中小板、深市创业板、沪市科创板，以及场外市场——新三板、区域性股权交易市场等。科技企业在多层次资本市场体系下的融资关系如图 8-1 所示。

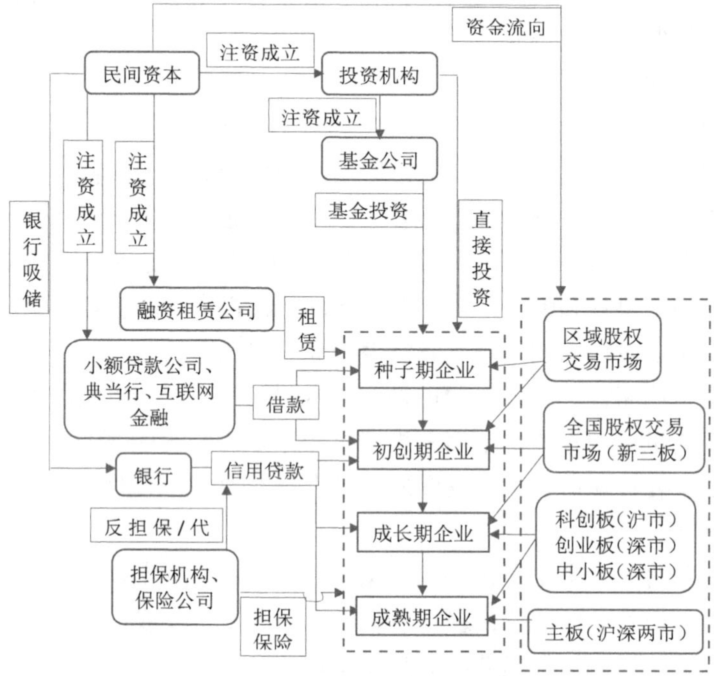

图 8-1　科技企业在多层次资本市场体系下的融资关系示意图

2. *夹层融资*

夹层融资是指一种性质介于优先债权与股权之间的资本融资方式，决定了其收益也介于股权融资和债权融资之间，具体的夹层融资的收益比优先级债权高，但是长期收益率比股权融资低。对于有融资需求的科技企业而言，因夹层融资对股权具有较小的稀释程度，相对于股权融资成本较低；对于投资人来说，夹层融资给予其固定利率的资本回报，相较于股权融资而存在债权融资收益率稳定的特点[①]。夹层融资的方式及参与机构有很多种，比如基金公司以“明股实债”的形式投资于项目企业，以及前文提到的融资租赁、资产证券化等融资形式都是夹层融资范畴。

第二节　基于技术收益的企业融资模式

技术经理人在提供技术服务的过程中，为最终实现技术产业化的企业提供融资服务，无论是对技术创业型企业，还是对技术引入型企业而言，都需要充分考虑技术成果的成熟度，结合企业经营生存情况即企业所处的生命周期，为企业提供适宜的融资方式。企业在不同生命周期下的主要融资方式如图 8-2 所示。

一、初创期企业的融资策略和途径

初创期是企业发展的起步阶段，初创期还可以细分为种子期与创业期。种子期是企业的最初始阶段，是企业的组织建立、人员招聘和项目启动的阶段，基本上处于产品的开发、实验和测试阶段，这一阶段主要产生专利、成果和样品，而不是产品。种子期是企业正在筹建或刚刚组建的阶段，是企业最需要资金的时候，但是由于投资成功率很低，也是企业最缺乏资源、实力和吸引力来进行融资的阶段，由于信用风险等方面的原因获取债权融资较为困难。基于以上特点，以自有资金等形式为主的内源融资或天使投资和政府扶持资金成为企业种子期最现实和最合适的融资途径。

初创期的企业呈现出资产规模小、无收入或低收入、人员不稳定等特点，此时企业已经具有初级的产品、初始的经营计划和不完整、不稳定的组织机构，技术风险大幅度下降，没有任何收入，开销和支出虽然不多，但单项资金需求较种子期阶段高出不少，并且由于自有资金、天使投资资金数额的有限性和政府扶持资金的政策性，仅仅靠创业者自有资金、天使投资资金和政府扶持资金已经不能满足企业生存和发展的需求。企业资金需求相对较高、风险大、成功后获利高等创业期特点导致企业必须寻找有充裕资金而又愿意承担高风险的融资主体。这一时期，吸引创业投资等股权融资无疑是最合适和最主要的融资途径。

① 孙景安. 夹层融资——企业融资方式创新 [J]. 证券市场导报，2005，11.

技术经理人在为处于初创期的企业提供融资服务时，首先要帮助企业做好发展规划，完善其赢利模式。初创期企业在创业潮中要想赢得投资机构的青睐，最终还是取决于一个精耕的创业项目、一种长效的赢利模式和一支激活的专业团队，项目策划和企业战略规划是核心。其次，要提高意识认知，规范内部管理，即提高管理者和执行层金融认知和管理意识，规范企业治理结构、财务及人事管理制度。再次，要重视信用合作，巧用资源互补。信用评价是企业融资能力的决策标准，初创期企业应尽可能保持良好信用记录，配合政府创建征信系统，建立与合作金融机构的长期合作纽带，充分利用企业所处产业集群和市场优势，发挥协同融资效应。

二、成长期企业的融资策略和途径

成长期是产品开始推向市场的初始阶段，此时产品进入开发阶段并有部分消费者开始试用。企业在进入成长期后即将完成产品定型，并着手实施其市场开拓计划。企业技术风险继续下降，但由于产品研发投入较大且没有销售收入，费用增加较快，致使资金需求量上升迅速。这些特点导致自有资金和天使资金不可能满足企业的资金的需求，而且企业也很难靠自我积累解决这一阶段的资金需求，所以风险投资依然是其主要融资途径。另外，由于已经形成产品的雏形，企业技术风险较低，私募股权投资也有意愿对成长期企业进行权益性投资。

随着企业的成长发展，其进入成长后期——扩张期。此时的企业逐步具备较大的经济规模，并开始出售产品和服务，其研发、生产和销售已具备成功的把握，此时成功率已接近 70%。企业继续加大研发投入、扩大生产线并开始组建正规的销售队伍开拓市场，虽然开始有收入，但高昂的支出仍大于有限的收入。企业此时开始达到市场占有率目标，融资在企业发展过程中起到最具关键性的承上启下的作用，融资的成功与否将直接决定着企业的未来，因为此时企业需要大量的资金以提高生产和销售能力。不过这一时期企业已经拥有一定的市场占有率、市场认可度和较低的风险水平，所以各投资主体愿意并已经开始对其进行大规模的投资，可供企业融资的途径选择较多。此时，企业的上市条件也逐渐趋于成熟，对各投资主体有着巨大的吸引力，风险投资和私募股权投资无疑是这一阶段融资的一支强大的力量。资产规模的扩大、销售收入的增加和投资风险的降低也吸引商业银行对其进行债券投资，银行信贷融资也是这一阶段企业融资一个主要的途径。此时，企业的前期产品研发已经完成，产品占据一定的市场，企业规模和销售收入增长很快，呈现出高科技性和高成长性的特点。一些发展迅速的扩张期企业已经开始准备在创业板上市，以争取更充裕、更稳定和成本更低的股权融资，所以创业板融资也是扩张期企业融资途径中最重要的途径。

成长期企业处在发展的发力关键时期，技术经理人关注成长期企业战略发展的同时，根据成长期企业财务特点，应注重应收账款管理，保证企业现金流在合理管控范围之内，多开辟融资渠道，制定最优化、成本可控的融资方案。

企业发展生命周期下技术成果成熟度各阶段的主要融资方式如图 8-2 所示。

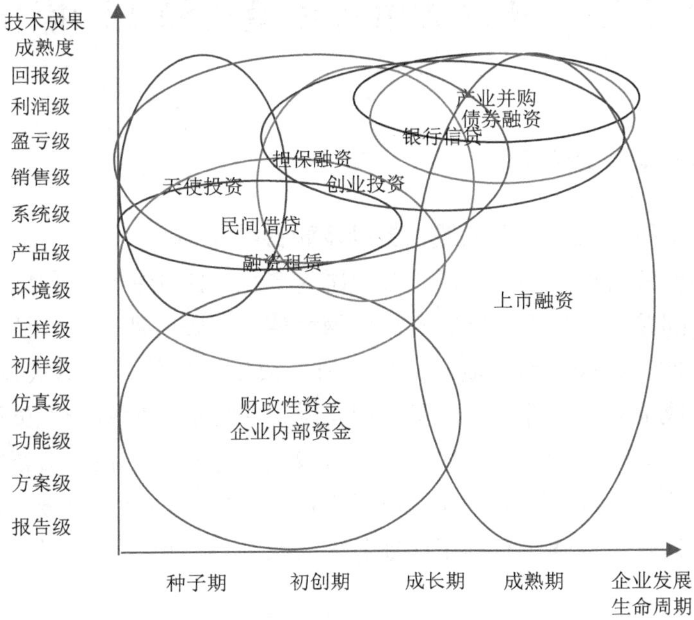

图 8-2　企业发展生命周期下技术成果成熟度各阶段的主要融资方式

三、成熟期企业的融资策略和途径

成熟期的企业无论在企业规模、产品市场占有率和产品市场认可度方面还是在销售收入、赢利能力和企业信用度方面都达到了前所未有的高度。此时企业的销售收入远远高于支出，巨大的销售收入产生了可观的净收入，各方面的实力已经达到上市的要求和标准，企业在这一阶段筹集资金的最佳途径自然是通过上市发行股票进行融资。通过主板、中小板、创业板、科创板市场发行股票无疑是企业最重要的融资途径，上市融资不仅可以拓宽企业经营的规模和范围，为企业日后的发展增添强大的支持，同时也为风险投资和私募股权投资的撤出创造了条件。此时，企业拥有巨大的规模、强大的赢利能力和可靠的信用度，是商业银行信贷市场的宠儿，银行信贷融资自然也是企业在成熟期的一个主要融资途径。另外，发行企业债券进行大规模的债券融资也成为可能。技术经理人可为壮大期企业提供的融资服务内容有限，重点关注于成熟期企业的技术需求，为其寻求适宜的投资标的，开展技术并购投融资服务。

第三节　技术成果融资模式和实际操作

一、技术成果融资模式

（一）“技术股 + 现金股”的股权激励及融资模式

高校、科研院所产生的科技成果涉及国有产权、院所集体产权以及科研人员产权界定及分配问题，要处理好国有资产保值增值、保障院所利益、调动科研人员积极性三方面问题。高校、科研院所可以将科技成果以作价入股形式投资一家企业，同时给予科技成果完成人即科研人员股权奖励，一方面激发科研人员积极性，另一方面保证高校、科研院所对科技成果的所有权及部分收益。在吸引新股东投资参股方面，该模式要求高校、科研院所、科研人员必须以一定比例现金出资入股，使各方均产生实际的资金资本，有利于保证各方股权利益，也有助于引入战略投资开展市场化运作。

（二）以知识产权证券化形式实现融资

公认的知识产权证券化最早的案例发生在 1997 年 1 月，即美国著名摇滚歌星大卫·鲍伊（David Bowie）由于缺少流动资金，将他之前录制的 287 首歌曲的预期版权收益出售给 SPV（Special Purpose Vehicle）机构，SPV 机构管理版税收入并以 7.9% 的利率发行了平均偿付期限为 10 年的资产支持证券“鲍伊债券”（Bowie bonds），募集资金 5 500 万美元，这是目前公认的世界上第一起典型的知识产权证券化案例。国内首例知识产权证券化案例发生于 2018 年 12 月 18 日，爱奇艺公司将其知识产权作为基础资产出售给 SPV 机构——奇艺世纪公司，并在上海证券交易所成功获批发行知识产权供应链金融资产支持专项计划——“奇艺世纪知识产权供应链金融资产支持专项计划”，盘活了爱奇艺的资产。

（三）技术成果融资能力评价信贷融资模式

中国建设银行广东省分行针对科技企业特点，构建“FIT 粤”科技金融综合服务新体系，独创科技企业“技术流”专属评价体系和服务模式，开发自动化测评科技企业科技创新实力的系统分析平台和“科企贷贷看”手机端信用额度试算小程序两大创新工具。“技术流”评价体系是建行以知识产权评价为中心，围绕创新成果含量、专利含金量、研发投入强度、研发投入稳定性、研发早慧度等六大维度，将知识产权和团队研发能力转化成 10 多项量化指标，实现科技企业综合融资能力测评。“科企贷贷看”是根据企业填写的基本资料、科研能力、财务指标等简单要素，快速测算企业在建行的预授信额度，可线上预约业务办理，实现额度测算—产品推荐—业务预约的全链条线上服务，使信贷业务简化高效。

（四）技术成果并购融资模式

技术并购以技术资源为主要目标，是企业获取外部技术资源的重要途径[①]。公司通过技术并购一方面可以获得目标企业的技术资产，如自主研发产品和研发团队；另一方面可以获得目标企业的知识积累，如专利和在研项目。随着全球技术发展，技术并购事件频发：信邦制药于 2015 年 4 月宣布以 20 亿收购中肽生化以填补公司在生物制药方面的空白，增强公司研发实力；美的集团于 2016 年 5 月宣布将以 37 亿欧元收购德国库卡，进入机器人领域。技术并购不仅能带给企业新的市场空间，而且可以通过并购标的企业带来更多的流动资金、利润等，带动股价上涨，获得额外的投资收益。

（五）“政府引导 + 社会资本”的科技成果投融资模式

为深入实施创新驱动发展战略，加速推动科技成果转化与应用，科技部、财政部于 2011 年设立国家科技成果转化引导基金，旨在解决科技成果转化面临的融资难、成果与市场对接不畅等难题，加速推进利用财政资金支持形成的科技成果的转化。转化基金支持科技成果转化的方式包括设立创业投资子基金、贷款风险补偿和绩效奖励等，其中设立创业投资子基金是指转化基金与符合条件的投资机构共同发起设立创业投资子基金，为转化科技成果的企业提供股权投资，以政府引导、社会化投资机构进行投资的模式，支持利用财政资金形成的科技成果进一步转化，促进科技成果更加贴近市场需求，给予科研人员更多的创新空间。

① Ferreira M P，Reis N R，Almeida M R. Mergers & acquisitions research：A bibliometric study of top strategy and international business journals［R］. 2012.

二、技术成果融资服务实际操作

融资活动，对于资金提供方最大的难点在于控制投资风险及保证预期收益，对于资金需求方在于获取资金提供方的信任得到资金并尽可能降低融资成本，因此融资中介需要做好双方的撮合服务，帮助供需双方找到适合、精准的融资方案。

（一）技术成果融资服务本质

技术成果融资中介的主要业务是提供融资顾问或融资咨询服务，主要是在对资金需方的资金用途、企业经营、技术水平等情况充分了解的前提下，发现企业融资的短板及优势，为其提供融资辅导，制定融资策略，利用资源渠道匹配适合的资金供方，分析评价融资风险及收益，让适合的资金注入合适的项目中。

（二）技术成果融资服务工作流程

1. 需求挖掘

开展技术成果融资服务首先要找到融资需求标的，不是所有企业都急于融资。首先要建立合理的需求收集方案，重点围绕科技企业主营业务、为什么需要融资、融资用途、希望以什么方式融资以及用什么还钱或者给投资人什么回报等问题。然后对收集的企业融资需求情况进行甄别，企业填写信息不够明确、融资方式不切合实际等因素都会使接下来的工作成为徒劳。一般融资需求调查内容主要包括企业所属行业、近 3 年主要财务数据、企业在职人员数量、现有融资筹集方式、已获得融资金额、计划融资金额、计划融资方式、融资主要用途等，技术经理人需要判断企业融资需求的真实性、可行性，并结合企业实际情况提出初步融资方案。

2. 项目调查

确定企业的融资需求后，技术经理人要对项目情况进行深入调查。首先，要到企业进行实地考察，观察项目开展的具体情况是否与其提供的信息相符，了解项目团队能力及水平，审查财务经营的基本状况，形成一个对企业的初步印象，评价项目是否能够正常经营。其次，通过该企业的客户、同行、相关领域专家了解其发展情况，得到一些关于企业的客观评价。另外，通过高管访谈、员工访谈等方式，掌握企业的实际经营状况。最终，根据调查情况形成文字报告，主要包括企业基本情况、融资能力分析、综合评价结论三部分，其中企业基本情况需要涵盖企业股权结构、法人及实际控制人信息、企业历史沿革、主营产品及服务情况、本次融资主要用途等，融资能力分析部分需要包括企业资产情况、负债权益情况、营业收入及营业成本情况、现金流情况、赢利能力情况（毛利率、净利率等）、偿债能力情况

（资产负债率、流动比率、速动比率等）、产品在市场上的竞争能力情况（市场占有率等），综合评价结论主要包含企业的核心优势、存在的短板及风险、综合分析融资建议等内容。

3. 辅导对接

基于对企业内部及外部调查了解的情况，结合企业提供的一些财务资料、销售资料、生产经营资料进行分析。可以围绕 4 个方面作出判断，包括价值——企业在竞争环境中能够长时间取得主动权的核心能力，机会——市场上存在的尚未满足或尚未完全满足的需求，风险——可能出现的对企业赢利能力造成威胁的因素，以及问题——企业存在的漏洞、缺陷、不足或已经产生的负面影响。通过上述方式能够对企业融资能力进行判断，并指导企业编制合理的融资商业计划书，与金融资本进行对接匹配。

4. 后期跟踪

对接后项目融资是否成功，资金是否到位，需要进一步跟踪。首先，这对融资服务中介的服务口碑、品牌效应很重要，服务要善始善终，得出一个融资服务结果；其次，无论融资成功与否，融资服务中介需要总结成功经验和失败因素，为融资项目进行再一次对接资本或下一轮融资做好准备；最后，定期了解项目发展情况也有助于融资服务中介了解行业发展特点以及个别项目特殊性，提升融资对接专业水平。

第九章　政策体系与法律法规

改革开放以来，我国大力促进科技成果转移转化。由于我国科技体制与西方国家有所不同，科技成果转化工作没有成熟的经验可供借鉴。在近 40 年的发展中，各级党委和政府不断深化对科技创新规律的认识，对科技成果转化工作进行系统优化设计，统筹推进，并对制约科技成果转化的难点，进行体制机制改革创新，逐渐形成了一个具有中国特色的科技成果转化政策体系。

第一节　科技成果转化政策体系的基本架构

对科技成果转化政策的总体认知，可以从政策的历史演进、支撑成果转化过程的体系、政策内容的体系以及政策组织的体系来全面建立起基本的框架[①]。

一、科技成果转化的政策历史演进

在我国科技成果转化政策体系的演进过程中，有几个非常重要的时间节点：一是 1978 年，邓小平同志在全国科学大会上提出了“科学技术是生产力”的历史性论断；二是 1996 年和 2015 年，前者是颁布中国第一部《中华人民共和国促进科技成果转化法》的时间；后者是修订时间。基于此，将科技成果转化政策体系的历史演进划分为 1978 年、1996 年和 2015 年 3 个时间节点，差不多 20 年为一个分期周期，具体可分为探索阶段（1978—1995 年）、发展阶段（1996—2014 年）和完善阶段（2015 年至今）。

2015 年 8 月 29 日，十二届全国人大十六次会议对《中华人民共和国促进科技成果转化法》进行了修正，使我国促进科技成果转化的政策体系进入了一个新的发

---

① 杜宝贵，张焕涛. 基于“三维”视角的中国科技成果转化政策体系分析 [J]. 科学学与科学技术管理，2018，39（9）.

沈林，刘洪，海峰. 促进科技成果转化为现实生产力的政策体系 [J]. 系统辩证学学报，2000，8（3）.

展阶段。2016 年 2 月国务院颁布了《实施〈中华人民共和国促进科技成果转化法〉若干规定》，4 月国务院办公厅印发实施《促进科技成果转移转化行动方案》，形成了从修订法律条款、制定配套细则到部署具体任务的科技成果转移转化工作“三部曲”。随后，中共中央办公厅、国务院办公厅印发了《关于实行以增加知识价值为导向分配政策的若干意见》，鼓励科研人员通过科技成果转化获得合理收入，加强科技成果产权对科研人员的长期激励。科技部会同教育部、中科院、国资委印发了相关细化文件，推动高校、院所和企业成果转化；财政部、国家税务总局完善了股权激励和技术入股所得税优惠政策；农业部（现为农业农村部）、卫生计生委（现为卫生健康委）、国土资源部（现为自然资源部）、国防科工局等颁布了本行业科技成果转化制度。20 多个省市出台了地方配套政策。总体看，我国已经初步形成了具有中国特色的促进科技成果转化政策法规体系[①]。

二、科技成果转化的政策过程体系

从促进科技成果转化的政策过程入手，可将整个政策体系分为促进科技成果的供给、需求、转移以及整体优化 4 类相关政策，每类政策又可以分为若干政策类别，具体如图 9-1 所示。

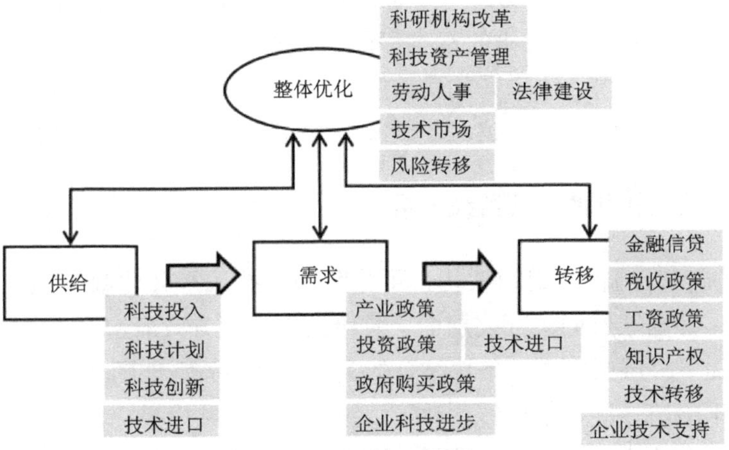

图 9-1　科技成果转化的政策过程体系

科技成果转化的供给方面可细分为科技投入、科技计划、科技创新、技术出口

① 李萌副部长介绍促进科技成果转移转化工作情况 [EB/OL].（2017-02-21）[2018-08-12]. http://www.most.gov.cn/xinwzx/xwzx/twzb/fbh/7022101/.

等政策，此类政策主要是为解决经济和社会发展中出现的科学技术问题，有效地助推科技创新成果产出，形成成果供给的源头活水；科技成果转化的需求层面可细分为产业政策、投资政策、政府购买政策及技术进口、企业科技进步等政策，此类政策对于科技成果转化起着导向作用，吸引各类要素服务成果转化。转移政策作为实现科技成果转化政策过程中的核心政策，可将其划分为金融信贷政策、税收政策、工资政策、知识产权政策、技术转移政策、企业技术支持政策等，此类政策对于科技成果转化起到支撑、激励、扶持作用，可以说是催化剂、润滑剂。

科技成果转化过程是一套封闭的完整系统，科技成果的顺利转移转化需要系统的整体优化，该层面的政策包括科研机构改革、科技资产管理、劳动人事、法律建设、技术市场以及风险转移等政策。

三、科技成果转化的政策内容体系

科技成果转化的政策内容体系（图 9-2）包括权益归属类、税收优惠类、奖励类、政府资助类、基础平台类和综合类等相关政策。这 6 大类政策间具有清晰完整的逻辑关系。从政府资助、基础平台的搭建、权益归属的厘清到企业科技成果转化的税收优惠再到面向成功转化的科研院所、科技人才、科技企业的奖励，政策内容体系是一个完整的循环，体现了多方面、多维度的促进科技成果转化的政策手段。政府资助是优化科技成果转化的基本保障，基础平台的搭建是成果转化的必要前提，权益归属是厘清科技成果转化受益主体的重要条件，税收优惠和奖励政策则是激励科研院所、科技企业、科技人才积极参与科技成果转化的科学手段。

四、科技成果转化的政策组织体系

基于我国现行的行政组织架构，可将我国科技成果转化政策组织体系归纳为“三层架构”，即国家层面、部委层面、省级及以下地方政府层面。3 个政策组织层面有着自上而下，层层推进，条块结合的关系，具体关系如图 9-3 所示。

结合我国国情，科技成果转化政策组织体系由中共中央提出的纲领性文件、全国人大层面颁布的法律、国务院及其各职能部门制定的部门规章和地方政府层面颁布的部门性规章、规范性文件等构成，组织体系层层递进，梯度效力明显。这种有中国特色的组织体系能够确保政策的顺利下行，提高政策落实的效率。同时，各相关单位也要制定适合本单位实际情况的的细则，确保科技成果转化政策落到实处。

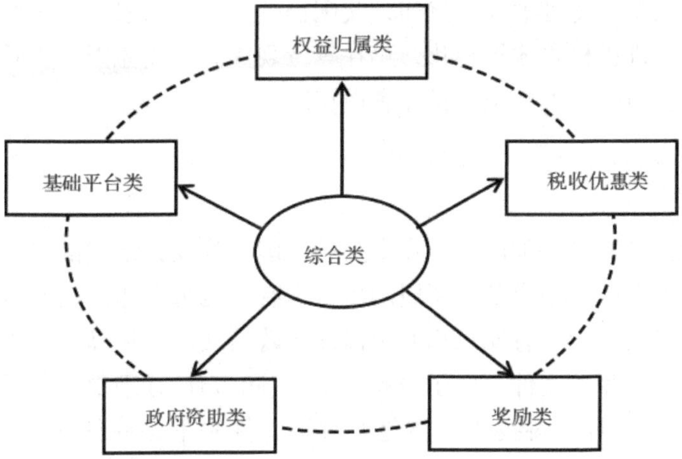

图 9-2　我国科技成果转化的政策内容体系

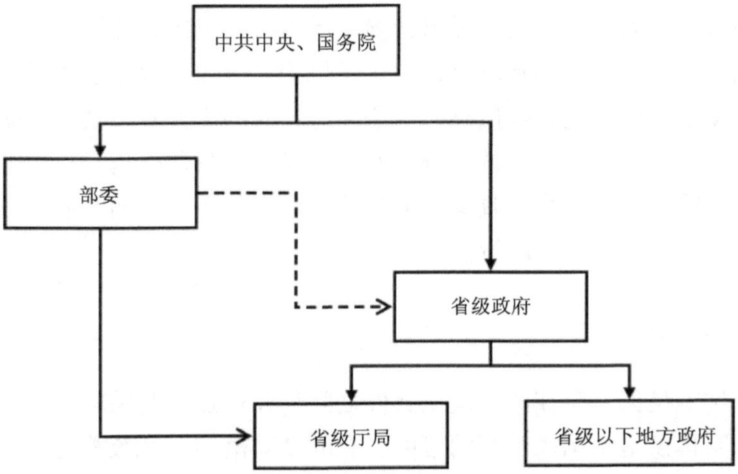

图 9-3　我国科技成果转化的政策组织体系

第二节　落实成果转化政策的问题

支持科技成果转化的政策体系已经形成，制约科技成果转化的制度缺失、体制机制障碍等问题基本得到解决。然而，我国仍然有不少高校、科研院所、科技企业还没有实质性地推进科技成果转化，仍在等待观望。究其原因，实质上就是科技成果转化政策普及与落实不到位，具体表现在以下方面①。

一、政策层面问题

科技政策文件的发文部门多，在中央层面国务院及其组成部门、直属机构均可以行文发布政策文件，中央部委所属的机构中有的也可以印发贯彻落实文件，地方人民政府及其组成部门、直属机构亦可以发布政策文件。最高人民法院、最高人民检察院都可以发布相关文件。由于没有一个统一的归口管理部门，要及时、完整地收集从中央到地方有关科技成果转化的政策文件并不是一件容易的事情。例如，《审计署关于审计工作更好地服务于创新型国家和世界科技强国建设的意见》（审政研发〔2016〕61 号）提出审计工作要着力推动科技创新相关政策落实、着力推动建立完善科技管理和运行机制等。最高人民检察院印发《关于充分发挥检察职能依法保障和促进科技创新的意见》提出，善于运用法治思维和法治方式，支持创新探索，宽容创新失误，保护创新成果，为科研机构、研究型大学、创新型企业和科技工作者营造良好创新环境，提供有力司法保障。这些文件对高校、科研机构和科技人员实施科技成果转化有重要的影响。然而，高校、科研机构、科技人员等如果不是一直关注政策，就难以全面收集政策文件，自然就不能全面掌握科技成果转化政策，也不能有效地落实相关政策。

二、体系方面问题

政策文件不是孤立存在的，政策文件之间往往存在一些关联关系。有的是政策制定部门表明贯彻落实国家政策的态度，有的是对落实国家政策的细化，有的是对落实国家政策的配套措施的规定，有的是落实国家政策的具体措施、途径等。除了科技成果转化三步曲，《教育部 科技部关于加强高等学校科技成果转移转化工作的若干意见》（教技〔2016〕3 号）、《中国科学院 科学技术部关于印发〈中国科学院关于新时期加快促进科技成果转移转化指导意见〉的通知》（科发促字〔2016〕97 号）、国家卫计委等五部门印发《关于加强卫生与健康科技成果转移转化工作的指导意见》（国卫科教发〔2016〕51 号）等文件，都是国家相关主管部门为贯彻“三

① 吴寿仁. 落实科技成果转化政策的难点与对策建议 [J]. 科技中国，2017（6）.

步曲”、加强所管辖领域的科技成果转移转化提出的指导性意见。为促进科技成果转化，中央先后出台了《中共中央办公厅 国务院办公厅关于实行以增加知识价值为导向分配政策的若干意见》《中共中央办公厅 国务院办公厅关于深化职称制度改革的意见》及《财政部 国家税务总局关于将国家自主创新示范区有关税收试点政策推广到全国范围实施的通知》(财税〔2015〕116号)、《财政部 国家税务总局关于完善股权激励和技术入股有关所得税政策的通知》(财税〔2016〕101号)、《国有科技型企业股权和分红激励暂行办法》(财资〔2016〕4号)、《人力资源社会保障部关于支持和鼓励事业单位专业技术人员创新创业的指导意见》等文件。可发现，同一个政策点会出现在不同的政策文件中，且都被认为是政策要点。因此，要准确把握一系列有关科技成果转化的政策文件及相互之间的关系，对于高校、科研院所和企业的相关人员和科技人员来说，不是一件容易的事。

三、落实层面问题

科技成果转化涉及研究、开发、商品化转化、产业化等多个环节，涉及政产学研金介贸等多个主体，涉及资金、技术、人才、信息等多方面要素。这些环节、主体和要素对应着若干个政府部门，这些环节能否衔接好，各主体之间能否协调配合好，各要素资源能否有效配置，都决定了科技成果转化能否顺利地进行。然而，高校、科研院所、科技企业和科技人员在实施科技成果转化中遇到问题时，往往不是一个部门能够单独解决的，在多个部门协同解决问题时，因各部门的站位不同、适用的法律法规不同、工作人员对政策的熟练程度不同，有时会产生矛盾对立的局面，导致科技成果转化无法顺利地进行下去。这就需要相关政府部门密切配合与协同。

因此，在成果转化政策落实的过程中，作为技术经理人，对于政策的学习、理解、积累、解读都是必需的基本功夫和看家本领。

第三节　国家科技成果转化政策体系的实用重点

虽然科技成果转化政策已经形成较完整的体系，且各政策之间互相支撑、互相补充。但成果转化是一个较为复杂系统工程，是成果、资金、人才、信息、管理、基础设施、市场等多要素共同作用的过程，往往需要科研单位、企业、政府、中介机构、金融机构等多方的共同参与，一般需要经历立项、研发、中试、开发、应用、推广等一系列过程，每个阶段都需要一定的外部条件才能完成，具有长期性、不确定性和高风险性等特点。因此，从政策层面还需要针对一些关键的堵点、一些长期没能得到解决的问题进行强化。

本教程以成果信息公开与共享、成果处置与归属、年度报告制度与绩效评价、机制建设与实施、多元化资金投入、人才队伍建设、收益分配、领导干部的任职与收益 8 个方面为重点，按照其在《中华人民共和国促进科技成果转化法》《实施〈中华人民共和国促进科技成果转化法〉若干规定》《促进科技成果转移转化行动方案》《关于实行以增加知识价值为导向分配政策的若干意见》和《国家技术转移体系建设方案》等 5 个成果转化等顶层设计的政策法规中的表述进行梳理。

一、成果信息公开与共享

1.《中华人民共和国促进科技成果转化法》

国家建立、完善科技报告制度和科技成果信息系统，向社会公布科技项目实施情况以及科技成果和相关知识产权信息，提供科技成果信息查询、筛选等公益服务。公布有关信息不得泄露国家秘密和商业秘密。对不予公布的信息，有关部门应当及时告知相关科技项目承担者。

利用财政资金设立的科技项目的承担者应当按照规定及时提交相关科技报告，并将科技成果和相关知识产权信息汇交到科技成果信息系统。

2.《促进科技成果转移转化行动方案》

1）发布转化先进适用的科技成果包。围绕新一代信息网络、智能绿色制造、现代农业、现代能源、资源高效利用和生态环保、海洋和空间、智慧城市和数字社会、人口健康等重点领域，以需求为导向发布一批符合产业转型升级方向、投资规模与产业带动作用大的科技成果包。

2）建立国家科技成果信息系统。制定科技成果信息采集、加工与服务规范，推动中央和地方各类科技计划、科技奖励成果存量与增量数据资源互联互通，构建由财政资金支持产生的科技成果转化项目库与数据服务平台。完善科技成果信息共享机制，在不泄露国家秘密和商业秘密的前提下，向社会公布科技成果和相关知识产权信息，提供科技成果信息查询、筛选等公益服务。

3）加强科技成果信息汇交。建立健全各地方、各部门科技成果信息汇交工作机制，推广科技成果在线登记汇交系统，畅通科技成果信息收集渠道。加强科技成果管理与科技计划项目管理的有机衔接，明确由财政资金设立的应用类科技项目承担单位的科技成果转化义务，开展应用类科技项目成果以及基础研究中具有应用前景的科研项目成果信息汇交。

4）推动军民科技成果融合转化应用。建设国防科技工业成果信息与推广转化平台，研究设立国防科技工业军民融合产业投资基金，支持军民融合科技成果推广应用。梳理具有市场应用前景的项目，发布军用技术转民用推广目录、“民参军”技术与产品推荐目录、国防科技工业知识产权转化目录。

5）组织高校和科研院所梳理科技成果资源，发布科技成果目录，建立面向企业的技术服务站点网络。

3.《国家技术转移体系建设方案》

1）构建互联互通的全国技术交易网络。依托现有的枢纽型技术交易网络平台，通过互联网技术手段连接技术转移机构、投融资机构和各类创新主体等，集聚成果、资金、人才、服务、政策等创新要素，开展线上线下相结合的技术交易活动。

2）强化军民技术供需对接。加强军民融合科技成果信息互联互通，建立军民技术成果信息交流机制。进一步完善国家军民技术成果公共服务平台，提供军民科技成果评价、信息检索、政策咨询等服务。强化军队装备采购信息平台建设，搭建军民技术供需对接平台，引导优势民品单位进入军品科研、生产领域，加快培育反恐防爆、维稳、安保等国家安全和应急产业，加强军民研发资源共享共用。

3）强化信息共享和精准对接。建立国家科技成果信息服务平台，整合现有科技成果信息资源，推动财政科技计划、科技奖励成果信息统一汇交、开放、共享和利用。以需求为导向，鼓励各类机构通过技术交易市场等渠道发布科技成果供需信息，利用大数据、云计算等技术开展科技成果信息深度挖掘。建立重点领域科技成果包发布机制，开展科技成果展示与路演活动，促进技术、专家和企业精准对接。

二、成果处置与归属

1.《中华人民共和国促进科技成果转化法》

1）各级人民政府组织实施的重点科技成果转化项目，可以由有关部门组织采用公开招标的方式实施转化。有关部门应当对中标单位提供招标时确定的资助或者其他条件。

2）科技成果持有者可以采用下列方式进行科技成果转化：

①自行投资实施转化；

②向他人转让该科技成果；

③许可他人使用该科技成果；

④以该科技成果作为合作条件，与他人共同实施转化；

⑤以该科技成果作价投资，折算股份或者出资比例；

⑥其他协商确定的方式。

3）国家鼓励研究开发机构、高等院校采取转让、许可或者作价投资等方式，向企业或者其他组织转移科技成果。

4）国家设立的研究开发机构、高等院校对其持有的科技成果，可以自主决定转让、许可或者作价投资，但应当通过协议定价、在技术交易市场挂牌交易、拍卖等方式确定价格。通过协议定价的，应当在本单位公示科技成果名称和拟交易价格。

5）国家设立的研究开发机构、高等院校所取得的职务科技成果，完成人和参加人在不变更职务科技成果权属的前提下，可以根据与本单位的协议进行该项科技成果的转化，并享有协议规定的权益。该单位对上述科技成果转化活动应当予以支持。

6）科技成果完成单位与其他单位合作进行科技成果转化的，应当依法由合同约定该科技成果有关权益的归属。合同未作约定的，按照下列原则办理：

①在合作转化中无新的发明创造的，该科技成果的权益，归该科技成果完成单位；

②在合作转化中产生新的发明创造的，该新发明创造的权益归合作各方共有；

③对合作转化中产生的科技成果，各方都有实施该项科技成果的权利，转让该科技成果应经合作各方同意。

7）职工不得将职务科技成果擅自转让或者变相转让。

2.《实施〈中华人民共和国促进科技成果转化法〉若干规定》

1）国家鼓励研究开发机构、高等院校通过转让、许可或者作价投资等方式，向企业或者其他组织转移科技成果。国家设立的研究开发机构和高等院校应当采取措施，优先向中小微企业转移科技成果，为大众创业、万众创新提供技术供给。

国家设立的研究开发机构、高等院校对其持有的科技成果，可以自主决定转让、许可或者作价投资，除涉及国家秘密、国家安全外，不需审批或者备案。

国家设立的研究开发机构、高等院校有权依法以持有的科技成果作价入股确认股权和出资比例，并通过发起人协议、投资协议或者公司章程等形式对科技成果的权属、作价、折股数量或者出资比例等事项明确约定，明晰产权。

2）国家设立的研究开发机构、高等院校对其持有的科技成果，应当通过协议定价、在技术交易市场挂牌交易、拍卖等市场化方式确定价格。协议定价的，科技成果持有单位应当在本单位公示科技成果名称和拟交易价格，公示时间不少于15日。单位应当明确并公开异议处理程序和办法。

3.《关于实行以增加知识价值为导向分配政策的若干意见》

以科技成果作价入股作为对科技人员的奖励涉及股权注册登记及变更的，无须报科研机构、高校的主管部门审批。

4.《国家技术转移体系建设方案》

探索赋予科研人员横向委托项目科技成果所有权或长期使用权，在法律授权前提下开展高校、科研院所等单位与完成人或团队共同拥有职务发明科技成果产权的改革试点。

三、年度报告制度与绩效评价

1.《中华人民共和国促进科技成果转化法》

1）研究开发机构、高等院校的主管部门以及财政、科学技术等相关行政部门应当建立有利于促进科技成果转化的绩效考核评价体系，将科技成果转化情况作为对相关单位及人员评价、科研资金支持的重要内容和依据之一，并对科技成果转化绩效突出的相关单位及人员加大科研资金支持。

国家设立的研究开发机构、高等院校应当建立符合科技成果转化工作特点的职称评定、岗位管理和考核评价制度，完善收入分配激励约束机制。

2）国家设立的研究开发机构、高等院校应当向其主管部门提交科技成果转化情况年度报告，说明本单位依法取得的科技成果数量、实施转化情况以及相关收入分配情况，该主管部门应当按照规定将科技成果转化情况年度报告报送财政、科学技术等相关行政部门。

2.《实施〈中华人民共和国促进科技成果转化法〉若干规定》

1）国家设立的研究开发机构、高等院校应当按照规定格式，于每年3月30日前向其主管部门报送本单位上一年度科技成果转化情况的年度报告，主管部门审核后于每年4月30日前将各单位科技成果转化年度报告报送至科技、财政行政主管部门指定的信息管理系统。年度报告内容主要包括：

①科技成果转化取得的总体成效和面临的问题；

②依法取得科技成果的数量及有关情况；

③科技成果转让、许可和作价投资情况；

④推进产学研合作情况，包括自建、共建研究开发机构、技术转移机构、科技成果转化服务平台情况，签订技术开发合同、技术咨询合同、技术服务合同情况，人才培养和人员流动情况等；

⑤科技成果转化绩效和奖惩情况，包括科技成果转化取得收入及分配情况，对科技成果转化人员的奖励和报酬等。

2）研究开发机构、高等院校的主管部门以及财政、科技等相关部门，在对单位进行绩效考评时应当将科技成果转化的情况作为评价指标之一。

3）研究开发机构、高等院校的主管部门以及财政、科技等相关部门根据单位科技成果转化年度报告情况等，对单位科技成果转化绩效予以评价，并将评价结果作为对单位予以支持的参考依据之一。

国家设立的研究开发机构、高等院校应当制定激励制度，对业绩突出的专业化技术转移机构给予奖励。

3.《关于实行以增加知识价值为导向分配政策的若干意见》

重视科研机构、高校中长期目标考核。结合科研机构、高校分类改革和职责定位，加强对科研机构、高校中长期目标考核，建立与考核评价结果挂钩的经费拨款制度和员工收入调整机制，对评价优秀的加大绩效激励力度。对有条件的科研机构，探索实行合同管理制度，按合同约定的目标完成情况确定拨款、绩效工资水平和分配办法。完善科研机构、高校财政拨款支出、科研项目收入与支出、科研成果转化及收入情况等内部公开公示制度。

4.《国家技术转移体系建设方案》

1）强化高校、科研院所科技成果转化情况年度报告的汇交和使用。

2）推动高校、科研院所完善科研人员分类评价制度，建立以科技创新质量、贡献、绩效为导向的分类评价体系，扭转唯论文、唯学历的评价导向。对主要从事应用研究、技术开发、成果转化工作的科研人员，加大成果转化、技术推广、技术服务等评价指标的权重，把科技成果转化对经济社会发展的贡献作为科研人员职务晋升、职称评审、绩效考核等的重要依据，不将论文作为评价的限制性条件，引导广大科技工作者把论文写在祖国大地上。

四、机制建设与实施

1.《中华人民共和国促进科技成果转化法》

1）国家加强标准制定工作，对新技术、新工艺、新材料、新产品依法及时制定国家标准、行业标准，积极参与国际标准的制定，推动先进适用技术推广和应用。

国家建立有效的军民科技成果相互转化体系，完善国防科技协同创新体制机制。军品科研生产应当依法优先采用先进适用的民用标准，推动军用、民用技术相互转移、转化。

2）国家鼓励企业与研究开发机构、高等院校及其他组织采取联合建立研究开发平台、技术转移机构或者技术创新联盟等产学研合作方式，共同开展研究开发、成果应用与推广、标准研究与制定等活动。

3）国家鼓励农业科研机构、农业试验示范单位独立或者与其他单位合作实施农业科技成果转化。

4）国家培育和发展技术市场，鼓励创办科技中介服务机构，为技术交易提供交易场所、信息平台以及信息检索、加工与分析、评估、经纪等服务。

5）国家支持根据产业和区域发展需要建设公共研究开发平台，为科技成果转化提供技术集成、共性技术研究开发、中间试验和工业性试验、科技成果系统化和工程化开发、技术推广与示范等服务。

6）国家支持科技企业孵化器、大学科技园等科技企业孵化机构发展，为初创期科技型中小企业提供孵化场地、创业辅导、研究开发与管理咨询等服务。

2.《实施〈中华人民共和国促进科技成果转化法〉若干规定》

1）建立健全科技成果转化重大事项领导班子集体决策制度。

2）鼓励研究开发机构、高等院校在不增加编制的前提下建设专业化技术转移机构。

3.《促进科技成果转移转化行动方案》

1）依托中国科学院的科研院所体系实施科技服务网络计划，围绕产业和地方需求开展技术攻关、技术转移与示范、知识产权运营等。鼓励医疗机构、医学研究单位等构建协同研究网络，加强临床指南和规范制定工作，加快新技术、新产品应用推广。引导有条件的高校和科研院所建立健全专业化科技成果转移转化机构，明确统筹科技成果转移转化与知识产权管理的职责，加强市场化运营能力。

建设一批运营机制灵活、专业人才集聚、服务能力突出、具有国际影响力的国家技术转移机构。

2）实施军工技术推广专项，推动国防科技成果向民用领域转化应用。

3）围绕“中国制造 2025”“互联网 +”等国家重点产业发展战略以及区域发展战略部署，发挥行业骨干企业、转制科研院所主导作用，联合上下游企业和高校、科研院所等构建一批产业技术创新联盟，围绕产业链构建创新链，推动跨领域跨行业协同创新，加强行业共性关键技术研发和推广应用，为联盟成员企业提供订单式研发服务。支持联盟承担重大科技成果转化项目，探索联合攻关、利益共享、知识产权运营的有效机制与模式。

4）利用学会服务站、技术研发基地等柔性创新载体，组织动员学会智力资源服务企业转型升级，建立学会联系企业的长效机制，开展科技信息服务，实现科技成果转移转化供给端与需求端的精准对接。

5）瞄准节能环保、新一代信息技术、生物技术、高端装备制造、新能源、新材料、新能源汽车等战略性新兴产业领域，依托国家自主创新示范区、国家高新区、国家农业科技园区、国家可持续发展实验区、国家大学科技园、战略性新兴产业集聚区等创新资源集聚区域以及高校、科研院所、行业骨干企业等，建设一批科技成果产业化基地，引导科技成果对接特色产业需求转移转化，培育新的经济增长点。

6）支持地方围绕区域特色产业发展、中小企业技术创新需求，建设通用性或行业性技术创新服务平台，提供从实验研究、中试熟化到生产过程所需的仪器设备、中试生产线等资源，开展研发设计、检验检测认证、科技咨询、技术标准、知识产权、投融资等服务。

7）以“互联网 +”科技成果转移转化为核心，以需求为导向，连接技术转移服务机构、投融资机构、高校、科研院所和企业等，集聚成果、资金、人才、服务、政策等各类创新要素，打造线上与线下相结合的国家技术交易网络平台。平台依托专业机构开展市场化运作，坚持开放共享的运营理念，支持各类服务机构提供信息发布、融资并购、公开挂牌、竞价拍卖、咨询辅导等专业化服务，形成主体活跃、要素齐备、机制灵活的创新服务网络。引导高校、科研院所、国有企业的科技成果挂牌交易与公示。

8）支持地方和有关机构建立完善区域性、行业性技术市场，形成不同层级、不同领域技术交易有机衔接的新格局。在现有的技术转移区域中心、国际技术转移中心基础上，落实“一带一路”、京津冀协同发展、长江经济带等重大战略，进一步加强重点区域间资源共享与优势互补，提升跨区域技术转移与辐射功能，打造连接国内外技术、资本、人才等创新资源的技术转移网络。

9）重点在创新资源集聚区域，依托行业龙头企业、高校、科研院所，在电子信息、生物技术、高端装备制造等重点领域建设一批以成果转移转化为主要内容、专业服务水平高、创新资源配置优、产业辐射带动作用强的众创空间，有效支撑实体经济发展。

10）以创新资源集聚、工作基础好的省（区、市）为主导，跨区域整合成果、人才、资本、平台、服务等创新资源，建设国家科技成果转移转化试验示范区，在科技成果转移转化服务、金融、人才、政策等方面，探索形成一批可复制、可推广的工作经验与模式。围绕区域特色产业发展技术瓶颈，推动一批符合产业转型发展需求的重大科技成果在示范区转化与推广应用。

4.《国家技术转移体系建设方案》

1）促进产学研协同技术转移。发挥国家技术创新中心、制造业创新中心等平台载体作用，推动重大关键技术转移扩散。依托企业、高校、科研院所建设一批聚焦细分领域的科技成果中试、熟化基地，推广技术成熟度评价，促进技术成果规模化应用。支持企业牵头会同高校、科研院所等共建产业技术创新战略联盟，以技术交叉许可、建立专利池等方式促进技术转移扩散。加快发展新型研发机构，探索共性技术研发和技术转移的新机制。充分发挥学会、行业协会、研究会等科技社团的优势，依托产学研协同共同体推动技术转移。

2）强化创新创业载体技术转移功能。聚焦实体经济和优势产业，引导企业、高校、科研院所发展专业化众创空间，依托开源软硬件、3D 打印、网络制造等工具建立开放共享的创新平台，为技术概念验证、商业化开发等技术转移活动提供服务支撑。鼓励龙头骨干企业开放创新创业资源，支持内部员工创业，吸引集聚外部创业，推动大中小企业跨界融合，引导研发、制造、服务各环节协同创新。优化孵化器、加速器、大学科技园等各类孵化载体功能，构建涵盖技术研发、企业孵化、产业化开发的全链条孵化体系。加强农村创新创业载体建设，发挥科技特派员引导科技成果向农村农业转移的重要作用。针对国家、行业、企业技术创新需求，通过“揭榜比拼”“技术难题招标”等形式面向社会公开征集解决方案。

3）优化军民技术转移体制机制。完善国防科技成果降解密、权利归属、价值评估、考核激励、知识产权军民双向转化等配套政策。开展军民融合国家专利运营试点，探索建立国家军民融合技术转移中心、国家级实验室技术转移联盟。

4）强化重点区域技术转移。发挥北京、上海科技创新中心及其他创新资源集聚区域的引领辐射与源头供给作用，促进科技成果在京津冀、长江经济带等地区转移转化。开展振兴东北科技成果转移转化专项行动、创新驱动助力工程等，通过科技成果转化推动区域特色优势产业发展。优化对口援助和帮扶机制，开展科技扶贫精准脱贫，推动新品种、新技术、新成果向贫困地区转移转化。

5）完善梯度技术转移格局。加大对中西部地区承接成果转移转化的差异化支持力度，围绕重点产业需求进行科技成果精准对接。探索科技成果东中西梯度有序转移的利益分享机制和合作共赢模式，引领产业合理分工和优化布局。建立健全省、市、县三级技术转移工作网络，加快先进适用科技成果向县域转移转化，推动县域创新驱动发展。

五、多元化资金投入

1.《中华人民共和国促进科技成果转化法》

1）科技成果转化财政经费，主要用于科技成果转化的引导资金、贷款贴息、补助资金和风险投资以及其他促进科技成果转化的资金用途。

2）国家依照有关税收法律、行政法规规定对科技成果转化活动实行税收优惠。

3）国家鼓励银行业金融机构在组织形式、管理机制、金融产品和服务等方面进行创新，鼓励开展知识产权质押贷款、股权质押贷款等贷款业务，为科技成果转化提供金融支持。

4）国家鼓励保险机构开发符合科技成果转化特点的保险品种，为科技成果转化提供保险服务。

5）国家完善多层次资本市场，支持企业通过股权交易、依法发行股票和债券等直接融资方式为科技成果转化项目进行融资。

6）国家鼓励创业投资机构投资科技成果转化项目。国家设立的创业投资引导基金，应当引导和支持创业投资机构投资初创期科技型中小企业。

7）国家鼓励设立科技成果转化基金或者风险基金，其资金来源由国家、地方、企业、事业单位以及其他组织或者个人提供，用于支持高投入、高风险、高产出的科技成果的转化，加速重大科技成果的产业化。

2.《促进科技成果转移转化行动方案》

1）支持有条件的技术转移机构与天使投资、创业投资等合作建立投资基金，加大对科技成果转化项目的投资力度。

2）发挥中央财政对科技成果转移转化的引导作用。发挥国家科技成果转化引导基金等的杠杆作用，采取设立子基金、贷款风险补偿等方式，吸引社会资本投入，支持关系国计民生和产业发展的科技成果转化。通过优化整合后的技术创新引导专项（基金）、基地和人才专项，加大对符合条件的技术转移机构、基地和人才的支持力度。国家科技重大专项、重点研发计划支持战略性重大科技成果产业化前期攻关和示范应用。

3）加大地方财政支持科技成果转化力度。引导和鼓励地方设立创业投资引导、科技成果转化、知识产权运营等专项资金（基金），引导信贷资金、创业投资资金以及各类社会资金加大投入，支持区域重点产业科技成果转移转化。

4）拓宽科技成果转化资金市场化供给渠道。大力发展创业投资，培育发展天使投资人和创投机构，支持初创期科技企业和科技成果转化项目。利用众筹等互联网金融平台，为小微企业转移转化科技成果拓展融资渠道。支持符合条件的创新创业企业通过发行债券、资产证券化等方式进行融资。支持银行探索股权投资与信贷投放相结合的模式，为科技成果转移转化提供组合金融服务。

3.《国家技术转移体系建设方案》

国家和地方科技成果转化引导基金通过设立创业投资子基金、贷款风险补偿等方式，引导社会资本加大对技术转移早期项目和科技型中小微企业的投融资支持。开展知识产权证券化融资试点，鼓励商业银行开展知识产权质押贷款业务。按照国务院统一部署，鼓励银行业金融机构积极稳妥开展内部投贷联动试点和外部投贷联动。落实创业投资企业和天使投资个人投向种子期、初创期科技型企业按投资额70% 抵扣应纳税所得额的试点优惠政策。

六、人才队伍建设

1.《中华人民共和国促进科技成果转化法》

1）国家鼓励研究开发机构、高等院校与企业及其他组织开展科技人员交流，根据专业特点、行业领域技术发展需要，聘请企业及其他组织的科技人员兼职从事教学和科研工作，支持本单位的科技人员到企业及其他组织从事科技成果转化活动。

2）国家支持企业与研究开发机构、高等院校、职业院校及培训机构联合建立学生实习实践培训基地和研究生科研实践工作机构，共同培养专业技术人才和高技能人才。

2.《实施〈中华人民共和国促进科技成果转化法〉若干规定》

国家设立的研究开发机构、高等院校科技人员在履行岗位职责、完成本职工作的前提下，经征得单位同意，可以兼职到企业等从事科技成果转化活动，或者离岗创业，在原则上不超过 3 年时间内保留人事关系，从事科技成果转化活动。研究开发机构、高等院校应当建立制度规定或者与科技人员约定兼职、离岗从事科技成果转化活动期间和期满后的权利和义务。离岗创业期间，科技人员所承担的国家科技计划和基金项目原则上不得中止，确需中止的应当按照有关管理办法办理手续。

积极推动逐步取消国家设立的研究开发机构、高等院校及其内设院系所等业务管理岗位的行政级别，建立符合科技创新规律的人事管理制度，促进科技成果转移转化。

3.《促进科技成果转移转化行动方案》

1）实行技术经理人市场化聘用制。

2）支持高校、企业、孵化机构、投资机构等开设创新创业培训课程，鼓励经验丰富的企业家、天使投资人和专家学者等担任创业导师。

3）推动建设专业化技术经纪人队伍，畅通职业发展通道。鼓励和规范高校、科研院所、企业中符合条件的科技人员从事技术转移工作。与国际技术转移组织联合培养国际化技术转移人才。

4）继续实施万名专家服务基层行动计划、科技特派员、科技创业者行动、企业院士行、先进适用技术项目推广等，动员高校、科研院所、企业的科技人员及高层次专家，深入企业、园区、农村等基层一线开展技术咨询、技术服务、科技攻关、成果推广等科技成果转移转化活动，打造一支面向基层的科技成果转移转化人才队伍。

5）构建“互联网 +”创新创业人才服务平台，提供科技咨询、人才计划、科技人才活动、教育培训等公共服务，实现人才与人才、人才与企业、人才与资本之间的互动和跨界协作。围绕支撑地方特色产业培育发展，建立一批科技领军人才创新驱动中心，支持有条件的企业建设院士（专家）工作站，为高层次人才与企业、地方对接搭建平台。建设海外科技人才离岸创新创业基地，为引进海外创新创业资源搭建平台和桥梁。

4.《国家技术转移体系建设方案》

完善多层次的技术转移人才发展机制。加强技术转移管理人员、技术经纪人、技术经理人等人才队伍建设，畅通职业发展和职称晋升通道。支持和鼓励高校、科研院所设置专职从事技术转移工作的创新型岗位，绩效工资分配应当向作出突出贡献的技术转移人员倾斜。鼓励退休专业技术人员从事技术转移服务。统筹适度运用政策引导和市场激励，更多通过市场收益回报科研人员，多渠道鼓励科研人员从事技术转移活动。加强对研发和转化高精尖、国防等科技成果相关人员的政策支持。

加强技术转移人才培养。发挥企业、高校、科研院所等作用，通过项目、基地、教学合作等多种载体和形式吸引海外高层次技术转移人才和团队。鼓励有条件的高校设立技术转移相关学科或专业，与企业、科研院所、科技社团等建立联合培养机制。将高层次技术转移人才纳入国家和地方高层次人才特殊支持计划。

七、收益分配

1.《中华人民共和国促进科技成果转化法》

1）国家设立的研究开发机构、高等院校转化科技成果所获得的收入全部留归本单位，在对完成、转化职务科技成果作出重要贡献的人员给予奖励和报酬后，主要用于科学技术研究开发与成果转化等相关工作。

2）职务科技成果转化后，由科技成果完成单位对完成、转化该项科技成果作出重要贡献的人员给予奖励和报酬。

科技成果完成单位可以规定或者与科技人员约定奖励和报酬的方式、数额和时限。单位制定相关规定，应当充分听取本单位科技人员的意见，并在本单位公开相关规定。

3）科技成果完成单位未规定、也未与科技人员约定奖励和报酬的方式和数额的，按照下列标准对完成、转化职务科技成果作出重要贡献的人员给予奖励和报酬：

①将该项职务科技成果转让、许可给他人实施的，从该项科技成果转让净收入或者许可净收入中提取不低于 50% 的比例；

②利用该项职务科技成果作价投资的，从该项科技成果形成的股份或者出资比例中提取不低于 50% 的比例；

③将该项职务科技成果自行实施或者与他人合作实施的，应当在实施转化成功投产后连续三至五年，每年从实施该项科技成果的营业利润中提取不低于 5% 的比例。

国家设立的研究开发机构、高等院校规定或者与科技人员约定奖励和报酬的方式和数额应当符合前款第一项至第三项规定的标准。

国有企业、事业单位依照本法规定对完成、转化职务科技成果作出重要贡献的人员给予奖励和报酬的支出计入当年本单位工资总额，但不受当年本单位工资总额限制、不纳入本单位工资总额基数。

2.《实施〈中华人民共和国促进科技成果转化法〉若干规定》

1）国家设立的研究开发机构、高等院校转化科技成果所获得的收入全部留归单位，纳入单位预算，不上缴国库，扣除对完成和转化职务科技成果作出重要贡献人员的奖励和报酬后，应当主要用于科学技术研发与成果转化等相关工作，并对技术转移机构的运行和发展给予保障。

2）国家设立的研究开发机构、高等院校制定转化科技成果收益分配制度时，要按照规定充分听取本单位科技人员的意见，并在本单位公开相关制度。依法对职务科技成果完成人和为成果转化作出重要贡献的其他人员给予奖励时，按照以下规定执行：

①以技术转让或者许可方式转化职务科技成果的，应当从技术转让或者许可所取得的净收入中提取不低于 50% 的比例用于奖励。

②以科技成果作价投资实施转化的，应当从作价投资取得的股份或者出资比例中提取不低于 50% 的比例用于奖励。

③在研究开发和科技成果转化中作出主要贡献的人员，获得奖励的份额不低于奖励总额的 50%。

④对科技人员在科技成果转化工作中开展技术开发、技术咨询、技术服务等活动给予的奖励，可按照促进科技成果转化法和本规定执行。

3.《关于实行以增加知识价值为导向分配政策的若干意见》

1）财政资助科研项目所产生的科技成果在实施转化时，应明确项目承担单位和完成人之间的收益分配比例。对于接受企业、其他社会组织委托的横向委托项目，允许项目承担单位和科研人员通过合同约定知识产权使用权和转化收益，探索赋予科研人员科技成果所有权或长期使用权。

2）对从事基础性研究、农业和社会公益研究等研发周期较长的人员，收入分配实行分类调节，通过优化工资结构，稳步提高基本工资收入，加大对重大科技创新成果的绩效奖励力度，建立健全后续科技成果转化收益反馈机制，使科研人员能够潜心研究。对从事应用研究和技术开发的人员，主要通过市场机制和科技成果转化业绩实现激励和奖励。

3）技术开发、技术咨询、技术服务等活动的奖酬金提取，按照《中华人民共和国促进科技成果转化法》及《实施〈中华人民共和国促进科技成果转化法〉若干规定》执行。

4）以科技成果作价入股作为对科技人员的奖励涉及股权注册登记及变更的，无需报科研机构、高校的主管部门审批。加快出台科研机构、高校以科技成果作价入股方式投资未上市中小企业形成的国有股，在企业上市时豁免向全国社会保障基金转持的政策。

4.《国家技术转移体系建设方案》

高校、科研院所科研人员依法取得的成果转化奖励收入，不纳入绩效工资。

八、领导干部的任职与收益

1.《关于实行以增加知识价值为导向分配政策的若干意见》

科研机构、高校的正职领导和领导班子成员中属中央管理的干部，所属单位中担任法人代表的正职领导，在担任现职前因科技成果转化获得的股权，任职后应及时予以转让，逾期未转让的，任期内限制交易。限制股权交易的，在本人不担任上述职务一年后解除限制。

2.《实施〈中华人民共和国促进科技成果转化法〉若干规定》

1）对于担任领导职务的科技人员获得成果转化奖励，按照分类管理的原则执行。

①国务院部门、单位和各地方所属研究开发机构、高等院校等事业单位（不含内设机构）正职领导，以及上述事业单位所属具有独立法人资格单位的正职领导，是科技成果的主要完成人或者对科技成果转化作出重要贡献的，可以按照促进科技成果转化法的规定获得现金奖励，原则上不得获取股权激励。其他担任领导职务的科技人员，是科技成果的主要完成人或者对科技成果转化作出重要贡献的，可以按照促进科技成果转化法的规定获得现金、股份或者出资比例等奖励和报酬。

②对担任领导职务的科技人员的科技成果转化收益分配实行公开公示制度，不得利用职权侵占他人科技成果转化收益。

2）科技成果转化过程中，通过技术交易市场挂牌交易、拍卖等方式确定价格的，或者通过协议定价并在本单位及技术交易市场公示拟交易价格的，单位领导在履行勤勉尽责义务、没有牟取非法利益的前提下，免除其在科技成果定价中因科技成果转化后续价值变化产生的决策责任。

3.《国家技术转移体系建设方案》

针对技术转移过程中高校、科研院所等单位领导履行成果定价决策职责、科技管理人员履行项目立项与管理职责等，健全激励机制和容错纠错机制，完善勤勉尽责政策，形成敢于转化、愿意转化的良好氛围。完善社会诚信体系，发挥社会舆论作用，营造权利公平、机会公平、规则公平的市场环境。

此外，近年来，国家科技成果转化政策环境得到有力改善，密集出台了一系列促进科技成果转化的法律与新政，打通了科技成果转化的堵点和瓶颈，基本形成科技成果转化“法规 + 意见 + 配套细则 + 操作规程”的“四重接力棒”政策体系。但科技成果转化是一个综合复杂的体系，涉及各个主体、多个环节，各项政策之间存在很强的逻辑关系，为了梳理各级各类政策的内在脉络，扩大政策知晓度，提高政策落实率，本教程将国家及天津市的科技成果转化政策，进行了横向和纵向的梳理，从政策针对的主体角度，分别梳理面向企业、高校和科研院所、技术转移机构的政策措施，并择其要者而述之，方便广大成果供方、需方、中介方从各自角度清晰、准确地了解政策。（详见附录二）

第四节　科技成果作价投资政策应用示例

研究政策是为了更好地掌握政策、落实政策，充分发挥政策红利，因此，政策研究必须和科技成果转移转化实践紧密结合，进行深入细致的实务研究。本节以作价投资问题为例，分析政策落实实际问题。一般政策实务问题研究可以通过把握政策要点—明确相关概念—梳理操作流程—解析关键问题四个环节开展。

政策实务研究应聚焦于科技成果转移转化实践中的堵点或者疑难点，这些问题研究具有重要的政策和实践意义且一般具有涉及政策文本较多、政策之间关联性强、操作环节较为复杂等特点。本节选取的科技成果作价投资问题正是这样一个典型案例。

本教程第二章在阐述科技成果转移转化的主要模式时，已经明确了科技成果作价投资具有其他科技成果转移转化方式所不具备的优势。但是，相比于其他转化方式，科技成果作价投资的操作流程较为复杂，其中涉及的法律、政策、国有资产管理、税务、财务等问题较多，一些单位碍于此，不敢或不愿采取这种方式进行成果转化。

为了解除高校和科研院所的疑虑，充分发挥科技成果作价投资的优势，我们有必要对相关政策和实务问题进行梳理和研究，明确科技成果作价投资的概念、流程和相关问题，为高校和科研院所进行科技成果作价投资提供参考。

一、把握政策要点

科技成果作价投资涉及多个环节，每个环节都需要结合实践情况，查阅一个甚至数个政策文本。涉及国有无形资产的评估和转让的，需要查阅财政部的相关政策；对于高校来说，需要掌握教育部对高校成果转化的相关规定，以及组建国有独资性质的资产经营有限公司的相关规定；涉及作价投资到企业的，需要查阅《中华人民共和国公司法》的相关条款，并到工商管理部门进行股权变更；能够享受递延纳税政策的，需要系统梳理国家税务局关于个人所得税的相关规定；必须签订技术合同并可享受税收减免政策的，需要查阅《中华人民共和国合同法》《技术合同认定登记管理办法》和《技术合同认定规则》，以及国家税务局关于居民企业增值税的有关规定，并掌握当地的技术合同认定办法；涉及知识产权的，还要到知识产权局进行权属变更和登记；在作价投资前需要公示的，要掌握国家关于科技成果转化奖酬公示的有关规定；无形资产需要入账并开具发票的，要了解会计操作方法等。

如果遇到政策规定之间不一致的情形，往往还要查阅上位法，确定应遵从的条款。如《中华人民共和国公司法》第二十七条规定："对作为出资的非货币财产应当评估作价，核实财产，不得高估或者低估作价。法律、行政法规对评估作价有规定的，从其规定。"但是，财政部 2019 年 3 月发布的《关于修改〈事业单位国有资产管理暂行办法〉的决定》（财政部令第 100 号）规定，国家设立的研究开发机构、高等院校对其持有的科技成果可以自主决定转让、许可或者作价投资，不需报主管部门、财政部门审批或者备案，将科技成果转让、许可或者作价投资给国有全资企业的，可以不进行资产评估；给非国有全资企业的，由单位自主决定是否进行资产评估。

进一步查阅《中华人民共和国立法法》，第八十八条之规定，法律的效力高于规章。财政部令作为部门规章，应当服从《中华人民共和国公司法》的规定。可以理解为，科技成果转让与许可可以按照财政部令执行，不进行资产评估或由单位自主决定是否进行资产评估；但科技成果作价投资应当按照《中华人民共和国公司法》执行，即应当进行评估。

二、明确相关概念

只有明确相关概念，才能准确聚焦我们所要研究的政策与实务问题的实质。科技成果作价投资，是指将科技成果评估作价以资本的形式投资公司，取得公司的股权；或者以科技成果出资组建或加入合伙企业。科技成果作价投资的实质是将科技成果从生产要素转变为资本要素，是科技成果转让与以转让收入投资同时进行的行为①。

三、梳理操作流程

只有结合实践摸索并掌握政策要点，梳理出相关问题的操作流程，才能发挥研究成果对于实践操作和进一步政策制定的指导作用。对于科技成果作价投资的流程而言，由于教育部相关规定比较细致和明确，高校又是科技成果作价投资的重要操作主体，所以我们可以以高校科技成果作价投资为例对作价投资的操作流程进行梳理。

科技成果作价投资的一个核心问题是投资主体的选择，高校一般有 3 种做法。

1）高校以自己的名义作价投资。对此，《教育部 科技部关于加强高等学校科技成果转移转化工作的若干意见》（教技〔2016〕3 号）第二条规定，高校有权依法以持有的科技成果作价入股确认股权和出资比例，通过发起人协议、投资协议或者公司章程等形式对科技成果的权属、作价、折股数量或出资比例等事项明确约定、明晰产权，并指定所属专业部门统一管理技术成果作价入股所形成的企业股份或出资比例。这一规定允许高校以自己的名义投资，且要求高校指定“专业部门”统一管理科技成果作价投资所形成的股份或出资比例。

2）高校将职务科技成果划拨给其独资的公司，以该公司的名义作价投资。《教育部关于积极发展、规范管理高校科技产业的指导意见》（教技发〔2005〕2 号）第 6 条规定，高校要依法组建国有独资性质的资产经营有限公司或从现有校办企业中选择一个产权清晰、管理规范的独资企业（以下统称高校资产公司），将学校所有经营性资产划转到高校资产公司，由其代表学校持有对企业投资所形成的股权。这里的关键词是“划转”，即无偿地进行财产权转移，并办理权属转移手续。

3）高校将职务科技成果转让给科技人员，并与科技人员约定，由科技人员以自己的名义作价投资，并从科技成果转化收益中提取一定数额或比例返还给高校。

① 吴寿仁. 科技成果转让操作实务 [M]. 上海：上海科学普及出版社，2016.

这种情况是高校行使职务科技成果的处置权，其与科技成果转化的投资人、通过科技成果作价投资设立的企业不发生直接的关系。

在梳理高校科技成果作价投资流程过程中，在力所能及的范围内，还应当尽量标注出每一步骤的实施主体和应当注意的问题。高校进行科技成果作价投资的流程如图 9-4 所示。

四、解析关键问题

在完成上述步骤后，我们所研究的实务问题已经比较明确了，但可能还存在一些疑难的关键细节，这就需要就这些关键问题进行进一步解析。对科技成果作价投资而言，可能还面临以下这些问题。

1. 标的物是科技成果所有权还是使用权

《中华人民共和国公司法》第二十七条规定："股东可以用货币出资，也可以用实物、知识产权、土地使用权等可以用货币估价并可以依法转让的非货币财产作价出资。"第二十八条规定："以非货币财产出资的，应当依法办理其财产权的转移手续。"

《财政部 国家税务总局关于完善股权激励和技术入股有关所得税政策的通知》（财税〔2016〕101 号）也规定，技术成果投资入股，是指纳税人将技术成果所有权让渡给被投资企业、取得该企业股票（权）的行为。

综上，科技成果持有人应当以科技成果的所有权作价投资，这符合公司资本充实原则。[①]

2. 发票开具问题

（1）是否应当开具发票

财政部、国家税务总局 2016 年 3 月 23 日印发《关于全面推开营业税改征增值税试点的通知》（以下简称《通知》）（财税〔2016〕36 号），附件 1《营业税改征增值税试点实施办法》第一条明确规定，在中华人民共和国境内销售服务、无形资产或者不动产的单位和个人，为增值税纳税人，应当按照本办法缴纳增值税。第十条规定，销售服务、无形资产或者不动产，是指有偿提供服务、有偿转让无形资产或者不动产。第十一条对"有偿"作出界定：有偿，指取得货币、货物或者其他经济利益。可见，科技成果作价投资的实质是一种销售无形资产的行为，与一般的销售有所不同的是，取得的对价不是现金而是股权，即非货币性资产交易行为。所以科

① 吴寿仁. 科技成果转化疑解 [M]. 上海：上海科学普及出版社，2018.

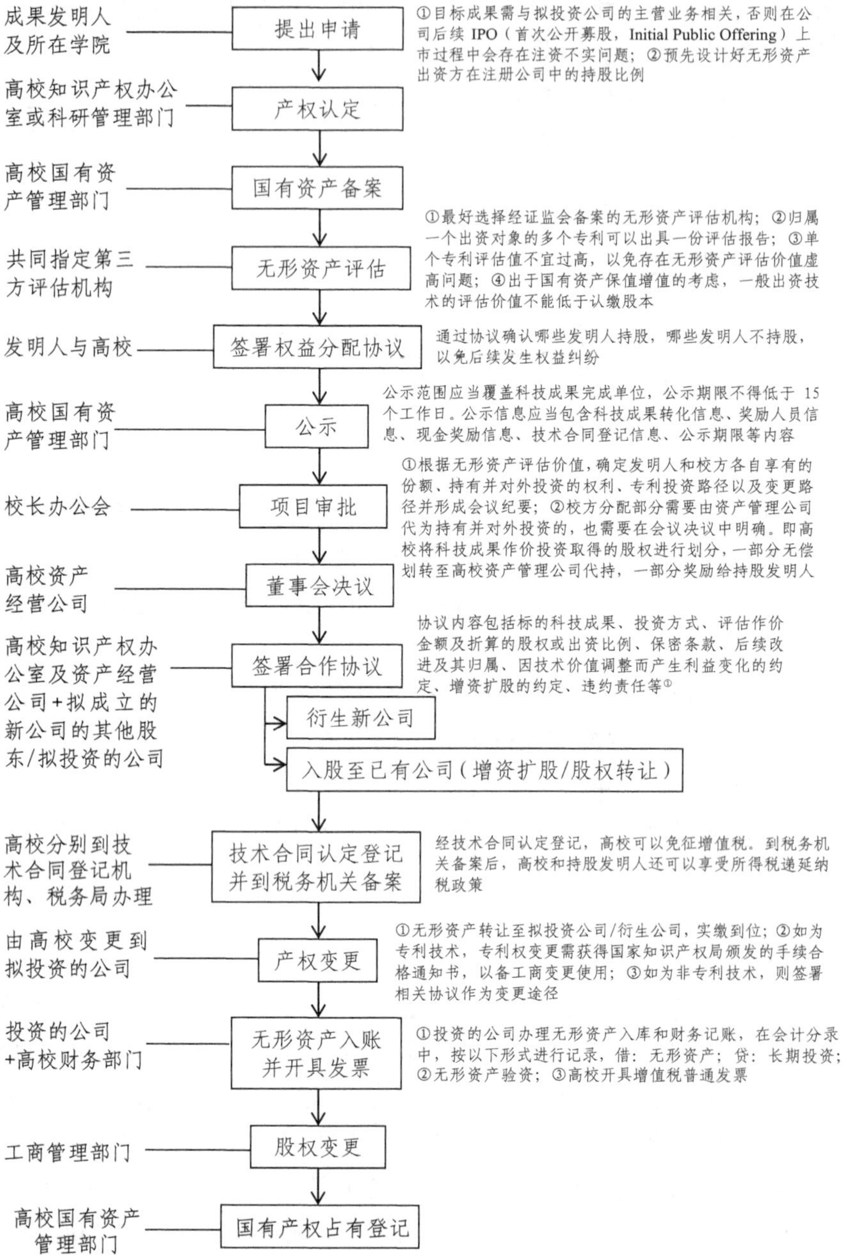

图 9-4　科技成果作价投资一般流程（以高校为例）②

① 吴寿仁. 科技成果转化操作实务 [M]. 上海：上海科学普及出版社，2016.

② 该流程参考了南开大学、中部知光技术转移有限公司的实践经验。

技成果作价投资后，出让科技成果的高校和科研院所应当为受让企业开具真实、合法、有效的发票。

（2）开具增值税专用发票还是普通发票

《通知》中的附件1《营业税改征增值税试点实施办法》第五十三条规定，适用免征增值税规定的应税行为不得开具增值税专用发票。《通知》中的附件3《营业税改征增值税试点过渡政策的规定》规定，纳税人提供技术转让、技术开发和与之相关的技术咨询、技术服务免征增值税。也即，科技成果作价入股只能开具增值税普通发票。这意味着，对于受让企业而言，不得抵扣销项税额，但是在计算所得税应纳税所得额时，可以按规定对作价投资的无形资产进行摊销、折旧或计入销售成本。对于高校和科研院所而言，进行技术合同认定登记后，可以到税务机关办理增值税免税手续。

（3）开具增值税专用发票的惩罚措施

《通知》中的附件1《营业税改征增值税试点实施办法》第四十八条规定，纳税人发生应税行为适用免税、减税规定的，可以放弃免税、减税，依照本办法的规定缴纳增值税。放弃免税、减税后，36个月内不得再申请免税、减税。

也即，高校和科研院所如果为投资企业开具了增值税专用发票，36个月内是不能再申请增值税减免优惠的。

3. 递延纳税问题

《中华人民共和国促进科技成果转化法》第四十五条规定，利用职务科技成果作价投资的，应从该职务科技成果形成的股份或者出资比例中提取不低于百分之五十的比例，对完成、转化职务科技成果作出重要贡献的人员给予奖励和报酬。

对于科技人员从职务科技成果形成的股份或者出资比例中获得的奖励和报酬如何缴纳个人所得税的问题，《财政部 国家税务总局关于完善股权激励和技术入股有关所得税政策的通知》（财税〔2016〕101号）规定，企业或个人以技术成果投资入股到境内居民企业，被投资企业支付的对价全部为股票（权）的，企业或个人可选择继续按现行有关税收政策执行，也可选择适用递延纳税优惠政策。选择技术成果投资入股递延纳税政策的，经向主管税务机关备案，投资入股当期可暂不纳税，允许递延至转让股权时，按股权转让收入减去技术成果原值和合理税费后的差额计算缴纳所得税。个人所得税适用“财产转让所得”项目20%税率，《中华人民共和国企业所得税法》第四条规定企业所得税税率为25%。企业或个人选择适用上述任何一项政策，均允许被投资企业按技术成果投资入股时的评估值入账并在企业所得税前摊销扣除。未办理备案手续的，不得享受递延纳税优惠政策。

（1）享受递延纳税政策的主体

《关于促进科技成果转化有关个人所得税问题的通知》（国税发〔1999〕125号）规定，实施科技成果转化股权奖励的主体必须为国家设立的科研机构、高等学校，享受股权奖励个人所得税递延纳税优惠政策的科技人员必须是国家设立的科研机构、高等学校的正式在编职工。也即，为落实对科技人员股权奖励的个人所得税递延纳税优惠政策，高校和科研院所应当以自身的名义对科技成果作价投资。[①]但是在实践中，很多高校不便直接对外投资，而是采取将科技成果划转至独资的资产经营公司的方式进行对外投资。按照上文提到的《教育部关于积极发展、规范管理高校科技产业的指导意见》的规定操作，科技人员也可以享受股权奖励个人所得税递延纳税优惠政策。

（2）递延纳税政策适用前提

《财政部 税务总局关于完善股权激励和技术入股有关所得税政策的通知》（财税〔2016〕101号）规定，技术成果投资入股，是指纳税人将技术成果所有权让渡给被投资企业、取得该企业股票（权）的行为。享受投资入股递延纳税政策的技术成果是指专利技术（含国防专利）、计算机软件著作权、集成电路布图设计专有权、植物新品种权、生物医药新品种，以及科技部、财政部、国家税务总局确定的其他技术成果，可以统称为“有证技术成果”。也即，享受技术成果投资入股递延纳税政策的前提是，必须以“有证技术成果”的所有权作价投资。在实践操作中，建议将“有证技术成果”和“无证技术成果”分别核算，“有证技术成果”以科技成果所有权作价投资，享受递延纳税政策[②]；“无证技术成果”既可以以独家实施许可方式许可给企业使用，也可以作价入股，只不过相关持股人只能按照现行有关税收政策缴税，不能享受递延纳税政策。

① 吴寿仁. 科技成果转化政策导读 [M]. 上海：上海交通大学出版社，2019.

② 吴寿仁. 科技成果转化疑解 [M]. 上海：上海科学普及出版社，2018.

第十章 国际技术转移

随着科技全球化步伐的加快，国际技术转移与生产贸易活动融合发展的趋势日益明显。随着中国经济的高速发展以及对外交流的日益深入，先进技术“引进来”和“走出去”，已成为各地科技创新和经济转型升级的重要支撑。此外，国际技术转移不但为全球创新成果、人才和研发机构云聚中国营造了良好氛围，更推进了对技术有需求的国内企业与海外先进科技资源的对接，促成更多全球先进技术到中国转化并实现产业化，使海外科技创新资源真正成为我国产业创新的重要技术源。

第一节 国际技术转移概述

一、国际技术转移的定义

国际技术转移是指技术在技术领域之间或地理地域之间的流动和渗透，是一种重要的技术开发手段，最早是美国为把其空间技术向民用部门扩散而提出的。国际技术转移包括技术在国与国之间的流通，其转移方式是多种多样的，有的是单项技术输出，有的是合作研制，有的是互通科技情报等。

一般来说，国际技术转移可以分为有偿和无偿两种。有偿的国际技术转移即国际技术贸易，这种方式把技术当作商品，按商业交易形式和条件进行转让，技术所有人从中收取报酬，技术转移的标的物可以是技术知识，也可以是含有技术的机器设备。无偿的国际技术转移主要是指国际的科技交流与合作，其形式多种多样，例如交流科技情报、资料、仪器样品，召开科学技术专题讨论会，互派专家学者讲学、研讨或传授技术，就某些科研项目共同研究、设计与实验等。另外，联合国系统的国际经济组织以及各国政府实施的技术援助也大都属于无偿的技术转移[①]。本

① 李虹. 国际技术转移与中国技术引进 [M]. 北京：对外经济贸易大学出版社，2016.

书中探讨的是国际上那些有偿的、出于商业目的的技术转移。

二、国际技术转移的方式

（一）国际技术转移的主要方式

国际技术转移因其所转移的具体技术项目的性质、水平与渠道不同而采取不同的实施方式，主要有以下几种。

1. 国际许可贸易

许可贸易是指知识产权权利人在一定条件下，将其专利权、商标权、专有技术和计算机软件著作权等的使用权、产品制造权、产品销售权、产品进口权许可其他国家或地区的企业、经济组织或个人使用的行为。许可贸易是国际技术转移中普遍采用的形式，它可以是只涉及专利、商标、专有技术等知识产权权利的单纯的许可贸易，也可以是与机器设备买卖、投资、工程承包等混合起来进行的综合性业务。许可方式主要分为独占许可、排他许可、普通许可、分许可、交叉许可等。

2. 国际技术咨询和技术服务

技术咨询和技术服务已成为促进各国技术输出、技术引进和技术改造的重要方式。

技术咨询是受托方根据委托方的要求，利用自己的技术、人才、经验、信息等优势，为委托方就特定技术问题提供决策依据和评价结果而进行的技术贸易活动，其内容包括：提供科研开发、技术引进、设备改造等的可行性论证；为企业新技术、新产品、新材料、新工艺等的开发运用提供技术预测；为提高产品质量、改善劳动环境、解决环境污染等问题进行技术调查；提供科研成果的分析评价报告等。

技术服务是受托人以技术知识为委托人解决特定技术难题而进行的技术贸易活动，包括人员培训、技术指导、设备安装、调试和管理以及使产品达到技术质量标准的经验传授等。技术咨询与技术服务内容比较接近，两者经常结合起来使用，但两者却有一定的区别：前者是为委托方就特定技术问题提供决策依据和评价结果，以供委托人参考和采纳；后者是为委托人解决特定技术难题，往往有一个问题解决的结果。

3. 国际特许经营

特许经营是指特许经营权拥有者以合同约定的形式，允许被特许经营者有偿使用其名称、商标、专有技术、产品及运作管理经验等从事经营活动的商业经营模式。国际特许经营与国内特许经营都是以知识产权的转让为核心，特许人收取一定费用的商业拓展模式。国际特许经营是国外品牌和技术的扩张，通过特许人和被特许人的共同努力，品牌效应可以在特许经营过程中逐步建立起来。

4. 与国际合作生产、国际工程承包相结合的技术转移

合作生产是指一项产品或一个工程项目，由合同双方或多方各自承担其中某些部分、部件的生产，共同完成全部生产或全部项目的一种合作方式。中国目前兴办的中外合作生产企业，主要倾向于以引进技术为主要内容，同时结合进口关键设备，与技术转让方共同从事某种产品的合作生产。合作生产可以分为补偿贸易和加工装配贸易等。

国际工程承包是指国际上通过招标、投标或其他途径承包兴建发包人所委托的工程建设项目，从而获得报酬的一种国际经济合作方式。国际工程承包中涉及很多技术转移内容，如工程设计、提供技术、供应机器设备、施工与安装、人员培训等。

5. 与国际直接投资相结合的技术转移

国际直接投资主要表现为资金、技术、经营管理知识一揽子地由投资国的特定产业部门向东道国的特定产业部门转移。国际直接投资可以带动技术出口和管理经验的传播。国际直接投资的资本一般由货币资本、生产资本和无形资产三部分构成。一般来说，跨国公司对外直接投资的方式有两种：一种是在东道国建立新企业，或称为绿地投资，新建企业的组织有独资经营、合资经营和合作经营 3 种方式；另一种是兼并和收购东道国已有企业，也称作跨国并购。

6. 与货物贸易相结合的技术转移

在实践中，有些商品的买卖，如购买成套设备、整条生产线时，往往伴随着技术转移内容。按国际组织和中国的有关规定，含有技术转移内容的成套设备、生产线、关键设备的买卖也属于技术转移的范畴，但不包括货物的单纯买卖和租赁。这意味着与技术转移结合在一起的货物买卖，也属于技术转移的一种方式。近年来，高新技术产品的进出口发展迅猛，国际上许多国家把高新技术产品贸易列入技术转移范畴，这也是目前中国技术出口中的主要内容。

7. 技术招标与投标

技术招标与投标是一种以竞争为基础的技术交易方法，是一般招标方法在技术领域的应用。与其他技术交易形式相比，技术招标与投标具有竞争性强、目标明确、针对性强、价格趋向合理等特点。在国际市场上，对需要引进的技术进行招标，利用拥有该技术商品的不同国家和不同企业集团之间的相互竞争，获得比较合

理的价格和先进的技术，可以把技术引进中的弊病降到最低限度。

（二）国际技术转移方式的选择

作为国际技术经理人，在具体实施国际技术转移之前，我们应根据技术进口者和出口者的要求，选择最佳的技术转移方式，使技术交易双方都能通过技术转移而达到各自的具体目标。通常我们选择技术转移方式时，应当考虑的因素主要有以下几个方面[①]。

1. 根据交易目的选择国际技术转移方式

一般来说，技术进口者和技术出口者的交易目的不同，前者的目的主要是开发新产品、解决技术难题、填补技术空白、进入国际市场等，而后者的目的主要是获得技术转移的经济收益、扩大国际市场占有份额、利用技术作为非股权控制手段、通过技术转让转移过时技术使自己的技术和产品得到更新。无论技术进口者还是出口者，在进行技术交易时，都会根据自己技术转移的目的来比较不同的技术转移方式所带来的各种不同的经济效果。

2. 根据交易标的选择国际技术转移方式

国际技术转移所涉及的技术范围十分广泛，适用某一技术的转移方式不一定适用于另一种技术，例如专利、专有技术、专利和商标或者专有技术与商标等可以使用许可贸易方式，但单纯的商标使用得比较多的是特许经营方式；工程技术咨询更适合工程承包方式；工业产品的制造技术所有人一般倾向于进行技术投资、建立新企业、生产和销售产品；计算机软件技术的特殊性决定其技术转移方式可以采用合作研究与开发及技术许可方式。所以，我们应根据不同技术的特点来选择合适的转移方式。

3. 根据交易企业的条件选择国际技术转移方式

参加交易的企业自身的条件有很大差别，在选择技术转移方式时，应结合各自的条件来进行。根据邓宁“国际生产折中理论”，当企业拥有所有权优势、区位优势和内部化优势时，企业更多地选择对外直接投资、从事跨国经营；如果企业只拥有所有权优势，则企业只能进行对外许可贸易。另外，商务环境也是影响企业选择技术转移方式的重要因素，一般发展中国家的企业在引进技术时，比较愿意选择合资经营或者补偿贸易方式。

4. 根据交易技术补偿情况选择国际技术转移方式

国际技术转移方式不同，其技术补偿方式也不尽相同。一般技术转让的净利润

① 李虹. 国际技术转移与中国技术引进 [M]. 北京：对外经济贸易大学出版社，2016.

来自技术这种特殊商品的附加价值。这种附加价值由 5 个部分构成：研究与开发的附加价值、加工过程的附加价值、装配过程的附加价值、市场分配的附加价值和销售过程的附加价值。研究与开发的附加价值的增值在国际技术转移中最大，而其余 4 个环节的增值在国际技术转移中不明显，甚至不存在。依据利润最大化原则，技术所有人应选择经济效益最佳的技术转移方式。因此，技术所有人通过国际技术投资方式，将研究与开发的技术成果以投资方式转移到国外，在当地设厂、加工、装配并建立销售渠道，从而获得其他 4 个环节附加价值增值的最大化。

5. 根据交易方式的特点选择国际技术转移方式

不同交易方式的业务程序不同，给有关当事人特别是技术持有人带来不同的风险，如许可贸易方式有比较大的泄密风险，对技术持有人的长期技术垄断地位有一定的影响，所以在一定期限内，比如技术的开发期和成长期内，技术所有人往往愿意选择技术产品出口和对外直接投资。但下列情况则不同，东道国限制产品进出口以及直接投资；国外特定市场规模比较小；当技术扩散风险很小或者放弃技术控制的成本很低时，技术所有者也愿意选择许可贸易方式进行技术转移。在选择技术转移方式时，应当比较不同方式的优点和缺点，权衡利弊。这些利弊表现在技术转让方法、技术保密程度、技术价格的确定、技术使用费的支付、技术转让法律的运用、争端处理等方面，这些方面的变化体现在国际技术贸易双方当事人利益的转移中，我们应根据利润最大化原则选择技术转移方式。

6. 根据交易的要求选择国际技术转移方式

有的技术交易涉及国家重要项目或者涉及大额资金项目，要求必须使用公开招标和投标的方式，对此我国的招标投标法有详细的规定。此外，一些区域性的金融机构和政府贷款项目都在一定的范围内采用了国际竞争性招标方式，因为通过国际竞争性招标方式，可以避免在项目的采购和承建中出现营私舞弊的行为，有利于防止贪污、浪费、贿赂或偏袒等现象的发生，保证最有效、最经济地利用公共基金。通过这种方式，可以以较低的价格采购到符合要求的货物和签订工程承包项目。

案例

设立中外合资企业——雅万高铁[①]

印度尼西亚是东南亚国家联盟（东盟）的初始成员国之一，也是东南亚最大的经济体。印尼的经济建设虽然自 20 世纪 80 年代以来有了一定程度的起色，但由于自然地理条件的限制（千岛之国、多高山雨林）和建设管理能力薄弱，其基础设施

① 曾睿. 中国企业在“一带一路”的对外直接投资模式分析及案例研究 [D]. 长沙：湖南大学，2018.

发展严重滞后，已成为制约其经济增长和投资环境改善的主要瓶颈，其中最严重的就是糟糕的道路交通情况和极度短缺的电力供应。与此同时，印尼政府也把基础设施领域作为政府投资的优先方向，把加强基础设施建设作为保证印尼经济增长的主要动力。

雅万高铁正是在满足了印尼政府和社会对基础设施建设需求的背景下诞生的印尼第一条高速铁路项目。雅万高铁，全称雅加达—万隆高速铁路，全长 142 千米，连接印尼首都雅加达和第四大城市万隆，最高设计时速 350 千米，于 2016 年 1 月 21 日正式开工，它的建成通车将使雅加达到万隆的车程由现在的 3 个多小时缩短至 40 分钟。雅万高铁作为印尼和整个东南亚地区的首条高速铁路，是“一带一路”建设的重大早期收获成果，是中国高铁首次全系统、全要素、全产业链走出国门，标志着中国高铁技术标准的“国际化”；是世界上首个由政府搭台，两国企业之间进行合作建设、管理、运营的高铁项目；是中国“21 世纪海上丝绸之路”倡议和印尼“全球海洋支点”构想对接的重大成果，彰显了中印尼务实合作、加强两国基础设施和产能领域合作的新风貌。

案例分析：雅万高铁是由中印尼两国企业通过设立合资公司的方式来进行投资建设的。2015 年 10 月 16 日，中印尼雅万高铁项目合资公司（KCIC）协议正式签署。该合资公司由以中国铁路总公司为首的中国企业联合体和以印度尼西亚维卡公司为首的印尼国企联合体共同出资成立，其中中方占股 40%，印尼方占股 60%。根据协议，雅万高铁由中国和印尼以合资模式建设运营，采用中国高铁技术和装备，由中方企业负责设计、建设、验收标准建造，将使用中国动车组进行运营。

雅万高铁项目选择采用合资公司的模式开展投资运营是综合考虑印尼政府要求和项目建设需求的结果。一方面，印度尼西亚是东南亚最大的发展中国家，国内经济发展主要依靠石油出口、矿产开发和旅游业。基础设施落后一直是制约印尼经济发展的主要障碍。虽然政府一直将基础设施建设类和公共服务类投资摆在重要位置，但政府预算始终难以满足印尼发展基础设施的需要。有限的资金和庞大的基础设施建设需求令印尼政府在雅万高铁项目最开始就提出了不提供政府预算和主权担保的要求。在这样的情况下，为了最大程度地降低项目风险，减少项目所可能面临的制度成本，以中国铁路总公司为首的中方企业联合体决定采用合资经营模式与印尼企业共同开展项目投资、运营管理及可持续建设等方面的全部工作。另一方面，雅万高铁是中国高铁标准“走出去”的初次尝试，也是印尼和东南亚地区的第一条高速铁路，中印尼双方都缺乏实地作战经验。中方可能因为不熟悉印尼当地的劳工制度、施工环境、建设标准等而在实际工作中遇到诸多阻碍；印尼方面则因为没有实际参与过高铁项目建设而显得经验不足。为了更好地适应印尼当地工程项目建设环境、缩短政府审批时间、加快项目施工进度，采用合资方式借助印尼企业在当地的资源和渠道将有效提高雅万高铁项目的建设效率。

三、当代国际技术转移的新特点

随着新技术革命的蓬勃发展和世界经济全球化的不断深入，当代国际技术转移呈现出许多新的特点①。

1）国际技术转移的速度加快，领域不断拓宽。20 世纪 90 年代以来，国际技术贸易额平均每 10 年翻两番，已接近世界贸易总额的 1/2，其增长速度之快为一般商品贸易所望尘莫及。技术转移的领域由以直接投资和贸易推动为主，转为合作开发、资源共享。在发达国家之间的转移技术中，有些项目已深入高科技领域，如航空航天、生物工程、微电子、新材料、海洋开发等。

2）国际技术转移的主体以发达国家为主，发展不平衡。全球 80% 以上的科技开发均在发达国家进行，发达国家之间技术贸易额占世界技术贸易总额的 80% 以上。发展中国家之间的技术贸易量则不足 10%。而且发展中国家之间，发展中国家与发达国家之间转移的技术水平相对较低，合作领域也不宽，大多数局限于一般性技术或常规技术。

3）跨国公司成为国际技术转移的主要载体，垄断着世界技术市场。自 20 世纪 80 年代以来，70% 的国际技术转移是由跨国公司运作的，21 世纪初，跨国公司在全球范围内有组织地设立科研机构，从事新技术、新产品的研究与开发工作，实施全球化战略。当前，跨国公司已成为国际技术转移最活跃、最有影响的力量。

4）战略联盟正在成为技术转移的新方式。以专题研究、产品开发、技术合作为目的，以协定、条约为纽带，不同国家、企业（公司）和科研机构相互联合而形成的战略联盟已经出现，正在发展成为一种新的技术转移方式。这种战略联盟主要在工业化国家中的大集团公司之间形成，它们在结成联盟后会具备更强的研究开发和竞争能力。而发展中国家中能够加入这种联盟的公司（企业）却比较少，这种情况对发展中国家极为不利。

5）对外直接投资成为技术转移的重要渠道，发达国家所占的比重持续上升，发展中国家比重持续下降。实施对外直接投资的企业，多半都附带技术输出，以投

① 聂汉香. 国际技术转移路在何方——浅析我国的国际技术转移现状和应对措施 [J]. 改革与开放，2012（17）.

资为媒介实施技术转移。2011 年，全球直接投资流出额达到 16 642 亿美元，比上年的 14 286 亿美元增长 16.5%。其中，发达经济体直接投资流出额 12 345 亿美元，同比增长 25.4%，在发达经济体中欧洲地区对外直接投资额就高达 6 644 亿美元，同比增长 26.5%（欧盟对外直接投资额 5 759 亿美元，同比增长 27.8%）；发展中经济体直接投资流出额 3 565 亿美元，同比下降 6.8%。

6）技术转移增加了新的国际贸易摩擦。随着世界范围的技术转移频率增多、内容增多，国际贸易摩擦也增多，新问题也不断出现，例如知识产权问题、技术保护问题、技术价格问题、技术风险问题、市场准入问题、政府管制问题、制裁与反制裁问题、贸易冲突问题等等。这些问题常常困扰着正常的技术转移，而且技术转移越活跃，国际贸易摩擦就越多。

7）国际技术转移中的保护主义更加强烈。一方面各国对高技术的国际转移实行保护措施，严格控制先进技术外流。发达国家之间技术的多极竞争格局正在形成，发达国家与发展中国家的控制与反控制的矛盾日益深化。另一方面全球人才流动加速，人才竞争更加激烈。尤其是发展中国家人才短缺严重，人才外流已经成为一种普遍现象。此外，政治和外交因素对技术转移的影响正在加强，技术转移与技术外交正成为国际政治舞台的一项重要活动内容，这在高科技领域表现得尤为明显。

第二节　国际技术转移业务程序

从贸易实践来看，国际技术转移以国际技术贸易为主要形式。本节重点介绍国际技术贸易中技术引进、技术出口的业务程序，以及技术进出口合同的政府监管和审批。

一、技术引进的业务程序

技术引进的业务程序可以分为 3 个阶段，即技术引进交易前的准备阶段、对外谈判与签订合同阶段、合同报批与履行阶段。具体流程如图 10-1 所示。

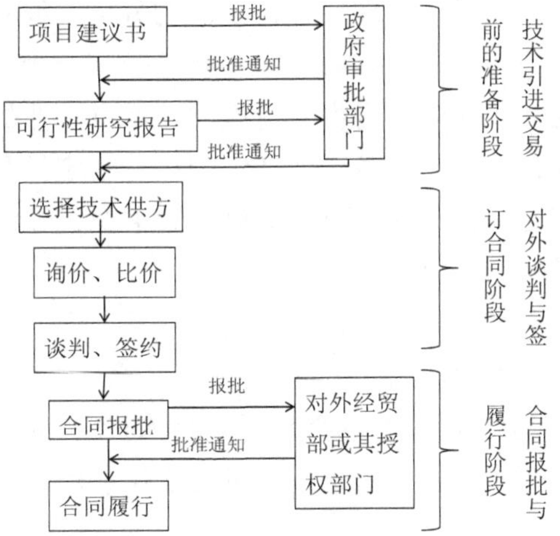

图 10-1　技术引进业务程序流程图

（一）技术引进交易前的准备阶段

1. 选择拟引进的技术

选择引进技术时通常应遵循先进性、经济性、适用性、合法性原则，即引进方应尽可能选择先进的技术，尽量以最小的代价取得最大的经济效益，还必须考虑到生产要素、市场规模、劳动就业、社会文化、技术吸纳能力等诸多因素，选择适用这些条件的技术以实现最佳的综合效益。此外，引进时还必须了解国家相关法律法规对禁止进口、限制进口技术的规定。

2. 技术引进项目的可行性研究

我国《技术引进和设备进口工作暂行条例》规定，所有技术引进项目都必须制定项目建议书和编制可行性研究报告，并以公文的形式报请上级主管部门审批。在这两项文件经过有关机构批准后，才能对外正式签约。

（1）编制项目建议书

技术引进单位根据市场调查确定引进的技术后，对引进技术进行初步可行性分析，向上级主管部门报送项目建议书（也称立项报告）。项目建议书通常包括以下内容：项目名称，项目的内容与申请理由，进口国别与厂商，承办企业的基本情况，产品名称、主要原材料、电力、燃料、交通及协作配套近期和未来具备的条件，项目资金的估计和来源，项目的进度与安排，初步的技术和经济分析。

（2）编制可行性研究报告

批准立项后，技术引进单位需对拟引进的项目进行认真的调查研究，对项目实施的可能性、技术适用性和经济合理性进行全面的分析，编制可行性研究报告，报上级主管部门审批。

可行性研究报告通常包括以下内容：总说明，承办企业的基本情况与条件，物料供应规划，厂址选择，技术与设备，生产组织、劳动定员和人员培训计划，环境污染的防治，项目实施的综合计划，资金的概算和来源，经济分析等。

（二）对外谈判与签订合同阶段

1. 对可能的技术输出方的调查和选择

（1）对技术输出方技术力量的调查

对技术输出方技术力量的调查主要是对其持有的专利、专有技术等状况的调查，除了调查技术输出方输出的技术是否先进、实用、经济、可靠之外，还应特别注意以下方面：

①输出方是否是所转让的专利、专有技术、商标的合法所有人或者是否有权转让；

②输出方所转让的专利权、商标权等工业产权的法律状态；

③输出方专有技术的可靠性；

④输出方的技术发展前途（如是单一产品技术还是可以发展为多种产品的技术）；

⑤该项技术是否实施过以及是否经过商业验证，实施效果如何；

⑥其他人是否有类似的或与之相竞争的技术；

⑦技术转让过程中可能遇到的障碍；

⑧引进该项技术以后，所需的原材料、零部件、机器设备的来源和价格；

⑨发展该项技术项目的环境条件、自然条件、基础设施和建设条件、资金来源、生产配套条件以及对环境和生态平衡的影响；

⑩输出方所在国家有关技术出口的法律规定。

对技术输出方技术力量进行调查的方法和途径有：①组织技术交流；②出国考察；③文献检索；④向国内科研单位、大专院校、外贸部门咨询；⑤向国内外的专业咨询公司进行咨询；⑥通过我国驻外机构进行调查研究；⑦通过外国驻华商务机构、金融机构了解。

（2）对技术输出方的资信调查

对技术输出方资信调查的内容包括技术输出方的资本、能力、品质、资格等。

资信调查的途径有：①向银行调查；②通过国家驻外商务机构调查；③通过

“老客户”调查；④通过专门的咨询机构调查；⑤向商会或行业协会调查；⑥通过有关贸易公司调查。

2. 对外询价与比价

（1）询价

在项目建议书批准后，引进行就可以向外商进行非正式的询价了。非正式询价是一种初步询价，它是编写可行性研究报告的必要准备之一。可行性研究报告经我国主管部门审查批准后，才能正式向外商询价。正式询价的时间一般安排在技术谈判之后，以便根据技术谈判中拟定的技术范围和转让方式等具体细节，有目的和有针对性地向供方询价。

询价的方式一般有公开招标和个别邀请两种。在国际技术贸易中，个别邀请的方式更为普遍，即技术需求方向技术输出方发出询价书，再根据洽谈结果缔结合同。

询价书一般包括以下三方面内容。

①技术引进方基本情况介绍：主要介绍技术引进方当前的技术设备情况，生产产品的种类、产量、质量水平状况，周边交通、能源状况，对引进技术环境等方面的要求。

②技术条件要求：主要说明引进技术的产品生产或工艺水平需达到的要求以及产品数量、质量要求。

③商务条件要求：对引进技术使用的年限、地域的要求，权限的大小（独占、排他或者普通许可），使用费的支付方式等内容。

（2）比价

技术引进方在收到交易的另一方或多方报价后，要对反馈的报价单进行比较和分析，即为比价。比价包括技术比较和价格比较两个方面。技术比较是对技术输出方报出的技术、规格、性能等逐一进行比较，研究各家技术的长处，如先进性、适用性、可行性和经济性，为技术谈判做好准备。价格比较是把输出方的报价同当时的国际市场价格和历史价格进行比较。

几种常见的比价方法有以下 3 种。

1）直观法。这种方法一般用于有多家供方可以选择的情况下。它是将不同的报价换算成统一的基础，然后进行比较，从中选择出条件较优者作为谈判对象的一种方法。比如，有的技术输出方按照利润提成报价，有的则按照销售额提成，这时就需要将销售额与利润进行转换计算，从而比较出有利的报价；又如，有的技术输出方入门费相对较低，提成率比较高，有的技术输出方的报价正好相反，即入门费较高，提成率比较低，这就需要将不同的报价统一折算成净现值（Net Present Value，NPV）进行比较。

2）类比法。这种方法主要适用于只有一个技术输出方的情况。引进的技术可以与当前国际市场上类似技术的价格、历年类似技术转让价格、其他类似技术的价格进行比较，引进方也可以参考该技术输出方与其他技术引进方的技术转让情况，从中获取一些相关的信息，在技术引进谈判中做到知己知彼。

3）经济效益评价法。这种方法将技术输出方的报价与技术引进项目获利能力进行比较，测算引进费在引进方利润中所占份额的大小。该方法常被用于专利许可贸易的比价上[①]。

3. 谈判与签约

（1）谈判

技术转移合同的谈判比较复杂，技术引进单位在进行谈判前，应当做好充分的准备工作，包括但不限于以下内容。

1）确定谈判组主要成员：包括项目负责人、项目技术负责人、项目经济负责人、法律顾问、翻译人员、标准化人员等。

2）准备相关资料：①技术资料，包括技术输出方有哪些技术、技术水平如何、处于哪个生命周期，技术输出方是否实施过或转让过此类技术，技术输出方有无竞争对手，引进技术的内容及具体技术参数和性能，技术引进方的技术能力、生产和销售条件，接受培训的人员应具备的条件及培训的内容和目标等；②商务资料，主要指的是技术价格方面的情报；③法律资料，包括双方国家技术转让的法律、法规，专利的法律状态等。

3）拟定谈判方案：包括谈判的总体设想，谈判步骤，谈判内容，先后程序，谈判的时间安排，最高与最低预期目标，针对可能遇到的问题拟定对策等。

（2）合同的签订

在引进技术时，尽可能在谈判前准备好一份合同文本，作为谈判的基础，同时也应在谈判前要求技术供方提供一份合同草案（包括中文译本）。双方以合同草案为基础，逐条、逐款进行推敲，直至对合同正文、附件均取得一致意见，再进行签约。

在签订技术引进合同时需要注意以下问题：

① 李虹. 国际技术贸易（第二版）[M]. 大连：东北财经大学出版社，2010.

①双方必须明确对方当事人的签约资格、法律地位；

②合同文本内容应完整，合同条款之间、合同正文与附件要前后一致，不能自相矛盾；

③合同条款要具体、明确，文字应准确，双方应承担的义务及违约责任要十分明确地表述出来。

（三）合同报批与履行阶段

一般情况下，国际技术贸易合同必须在签订后的一定时期内呈报政府主管部门，经批准后才能生效。例如，日本在1969年反垄断法中有关于国际许可协议规定，所有许可协议要经过政府批准；法国政府规定，必须在合同签订后一个月内向工业和科学发展部报告；我国关于技术进出口合同报批程序的规定详见本章第二节第三部分“技术进出口合同的政府监管和审批”相关内容。

合同生效后，就进入了合同履行阶段。我国企业在引进技术时，应严格履行合同的规定，重合同，守信用。以许可合同为例，我国企业作为受方，在合同的执行过程中应做好以下几方面工作：

①做好技术资料和设备的验收工作；

②按合同规定及时向供方支付使用费；

③受方按合同规定选派专业人员去供方工厂接受技术培训，供方按合同规定向受方派遣技术服务人员进行技术指导；

④对合同产品进行考核验收。

二、技术出口的业务程序

技术出口的环节很多，每个环节有其特殊性，必须把握各个环节的关键，并使各环节相互协调，技术出口业务才能顺利进行。技术出口的业务程序主要包括3个阶段，即前期准备阶段、谈判和签约阶段、合同报批和履行阶段。

（一）前期准备阶段

前期准备阶段包括对拟出口技术的筛选、对拟出口技术项目报批、内部准备等工作。

1. 对拟出口技术的筛选

正确分析现有的技术资源，筛选可供出口的技术项目。严格执行《中华人民共和国技术出口管理暂行办法》，选择国家允许出口的技术，慎重选择控制出口的技术。

2. 对拟出口技术项目报批

此阶段需要准备出口技术申请书和国家秘密技术出口保密审查申请书，提交给主管部门审核。主管部门对技术出口项目进行贸易审查、技术审查和保密审查。通行政审批措施能使项目出口的目标更好地符合我国技术出口的总原则，防止发生负面效应，对我国政治、经济利益产生不良影响。

3. 技术出口的内部准备工作

拟定技术出口方案，包括选择出口方式（许可、投资或转让）、准备人员与物质、准备必要的宣传材料、编写技术说明书、办理委托等。

（二）谈判和签约阶段

谈判和签约阶段包括选择项目的拟出口市场、选择拟出口的客户、进行交易谈判、签订合同等，具体方法及注意事项与技术引进程序类似，在此不再赘述。

（三）合同报批和履行阶段

技术出口合同签订后，要向地方商务部门报批，具体报批程序见本章第二节第三部分“技术进出口合同的政府监管和审批”相关内容。

技术出口成功案例

某技术转移服务平台将立升超滤膜水处理技术成功推广到菲律宾。

案例说明：

为响应国家“一带一路”合作倡议，近些年来，某技术转移服务平台一直致力于将中国优秀技术成果项目推广到到国外。利用平台的丰富资源，积极促成多种形式的技术合作，取得了积极的技术转移成果，与菲律宾政府和工商界形成了良好合作态势。

立升超滤膜技术成果为国家“863”技术项目，经多次考察、交流、洽谈与对接，该项目已于2018年完成对接工作。该技术引进后，很快就在当地的供水项目中得到广泛应用，带动了当地用水行业的发展，同时也缓解了当地的水污染情况，对社会发展做出了巨大的贡献。

案例技术需求：

菲律宾地处东南亚，是一个群岛国家。许多地方缺乏自来水，水资源又受到生物污染物的污染，而经过氯化工序的水处理，水的气味和味道使人民难以接受。当地的私营水店，有利于对抗水传疾病，但商店数量庞大，不利于政府监管。而且这种供水系统并不能给广大人民提供可靠的饮用水。从长远看，很有必要改善公共卫生基础设施，为人民的饮用水安全提供保障。

技术转移转化：

当该技术转移服务平台了解到这一需求后，安排相应领域专家组成考察团到访菲律宾，进行实地考察、调研，了解当地实际情况，积极开展技术合作项目和技术成果对接。针对菲律宾水源安全问题，专家团在精准挖掘需求后，将国内一家公司的超滤膜水处理技术引入菲律宾，来解决当地用水难题①。

三、技术进出口合同的政府监管和审批②

我国对技术进出口分为禁止进出口、限制进出口和自由类进出口三大类。我国对限制性技术的进出口采用许可证管理制度，而对自由进出口技术采用登记证监管制度。

（一）限制进出口技术合同的管理

1. 限制进出口技术管理涉及的国家法律、法规和政策

我国在限制进出口技术管理方面涉及的法律、法规和政策主要有：《中华人民共和国技术进出口管理条例》《禁止出口限制出口技术管理办法》《禁止进口限制进口技术管理办法》《中国禁止出口限制出口技术目录》《中国禁止进口限制进口技术目录》《两用物项和技术进出口许可证管理目录》等。

技术经营者根据最新的《中国禁止出口限制出口技术目录》《中国禁止进口限制进口技术目录》确定自己拟交易的技术是否属于禁止进出口或限制进出口的技术。此处需要注意的是，根据情况变化，《中国禁止出口限制出口技术目录》《中国禁止进口限制进口技术目录》会时常更新，需要使用最新版本作为判断的依据。

2. 限制类技术进出口审批程序

我国关于限制类技术出口的审批程序和所需材料的相关规定如下。

（1）申请技术出口意向书

申请企业登录“技术进出口信息管理系统”（网址为：http：//jsjckqy.fwmys.mofcom.gov.cn/corplogin.html）下载技术出口申请书，填写完毕后报地方商务部门。地方商务部门在收到申请书和相关材料后在5个工作日内完成贸易审查。相关材料转地方科技管理部门，在15个工作日内完成技术保密性审查后转回商务部门，并在5个工作日内审核。审核通过后出具由中华人民共和国商务部统一印制的技术出

① 科易网 https://www.1633.com/article/41180.html 国际技术转移转化典型案例解析，2019年7月8日发布，2020年3月19日引用。

② 本部分参考了成晓建主编的《技术经纪人培训教程》部分内容（2018年版）。

口许可意向书。没有取得技术出口许可意向书的限制出口技术项目，任何单位和个人不得对外进行实质性谈判，不得作出有关技术出口的具有法律效力的承诺。

申请技术出口许可意向书需要准备的材料有：技术出口申请书，营业执照，技术委托开发协议，技术合作开发协议，申请出口技术的完整使用说明书，知识产权证明文件，主要技术指标图表，保密审查批准书。

（2）申请技术出口许可证程序

申请企业登录“技术进出口信息管理系统”，在线录入并提交网上申请，备齐材料送交地方商务部门。商务部门在收到递交材料后 15 个工作日内在线审核，审核通过的出具技术出口许可证。

申请技术出口许可证需要准备的材料有：技术出口合同申请表，技术出口数据表，技术出口许可意向书，合同副本，知识产权证明，出口技术资料清单，签约双方法律地位证明，主管部门（或董事会会议决议或总经理办公会议决议）批准文件。

有关限制类技术的进口审批程序和所需材料与技术出口类似，商务部门在收到申请后组织贸易和技术专家对进口技术合同进行审查。

（二）自由进出口技术合同的管理

我国在 2002 年发布了《技术进出口合同登记管理办法》，以规范对自由进出口技术合同的管理。我国对自由进出口技术合同实行网上在线登记管理。技术进出口合同生效后，应在中国国际电子商务网上进行登记（网址为 http：//info.ec.com.cn），并将技术进出口合同登记申请书、技术进出口合同副本和签约双方法律地位的证明文件提交外经贸主管部门审核，主管部门在收到上述文件起 3 个工作日内，对合同登记的内容进行核对，并向技术进出口经营者颁发技术进出口合同登记证。

第三节　国际技术转移的相关问题

一、国际技术转移中的限制性商业行为

开展国际技术转移的目的是促进技术成果的国际流动，满足各国经济发展的需要，但在具体业务中经常出现违背上述根本目标的现象，即限制性商业行为或限制性商业做法。

（一）限制性商业行为的定义

限制性商业行为是指个人、企业或经济组织，利用其垄断技术和对市场的支配优势，限制其他个人、企业或经济组织进入市场和自由竞争以及条件不对等的歧视性做法。如果将这些内容规定在合同中，我们称它为限制性商业条款[①]。

（二）限制性商业行为的内容及其表现[②]

对于哪些行为属于限制性商业行为，各国法律有着不同的认定。联合国《国际技术转让行动守则（草案）》将各方意见归纳起来，共列举了20种限制性商业行为，它在很大程度上已经成为各国在技术贸易中的重要指引。

1）单方面的回授条款。即要求被许可方将取得技术后所作出的改进转让给许可方，而许可方无须支付费用和承担任何义务。

2）对产权效力不表示异议条款。即被许可方不得对许可方转让给自己使用的专利等技术的有效性提出异议。

3）独家经营的条款。即限制被许可方与第三方就类似技术或者有竞争性的技术或产品签订销售协议和代理协议的自由。

4）限制研究条款。即限制被许可方对许可技术从事研究与发展工作，或者限制被许可方从事新产品、新工艺以及新设备方面的研究和发展工作。

5）限制使用人员条款。即许可方要求被许可方在一些关键生产部门必须使用许可方制定的技术人员。

6）限定价格条款。即许可方要求对被许可方使用引进技术所生产的产品或提供的有关服务的价格进行管理。

7）限制修改使用技术的条款。即许可方禁止被许可方按照当地实际需要修改或者革新引进的技术，而这种修改和革新是引进方自行负责的，并不影响许可方的名称、商标、服务标志等，但是这种修改和革新影响到许可方的质量保证或者性能保证责任除外。

8）包销协定或独家代理协定的条款。即要求被许可方把产品的包销权或者独家代理权授予许可方或者许可方指定的代理人，而不得授予任何第三方。

9）附带条件安排的条款。即许可方强迫被许可方从许可方或者其指定处购买不需要的技术、设备、产品或者服务，并以此作为被许可方取得技术转让的条件。该条款就是通常所称的“搭售条款”。

---

① 李虹. 国际技术转移与中国技术引进 [M]. 北京：对外经济贸易大学出版社，2016.

② 本部分参考了成晓建主编的《技术经纪人培训教程》部分内容（2018年版）。

10）限制出口的条款。即对被许可方产品的出口在地区、数量和价格上进行控制。

11）共享专利或互授许可证协定以及其他安排条款。该条款主要是指要求被许可方与许可方通过订立共享专利或者交叉许可证交易或者类似的安排，以实现对行业或者市场的垄断、限制技术的研究和开发。

12）限制宣传的条款。即限制被许可方宣传其产品或者服务，或要事先征得许可方的同意。

13）工业产权期满后的付款或其他义务的条款。即要求被许可方就已失效的或者被终止或无效的专利技术支付使用费。

14）协议期满后限制使用的条款。即禁止被许可方在协议期满后继续使用有关技术。

15）限制数量、范围等条款。即对被许可方技术产品生产的数量、范围等加以限制。

16）控制质量使用的条款。即要求被许可方使用不需要或者不必要的质量控制方法或者质量标准，但许可方担保商标质量或产量的除外。

17）限定使用商标的条款。即对被许可方使用有关的商标加以限制，或者要求被许可方必须使用许可方指定的商标或者在产品上标明许可方名称。

18）要求提供合股资本或参与管理条款。即允许技术许可方以获得一定的股本或者参与被许可方的企业管理作为被许可方获得技术的条件。

19）协议期限过长或无限制的条款。许可方要求许可合同的有效期相当长，如15~20年，有的甚至不在合同中规定确切的时间，以图长期有效。

20）限制使用范围的扩大条款。即限制被许可方扩散和传播技术，甚至限制技术的适用范围。

（三）我国在技术引进中对限制性商业行为的相关规定

1999年3月15日由第九届全国人大第二次会议通过的《中华人民共和国合同法》第三百二十九条规定：“非法垄断技术、妨碍技术进步或者侵害他人技术成果的技术合同无效。”

2002年1月1日起施行的《技术进出口管理条例》第二十九条规定了七项禁止订入合同的限制性商业条款：

①要求受让人接受并非技术进口必不可少的附带条件，包括购买非必需的技术、原材料、产品、设备或者服务；

②要求受让人为专利权有效期届满或者专利权被宣布无效的技术支付使用费或者承担相关义务；

③限制受让人改进让与人提供的技术或者限制受让人使用改进的技术；

④限制受让人从其他来源获得与让与人提供的技术类似的技术或者与其竞争的技术；

⑤不合理地限制受让人购买原材料、零部件、产品或者设备的渠道或者来源；

⑥不合理地限制受让人产品的生产数量、品种或者销售价格；

⑦不合理地限制受让人利用进口的技术生产产品的出口渠道。

另外，条例第二十七条规定：在技术进口合同有效期内，改进技术的成果属于改进方。第二十八条规定：技术进口合同满后，技术让与人和受让人可以依照公平合理的原则，就技术的继续使用进行协商。

二、国际技术贸易合同纠纷处理

（一）国际技术贸易合同的法律适用

1. 国际技术贸易合同适用法律的特点

国际技术贸易合同所涉及的法律有两类，一类是各国制定的关于技术转让的法律，适用于本国；另一类是国际条约或国际贸易惯例。每一项国际技术贸易合同都具有涉外因素，即同一个合同涉及不同国家的法律，从而导致不同国家的法律对合同的部分或者整体有约束。由于各国对同一权利和义务解释可能差别很大，这就产生了适用法律的冲突问题。

国际技术贸易涉及两种法律关系，一是国际技术贸易合同法律关系；二是国际技术贸易行政法律关系。这是国际技术贸易在法律适用方面与一般的国际货物买卖交易相比所具有的不同特点。

2. 国际技术贸易合同的法律适用规则

国际技术贸易法律适用规则主要有国内立法、国际条约、国际惯例。

国内立法：是解决国际技术贸易合同纠纷所适用的主要法律。

国际条约：当国内立法和国际条约冲突时，优先考虑适用国际条约。

国际惯例：是长期实践中形成的、普遍接受和承认的习惯做法。

3. 国际技术贸易合同适用法律方式的选择

国际技术贸易合同中的法律选择方式一般有以下 3 种：明示选择、暗示选择、适用国际条约。

明示选择：双方当事人在合同中明确约定适用何种法律。

暗示选择：当事人未在合同中明确约定法律的适用，产生争议时，由法院或仲裁机构根据合同和一切与合同有关的事项推定适用的法律。

适用国际条约：如果当事人双方所属国为某一双边条约或多边条约的缔约国，当事人所签订的合同都优先适用于该国际条约。在这种情况下，合同当事人无权自由选择。

（二）国际技术贸易合同纠纷的解决方式

1. 双方友好协商解决

适用于争端问题不大的情况，没有涉及争端双方的重大经济权益问题，而且争端的事实清楚，争端的责任或后果比较明确，不需要复杂的举证手续。而且合同条款中对这些争端的处理都有具体的规定，只是由于双方的解释不一样，才导致争端未能及时解决。当事双方在整个合同的执行过程中，合作比较友好，都不愿因为这些不大的争端影响双方的合作关系或更大的经济利益。

2. 调解

调解的方式一般有两种：由专家协助调解；由仲裁机构充当调解人。调解方式由当事人自愿选择，在仲裁机构作出裁决之前，可以随时提出调解申请，也可以随时要求停止调解。

3. 仲裁

国际仲裁机构是指依国际条约或国际组织决议设立的，依附于特定国际组织而不隶属于任何国家的仲裁机构。仲裁具有较大的灵活性和自治性，一般不公开进行，有利于保守当事人的商业秘密，维护双方当事人的声誉，仲裁裁决具有终局性，不能上诉。如果当事人采用仲裁方式解决国际商事争议，可以提交常设仲裁机构仲裁，也可以组成临时仲裁庭仲裁。

临时仲裁庭是根据争议双方当事人的协议，在法律规定或允许的范围内，由双方当事人选出的仲裁员自行组成的仲裁庭。临时仲裁庭一般无固定的组织、办公地点、办事人员和仲裁规则，它在审理争议并作出裁决后，即行解散。

常设仲裁机构主要有：国际常设仲裁机构，如国际商会国际仲裁院、解决投资争端国际中心等；地区性常设仲裁机构，如美国国家国际商事仲裁委员会、亚洲及远东经济委员会商事仲裁中心等；国别性常设仲裁机构，如瑞典斯德哥尔摩商会仲裁院、伦敦国际仲裁院、美国仲裁协会、中国国际商会仲裁院等；行业性常设仲裁机构，如英国伦敦谷物公会和伦敦橡胶交易所下面所设立的仲裁机构、荷兰咖啡贸易仲裁委员会等。

此外，签订仲裁协议时一般应约定以下内容：明确仲裁事项、明确规定仲裁地点、明确规定仲裁机构、明确规定仲裁程序规则、规定仲裁裁决的效力。

4. 司法诉讼

司法诉讼具有以下优点：各国法院的法官精通、熟悉本国法律，能使争议正确适用准据法；法院一般都是严格按照法律规定对争议进行判决，从而使当事人的权利得到法律的保护；争议的诉讼和执行在同一个国家，可减少不必要的麻烦；诉讼是必不可少的补救手段。

案例

A 公司与 B 公司之间的专利侵权官司始于 2009 年，A 公司向美国法院起诉 B 公司，称 B 公司热销的某产品使用了 A 公司的专利技术但没有支付授权费用，B 公司随即提出反诉，称 A 公司侵犯了自己的专利权。随后，双方不断起诉对方侵犯了自己的专利权，而且被侵犯的专利权数量也越来越多。2011 年，A 公司正式宣布与 B 公司达成专利许可协议，内容包括：A 公司授权 B 公司使用部分专利技术，而 B 公司需要向 A 公司支付一笔一次性使用费以及后续的专利使用费。B 公司则表示双方均已同意放弃法律诉讼，达成一项交叉许可协议，将互相得到对方的部分专利授权[①]。

（三）与国际技术贸易相关的国际公约、协定、惯例

1. 与技术贸易有关的国际公约、协定

1）《保护工业产权的巴黎公约》（Paris Convention for the Protection of Industrial Property），简称《巴黎公约》，于 1883 年 3 月 20 日在巴黎签订，于 1884 年 7 月 7 日生效。《巴黎公约》的调整对象即保护范围是工业产权，包括发明专利权、实用新型、工业品外观设计、商标权、服务标记、厂商名称、产地标记或原产地名称以及制止不正当竞争等。《巴黎公约》的基本目的是保证成员国的工业产权在所有其他成员国都得到保护。

2）《商标国际注册马德里协定》（Madrid Agreement Concerning the International Registration of Marks），签订于 1891 年。是用于规定、规范国际商标注册的国际条约。马德里体系中的成员国和组织，目前已超过 100 个。

3）《商标注册用商品和服务国际分类尼斯协定》（Nice Agreement Concerning

① http://www.docin.com/p-969219981-f2.html 第 2 期国际技术贸易（技术经纪人培训资料）[课件]，吴海珍，浙江树人大学现代服务业学院。2014 年 11 月 24 日上传，2019 年 12 月 11 日引用。

the International Classification of Goods and Services for the Purposes of the Registration of Marks)，简称《尼斯协定》，于1957年6月15日在法国尼斯签订，于1961年4月8日生效。1994年8月9日我国加入该协定。尼斯协定主要规定的是商品与服务分类法，它将商品分为三十四大类，服务项目分为十一大类，该分类为商标检索、商标管理提供了很大方便。

4）《专利合作条约》(Patent Cooperation Treaty，PCT)，是继《保护工业产权的巴黎公约》之后专利领域的又一重要的国际条约，是国际专利制度发展史上的又一个里程碑。该条约于1970年6月19日由35个国家在华盛顿签订。1978年6月1日开始实施，截至2013年7月，共有148个成员国，由总部设在日内瓦的世界知识产权组织管辖。

5）《保护文学和艺术作品伯尔尼公约》(Berne Convention for the Protection of Literary and Artistic Works)，简称《伯尔尼公约》，是关于著作权保护的国际条约，1886年9月9日于瑞士伯尔尼制定。截至2019年7月4日，随着所罗门群岛的加入，成为该公约新缔约国，该公约缔约方总数达到177个国家，1992年10月15日中国成为该公约成员国。

6）《世界版权公约》(Universal Copyright Convention)，在联合国教科文组织的主持下，于1952年在日内瓦缔结，1955年9月16日生效。1971年在巴黎修订，修订后的《世界版权公约》于1974年7月10日生效。中国于1992年7月30日递交了加入《世界版权公约》的官方文件，同年10月30日该公约对中国生效。该公约保护的作品版权主要包括文学、艺术和学术三个方面。根据修正文本第一条设立的政府间委员会，研究有关版权的国际保护与合作。

7）《保护录音制品制作者防止未经许可复制其录音制品公约》(Convention for the Protection of Producers of Phonograms Against Unauthorized Duplication of Their Phonograms)，简称《录音制品公约》或《唱片公约》，它是在世界知识产权组织主持下于1971年10月29日于日内瓦缔结的一个国际公约。截至2004年1月，该公约共有72个缔约国。我国于1992年11月7日加入。

8）《与贸易有关的知识产权协议》(Agreement on Trade-Related Aspects of Intellectual Property Rights，TRIPs)，简称《知识产权协定》，是世界贸易组织管辖的一项多边贸易协定。

9）《保护表演者、唱片制作者、广播组织罗马公约》(Rome Convention for the Protection of Performers，Producers of Phonograms and Broadcasting Oragnizations)，

简称《罗马公约》，1961 年 10 月 26 日由联合国世界劳工组织与世界知识产权组织及联合国教科文组织共同发起，在罗马签订，1964 年 5 月 18 日生效，共 34 条，是有关版权的邻接权公约。

2. 与技术贸易有关的国际惯例

（1）联合国《国际技术转让行动守则（草案）》（International Code of Conduct on the Transfer of Technology）

20 世纪 60 年代，由于技术贸易在国际间的迅猛发展，联合国大会在 1974 年通过决议起草了一项符合发展中国家需要的技术转让国际行动守则。在联合国贸易和发展会议的主持下，经过漫长而又艰苦的谈判，直到 1985 年 6 月达成了联合国贸易和发展会议《国际技术转让行动守则（草案）》。虽然发达国家和发展中国家之间在有关问题上存在重大的分歧，使得谈判一度陷入僵局，该草案也未能获得有关国家的批准成为国际公约。但是有关草案的内容已经成为国际技术转让中的重要指导性文件。

（2）世界知识产权组织《供发展中国家使用的许可证贸易指南》（Licensing Guide for Developing Countries）

《供发展中国家使用的许可证贸易指南》是世界知识产权组织在 20 世纪 70 年代起草的。该手册的宗旨是“对于发展中国家在磋商和拟定工业产权许可证和技术转让协议时所出现的法律问题提供实际的帮助”。

三、国际技术转移中的税收问题[①]

（一）技术贸易中技术使用费所得税的特点

①世界大多数国家对纳税人征收所得税是针对纳税人的一切收入；

②所得税的征收涉及双重管辖权；

③技术使用费所得税的跨国征收，涉及有关国家主权、税收和国家间税收利益的分配，任何国家都不肯放弃。

（二）国际上征收使用费所得税的一般原则

①对在收入来源地设有营业机构的纳税人，其技术使用费所得一般并入营业利润，计征企业所得税；

②对在收入来源地未设营业机构的纳税人，则采取从源控制。在技术被许可方向许可方支付使用费时，代税收部门扣缴，被称为预提所得税；

① 本部分参考了成晓建主编的《技术经纪人培训教程》部分内容（2018 年版）。

③以预提方式扣缴使用费所得税，税率一般低于公司所得税。预提所得税的纳税义务人由于是在来源地未设营业机构的外国人，很难按正常的征税程序和方法计算应纳税所得额，只能采取按使用费金额计征。考虑到赋税的负担，预提所得税在税率上有所降低，相当于在金额中扣除了成本费用部分。因此，一般预提所得税的比例比一般企业所得税税率要低 10% 至 20%；

④对技术使用费所得的征税权是双重的，所得来源和居住国均行使征税权。

（三）国际上避免双重征税的通行做法

1）税收管辖权基本上属于许可方国家（技术或资本输出国）。有关国家承认，技术许可方国家行使的居民税收管辖权具有优先权地位，而被许可方的国家原则上放弃税收的地域管辖权。这些国家主要有比利时、瑞士、瑞典、丹麦、荷兰、卢森堡、德国的欧洲国家（但不包括法国）。

2）税收管辖权属于被许可方，许可方完全放弃税收管辖权。如法国等极少数国家，但是法国对跨国纳税人放弃行使居民管辖权是有条件的，即跨国纳税者（技术许可方或法国投资方）必须将其纳税后的全部所得汇回本国，否则就不放弃管辖权。

3）许可方和被许可方国家共同行使税收管辖权。这种方式是国际上普遍采用的方法，又称税收抵免法，也是联合国所倡导的方法。

（四）我国对技术贸易中所得税的征收办法

1. 我国对技术使用费所得税的一般规定

我国对技术贸易所得税的规定分为个人和企业两种。对于个人，在中国境内有住所或者在境内居住满 1 年的，在中国境内和境外取得的所得，应该缴纳所得税。纳税所得额为每次所得扣除 20% 费用后再按 20% 税率计征所得税。在扣除 20% 费用后，当事人不得再要求扣除技术转让过程中的有关费用。对于在中国境内的企业，则按一般企业经营合并在其总收入中按企业所得税征收。对于在中国境内没有营业场所的企业或者居住不满 1 年的个人从中国境内获取技术转让所得的，按技术转让费全额征收 20% 税率。

2. 关于免征、减征所得税的规定

我国目前已与世界上 80 多个国家签署了有关避免双重征税的协定。我国在与这些国家的相关协议中都明确了中国居民在缔约方取得的收入，按规定允许在缔约方国家缴纳的税款在中国应纳税款中予以抵免，但抵免额不得超过按照中国税法计算的应纳税额。

附录一：国外技术转移专业机构的情况及启示

科技成果转化是一个科技与经济融合的过程，随着科学技术的发展和科技成果应用速度的加快，各国纷纷把促进科技成果转移转化作为促进经济社会发展的重要手段。本部分对德国史太白技术转移中心、英国技术集团、美国大学技术经理人协会、欧盟创新驿站、以色列“首席科学家办公室”等极具代表性的国外科技成果转化实践模式进行分析总结，因本书主体涉及的均是技术转移理论与流程的内容，而本部分内容是国外的典型实践情况，因此将此部分内容放在附录中。

一、国外技术转移机构情况简介

1. 德国史太白技术转移中心

史太白技术转移中心（以下简称史太白）成立于 1971 年，是德国最大的技术转移服务机构，是市场化运作的史太白经济促进基金会的子公司。史太白经济促进基金会的宗旨是促进知识和技术的转移、科学与经济的结合、创新潜力向实践的转化。经过 40 多年的发展，史太白已由一个州立的技术转移机构发展成为国际化、全方位、综合性的技术转移网络。史太白的服务领域涵盖咨询服务、研究开发、国际技术转移和人力培训。咨询服务建立在强大而完备的专家网络基础上，能够根据客户的具体需求迅捷而有弹性地作出反应，找到具体领域的专家予以咨询，并通过限时的免费咨询服务吸引大量用户和项目机会；研究开发基于史太白与研究机构的紧密联系，可以安排各个领域有真知灼见的专家协助企业完成技术创新；国际技术转移基于史太白与金融机构、前沿研究和商务机构的国际网络建立的联系，帮助中小企业进入有发展前景的市场，如亚洲或美国；人力培训方面，史太白大学下属的史太白国际创业商学院是德国最大的私立商学院，致力于将科学知识成功转化成生产力，系统地提升人的能力与品格。

2. 英国技术集团（BTG）

1981 年，英国政府将国家研究开发公司与国家企业联盟合并，改名为英国技术集团（BTG），被认为是目前最大的国际技术转移中介机构之一，最早从事对由政府资助形成的科技成果的转移，逐步发展成为从事技术转移的国际化、市场化、专业化中介机构，在推进知识产权和先进科研成果的商业化方面取得了突出的成就。其主要服务内容为：寻找、筛选、获得技术；开展技术转移；借助风险投资，以提高管理和经营的方式来帮助初创型公司快速成长，从而保护专利产品、知识产权，帮助它们实现利益最大化；支持各种形式的技术开发。该机构早期在政府支持下，积累了丰富的专业知识和技能，并通过发挥风险投资功能和建立国际化技术转移网络，开展专利经营，形成了国际综合竞争优势，实现了自负盈亏的市场化运营。寻找最有商业前途的新技术是其首要工作。它每年在全世界范围内从公司、大学、研发机构中预选技术和专利，从中筛选和评估出最有商业市场价值的技术项目，帮助其实现专利申请或实施专利授权，强化专利运营，资助技术的进一步开发，达到实际应用程度后再转让给买方。

3. 美国大学技术经理人协会（AUTM）

大学技术经理人协会（Asociation of University Technology Managers，AUTM）成立于 1989 年，其前身为大学专利管理者协会。AUTM 是一个高校技术转移信息共享平台，其在促进高校技术转移方面具有全球声誉。AUTM 在开展全面的技术转移调查、建立科技成果定价机制、促进专业队伍建设等方面有着丰富的经验。其具体职责包括：为会员提供技术转移方面的培训，促进技术转移职业化发展；搭建技术转移网络信息平台，通过该平台可以直接链接到各个专利技术转移组织；从发明披露、专利授权、技术许可等方面对政府资助项目的机构进行年度调查；定期发行出版物、举办年会，为全球技术转移经理人和行业组织提供沟通交流的平台。目前，AUTM 拥有来自全球 800 多所大学、研究机构、医院、公司和政府组织 5 000 多个成员，成员与商业伙伴密切合作，促进科技成果转移转化，每年能创造出数以千计的产品、服务和初创企业，并带来数百万美元的经济效益。AUTM 已经成长为培养职业技术经理人、统筹全球技术转移组织开展工作的主要机构之一。

4. 欧盟创新驿站（IRC）

欧盟创新驿站（Innovation Relay Center，IRC）成立于 1995 年，旨在促进欧盟跨国的中小企业技术转移与技术创新合作。IRC 在帮助欧洲企业将技术需求与技术供给进行匹配的过程中起到了重要的中介作用，已成为欧洲最领先的推进技术创新合作和技术转移的网络，尤其是在技术型中小企业之间。其服务内容包括：在创新、技术转移和成果开发方面提供咨询；对当地的科技需求作出分析；根据公司的需求提供有关信息；通过中心网络帮助寻找合作伙伴；提供欧盟和当地驿站有关促进研究成果开发和技术转移的资金支持方面的信息；提供研究成果开发和技术转移的培训；向企业提供欧盟框架计划的有关信息、帮助设计项目申请书、提供知识产权方面的帮助等。IRC 进行技术转移服务工作的流程如表 1 所示。

表 1　IRC 技术转移服务工作流程

<table>
<tr><td rowspan="11">客户 / 企业</td><td>第一步</td><td colspan="4">营销联系</td></tr>
<tr><td colspan="5">走访企业</td></tr>
<tr><td colspan="5">技术评估</td></tr>
<tr><td>第二步</td><td colspan="4">识别并建立技术档案</td></tr>
<tr><td colspan="3">技术需求</td><td colspan="2">技术提供</td></tr>
<tr><td>第三步</td><td colspan="4">找到欧洲合作伙伴</td></tr>
<tr><td colspan="2">通过网络</td><td colspan="2">通过各种经纪活动</td><td>通过中小企业服务行动</td></tr>
<tr><td>第四步</td><td colspan="4">提供支持</td></tr>
<tr><td colspan="5">建议 / 指引创新融资</td></tr>
<tr><td colspan="5">建议 / 指引知识产权</td></tr>
<tr><td>第五步</td><td colspan="4">为合同谈判提供帮助</td></tr>
</table>

5. 以色列“首席科学家办公室”（OCS）和高校技术转移

以色列被西方国家视为全球创新工厂，在以色列，技术转移主要是两种方式：一是首席科学家办公室（Office of the Chief Scientist，OCS）代表政府通过企业孵化、风险资助等方式，提供科技成果转移转化服务；二是高校和研究机构通过自己的技术转让公司来转化技术成果。OCS 牵头负责以色列政府一系列研发支持计划，包括研发基金计划、孵化器计划、磁石计划以及国际科技合作项目等众多科技创新活动。OCS 在服务方面有两点比较值得借鉴，一是通过数据库实现资源共享；二是通过专业化的服务加强企业研发。以色列是最早在大学和研究机构建立技术转移机构的国家，高校技术转移机构负责将尖端研究成果从实验室转移出来实现商业化，与产业界合作紧密。以色列各高校主要倾向于将专利技术许可给行业龙头企业或者跨国公司；而对于早期技术，技术转移机构将寻找愿意就该项专利技术成立创业型公司的合作伙伴，许可他们孵化企业；对于不太成熟仍需研发的项目，技术转移机构会寻求研发资金支持。一般来说，各技术转移机构的工作模块包括：发现实验室成果、成果评估和专利申请、市场战略设计、商业发展、签订协议并跟踪服务、利益分配等。

6. 日本技术转移机构（TLO）

技术转移机构（Technology License Organization，TLO）最早诞生于美国，目的在于促进大学技术向产业的转移，提高科技成果转化率。日本借鉴美国的经验，首先为大学科技成果转移营建适合的法制环境，于 1998 年颁布了《大学等技术转移促进法》，自 1999 年开始设立国家级的 TLO。TLO 是在对专利、市场性评价的基础上，在从大学等获取研究成果并实现专利化的同时，向企业提供信息，进行市场调查，通过向最合适的企业提供许可等谋求技术转让的组织。其职责具体包括：①发掘、评价大学研究人员的研究成果；②在向专利局申请的同时使之专利权化；③让企业使用这些专利权（实施许可）；④作为对等条件从企业收取使用费，并把它作为研究费返还给大学及其研究者（发明者）。日本高校的科技成果转化机构在运营发展的 20 年中，取得了较好的效果，促进了日本高校科技成果的转化，增强了高校通过科研为企业和社会服务的功能，为推动日本的产业技术进步和经济发展发挥了重要作用。

7. 韩国大德科技园

在彭博社全球创新指数排行榜中，韩国在近 6 年（2012—2018 年）中均蝉联第一。韩国创新驱动的一个重要特色是“产学研”良性互动，即企业、高校与科研机构之间紧密合作。建设以大学为中心的产学合作研究园区是产学研合作的一种重要形式，其中典型代表为大德科技园。大德科技园区始建于 20 世纪 70 年代初期，是一个集科研、教育、生产于一体的高科技园区。2005 年后，大德强调创新的产业化，通过政府支持和产学研合作，产生协同效应，培育知识密集型、基于高新技术的优质创业企业。大德技术产业化的典型模式为将先进的研发成果与私人资本及运营诀窍有效地结合起来，创办“研究型公司”。在合作过程中，公共研发机构持续为企业提供研发和人力资源的支持，并与“研究型公司”构成创新导向的合作网络。研究型公司模式不仅有利于新技术的产业化运营，更能促进创新型企业的创建，搭建了投资企业、研究机构、新办企业之间在资本、人才、管理、研发、市场等多重领域内的长期合作互动平台，提供了促进科技研发、产品转化、市场运营一体化的长效机制。

二、国外技术转移机构的经验及启示

从以上国外典型技术转移机构的模式来看，其成功主要来源于两方面：一是特定历史环境下的法律政策支持，二是机构自身定位准确，并在实践中摸索出了一套行之有效的工作流程、方式方法等。基于本书面对的受众多为各技术转移机构的技术经理人，本部分主要结合国内技术转移机构现状，总结国外技术转移机构发展经验，以期对技术经理人有所启示。

1. 找准自身定位，加快机构转型发展

近些年，国内出现了创新园、科技园、技术转移中心、创新创业基地、生产力促进中心等定位于推动产学研合作的机构，但几年的实践表明，以上机构服务内容大多是“管理”园区企业、本校科技成果，为企业、科研人员提供一些“咨询”服务，很少真正涉及“技术转移、成果转化”。与之相比，韩国大德科技园准确定位并成功转型，其经历与模式可以给我们参考。大德科技园初建时，将功能定位于科学研究与高等教育发展，致力于基础研究。2005 年后，大德强调创新的产业化，在园区定位上坚持技术开发与产业化并重的发展理念，致力于服务区域科技创新。在准确定位的基础上，大德科技园利用国家创新创业优惠政策，打造了独具特色的“创新—研究与产业化开发”模式，通过重点支持创业型企业、建立外商投资支持系统等手段，迅速孵化了大批“研究型公司”，推动了高校技术成果转移和中小企业技术创新。

2. 供需双侧发力，形成动态工作模式

长期以来，国内技术转移机构多是从科技成果供方出发，通过推介技术的形式促进成果转移转化，如各高校技术转移机构、各地技术交易市场等。国外技术转移机构经验提示，技术转移机构应紧密围绕客户需求，以顾客利益为中心，服务于技术创新的各阶段、全过程，并提供整体性解决方案。史太白技术转移中心提出“没有现成的技术”“企业需要什么就提供什么”，形成一套因需而生、因需而变的个性化服务模式。史太白技术转移中心以强大而完备的专家网络为基础，组织专家教授，通过史太白技术转移分中心与企业合作开展研发工作，或直接将客户需求委托给科研机构。史太白根据企业需求每年会有几十个新的技术转移机构成立，同样，每年也有技术转移机构由于其研发项目及成果不适合企业需求，而无法获得合作伙伴持续支持或找不到新的合作伙伴而关闭。

3. 规范运行流程，提高技术转移效率

通过对国外典型技术转移机构的研究发现，无论是依托于高校科研院所成立的TLO还是民间技术转移机构，在技术转移工作中都建立了合理规范的运行流程。以美国高校为例，第一，通过发明披露环节，科研人员向高校报告研究成果。披露的内容主要包括发明的标题、发明人、研究资助者、形成发明核心概念的时间、已经公布的有关发明的信息和出版物等。第二，通过创新性、应用性评估环节，TLO技术经理对科研人员的发明进行评估。通过在TLO内部展开讨论，征求企业中相关领域专家意见，掌握发明的创新程度，预测应用领域，寻找潜在买家。第三，通过发明营销环节，TLO的技术经理开始着手联系相关企业，在不透露技术秘密的前提下，向有兴趣的企业当面介绍发明的总体情况，或与企业保持联系。第四，协议谈判和后续监督环节。TLO的目标是达成双赢，赋予技术经理充分的谈判自由，技术经理人会为企业提供各种各样的选择。比如，考虑到处于创业阶段的公司资金有限，技术经理人会最大限度地减少一次性的许可费，或者同意企业获得技术许可期权。一旦许可协议开始执行，技术经理人对协议生效后的管理给予同等重视，监督协议的实施情况，并接收企业报告和专利收入，再按照学校有关规定将专利收入分别分配到发明者、发明者所在的部门和学校手中。

4. 重视人才培养，提高专业服务能力

从德国和以色列技术转移机构的经验可以看出，技术转移工作需要有较高科学、法律和商业等复合知识的专业人才。国内缺乏对从事技术转移工作人员的身份认同，且从业者在学历、知识结构、能力素养等方面存在较大差异。国内技术转移机构可以效仿美国技术经理人协会，定期为会员提供丰富的培训活动，不断提高会员自身的能力水平；出版刊物和技术转移手册，让会员第一时间了解到技术转移相关的最新信息，提高其实操能力。技术经理人本身也要改变工作思路、优化知识结构、提高工作能力；变被动为主动，从科技成果供需两侧主动策划如何对接、如何实现技术转移；主动参与各种培训，在各种实践中及时补充知识空缺；提高沟通、协调、谈判等专业能力。

5. 加强交流合作，形成协同服务网络

国内技术转移服务机构大多围绕本地区、本机构资源和自身业务建立自己的资源库和信息系统开展工作，机构规模小，结构松散，服务手段单一，影响力小，缺少有益的分工协作。从国外技术转移经验来看，史太白技术转移中心、英国技术集团、欧盟创新驿站都建立了跨地区的技术转移服务网络，拥有资源丰富的成果库、企业库，技术转移工作协同性更强。在服务网络中，虽然每个专业技术转移机构可能只擅长于某一方面的工作，但通过若干机构的协同工作，能够根据客户的具体需求，迅捷而有弹性地作出反应，完成重大项目的技术转移转化。目前，我国技术转移机构应注重通过各种渠道和方式，加强机构之间的联系与合作，以庞大的企业群体、大量的企业需求信息和优质服务，吸引更多的社会企业和其他高校、科研院所加盟，扩充技术转移服务队伍，打造开放式的技术转移服务网络。

附录二：国家及天津市科技成果转化政策咨询手册

近年来，天津市科技成果转化政策环境得到有力改善，修订并颁布了新的《天津市促进科技成果转化条例》，密集出台了一系列促进科技成果转化的新政，打通了科技成果转化的堵点和瓶颈，基本形成了科技成果转化“法规 + 意见 + 配套细则 + 操作规程”的“四重接力棒”政策体系，全市科技人员和企业转化科技成果的积极性明显提升。广大科技成果转化工作者为此雀跃的同时，在研究与实践中也深感科技成果转化是一个综合复杂的体系，涉及各个主体、多个环节，各项政策之间存在很强的逻辑关系，亟须梳理各级各类政策的内在脉络，并择其要者而述之，以期扩大政策知晓度，提高政策落实率，方便大家系统把握、精准理解、融会贯通、统筹应用，加快落实。

正是基于此，我们通览国家及天津市的科技成果转化政策，对其进行了横向和纵向的梳理，深入理解政策网络的内在逻辑性，以列表的形式梳理出 34 项共 52 条政策，涵盖国家及天津市 38 份核心政策文件。从政策针对的主体角度，分别梳理面向企业、高校和科研院所、技术转移机构的政策措施，方便广大成果供方、需方、中介方从各自角度清晰、准确地了解政策。值得注意的是，由于科技成果转化是一个多主体协调互动的体系，建议大家全面关注政策内容。

政策梳理坚持三个原则，一是以科技成果转化为核心，广泛汇总、集中梳理国家和天津市的相关政策要点；二是以融会贯通、促进落实为目标，对各级各类科技成果转化政策按照政策对象和优惠类别进行明确分类和彼此贯通；三是以落地落细为标准，精选含金量足、突破性强的科技成果转化政策。期待这本手册能够发挥为全市科技成果转化工作提供政策咨询与指引的作用！

1. 面向企业的科技成果转化政策

国家及天津市科技成果转化政策一览表

政策类别	惠及方面	政策要点	政策名称
项目类（后补助）	企业研发投入后补助项目	以企业上一年度所得税汇算清缴向税务部门自行申报的享受税前加计扣除的研发费用数额为补助基数（由税务部门提供），按比例进行补助 （一）基础补助额。①取得当年入库登记编码的国家科技型中小企业，按照企业上一年度研发费用的 2.5% 给予补助。②其他企业按照企业上一年度研发费用的 1.5% 给予补助 （二）增量补助额。①当上一年企业研发费用较前年增长时，增量补助额 = 基础补助额 × 上一年企业研发费用的增长率。当增长率大于 50% 时，按 50% 计算；②当上一年企业研发费用较前年下降时，增量补助额 = 基础补助额 × 上一年企业研发费用增长率 ×2。当增长率小于 −50% 时，按 −50% 计算。增量补助额为负数 （三）最终补助额。企业获得的最终补助额 = 基础补助额 + 增量补助额。单个企业获得的最终补助额不超过 500 万元 如企业按照《天津市关于加快推进智能科技产业发展的若干政策》（津政办发〔2018〕9 号）的规定，同一年度享受研发费用奖励支持，将不再重复享受本补助的支持，项目申报书自动失效 注：对智能科技重点企业按照经税务主管部门认定的年度研发费用额给予奖励，其中当年销售收入小于 2 亿元（含）的奖励比例为 10%，当年销售收入在 2 亿元至 10 亿元（含）的奖励比例为 15%，当年销售收入在 10 亿元以上的奖励比例为 20%。奖励资金由市和企业所在区各承担 50%	1.《天津市企业研发投入后补助暂行办法》（津科规〔2018〕9 号） 2.《天津市关于加快推进智能科技产业发展的若干政策》（津政办发〔2018〕9 号）

续表

政策类别	惠及方面	政策要点	政策名称
税收优惠类	技术合同登记	减免所得税：一个纳税年度内，居民企业技术转让所得不超过500万元的部分，免征企业所得税；超过500万元的部分，减半征收企业所得税（居民企业所得税基本税率为25%，小微企业为20%，高新技术企业为15%，技术先进性服务企业为15%） 范围：专利（含国防专利）、计算机软件著作权、集成电路布图设计专有权、植物新品种权、生物医药新品种，以及财政部和国家税务总局确定的其他技术 条件：企业转让拥有技术的所有权或5年以上（含5年）全球独占许可使用权的行为。企业转让符合条件的5年以上非独占许可使用权的技术，限于其拥有所有权的技术	1.《中华人民共和国企业所得税法》（主席令〔2007〕63号） 2.《中华人民共和国企业所得税法实施条例》（国务院令第512号） 3.《财政部 国家税务总局关于将国家自主创新示范区有关税收试点政策推广到全国范围实施的通知》（财税〔2015〕116号）
税收优惠类	技术合同登记	免征增值税：纳税人提供技术转让、技术开发和与之相关的技术咨询、技术服务免征增值税（一般纳税人研发和技术服务的增值税税率为6%）。与技术转让、技术开发相关的技术咨询、技术服务，是指转让方（或者受托方）根据技术转让或者开发合同的规定，为帮助受让方（或者委托方）掌握所转让（或者委托开发）的技术，而提供的技术咨询、技术服务业务，且这部分技术咨询、技术服务的价款与技术转让或者技术开发的价款应当在同一张发票上开具 适用免征增值税规定的应税行为不得开具增值税专用发票（卖方免税应开具增值税普通发票）	《财政部 国家税务总局关于全面推开营业税改征增值税试点的通知》（财税〔2016〕36号）

续表

政策类别	惠及方面	政策要点	政策名称
税收优惠类	股权收入及转增股本	1. 技术成果投资入股，是指纳税人将技术成果所有权让渡给被投资企业、取得该企业股票（权）的行为。企业或个人以技术成果投资入股到境内居民企业，被投资企业支付的对价全部为股票（权）的，可选择继续按现行有关税收政策执行，也可选择适用递延纳税优惠政策。选择技术成果投资入股递延纳税政策的，经向主管税务机关备案，投资入股当期可暂不纳税，允许递延至转让股权时，按股权转让收入减去技术成果原值和合理税费后的差额计算缴纳所得税 享受递延纳税政策的技术成果是指专利技术（含国防专利）、计算机软件著作权、集成电路布图设计专有权、植物新品种权、生物医药新品种，以及科技部、财政部、国家税务总局确定的其他技术成果 2. 全国范围内的高新技术企业转化科技成果，给予本企业相关技术人员的股权奖励，个人获得股权奖励时，参照所获股权的公允价值，按"工资薪金所得"项目缴纳个人所得税。对于个人一次缴纳税款有困难的，可在不超过 5 个公历年度内（含）分期缴纳，并向主管税务机关备案 3. 自 2016 年 1 月 1 日起，全国范围内的中小高新技术企业以未分配利润、盈余公积、资本公积向个人股东转增股本时，个人股东按"利息、股息、红利所得"（适用 20% 税率）缴纳个人所得税，个人股东一次缴纳个人所得税确有困难的，可在不超过 5 个公历年度内（含）分期缴纳，并将有关资料报主管税务机关备案。股东转让股权并取得现金收入的，应优先用于缴纳尚未缴清的税款	《中共天津市委办公厅 天津市人民政府办公厅印发〈关于实行以增加知识价值为导向分配政策的实施意见〉的通知》（津党厅〔2018〕38 号） 《财政部 税务总局关于完善股权激励和技术入股有关所得税政策的通知》（财税〔2016〕101 号） 《国家税务总局关于股权奖励和转增股本个人所得税征管问题的公告》（国税总局公告 2015 年第 80 号）
	研发费用加计扣除	自主研发企业：企业开展研发活动中实际发生的研发费用，未形成无形资产计入当期损益的，在按规定据实扣除的基础上，在 2018 年 1 月 1 日至 2020 年 12 月 31 日期间，再按照实际发生额的 75% 在税前加计扣除；形成无形资产的，在上述期间按照无形资产成本的 175% 在税前摊销	《财政部 税务总局 科技部关于提高研究开发费用税前加计扣除比例的通知》（财税〔2018〕99 号）
		委托研发企业：企业委托外部机构或个人进行研发活动所发生的费用，按照费用实际发生额的 80% 计入委托方研发费用并计算加计扣除，受托方不得再进行加计扣除（买方抵扣应开具增值税专用发票）	《财政部 税务总局 科技部关于完善研究开发费用税前加计扣除政策的通知》（财税〔2015〕119 号）
	高新技术企业	1. 高新技术企业是指在《国家重点支持的高新技术领域》内，持续进行研究开发与技术成果转化，形成企业核心自主知识产权，并以此为基础开展经营活动，在中国境内（不包括港、澳、台地区）注册的居民企业。（具体认定条件详见相关文件） 2. 经认定的高新技术企业，可执行企业所得税 15% 的优惠税率（居民企业所得税基本税率为 25%）	《高新技术企业认定管理办法》（国科发火〔2016〕32 号） 《高新技术企业认定管理工作指引》（国科发火〔2016〕195 号）

续表

政策类别	惠及方面	政策要点	政策名称
资金奖励类	高新技术企业奖励	对首次获批的国家高新技术企业按照规模大小分别给予 30 万元 ~50 万元奖励，其中：区财政对于申请认定国家高新技术企业的先按上述标准 50% 的比例给予补助，待认定后市财政再按上述标准 50% 的比例奖励	《中共天津市委 天津市人民政府关于打造科技小巨人升级版的若干意见》（津党发〔2015〕27 号）
	产业技术研究院	1. 产业技术研究院，是指在天津注册，聚焦人工智能、生物医药、新能源新材料等战略性新兴产业创新链后端，在工程技术开发、技术商品化、科技成果转化和企业衍生孵化等方面具有鲜明优势与特色的新型研发机构，企业、事业单位、社会团体等独立法人组织可以申请认定为产业技术研究院，有效期为 3 年（具体认定与考核方式详见《管理办法》） 2. 在认定有效期内，市科技局根据年度考核评价考核结果择优给予奖励，每家每年奖励额度最高不超过 1 000 万元，特殊情况（特别优秀的）可突破奖励补贴上限	《天津市人民政府办公厅关于加快产业技术研究院建设发展的若干意见》（津政办发〔2018〕24 号） 《天津市产业技术研究院认定与考核管理办法（试行）》（津科规〔2018〕7 号）（简称《管理办法》）
激发活力类（国有企业）	技术合同登记奖酬金	1. 法人和其他组织按照国家有关规定，根据所订立的技术合同，从技术开发、技术转让、技术咨询和技术服务的净收入中提取一定比例作为奖励和报酬，给予职务技术成果完成人和为成果转化作出重要贡献人员的，应当申请对相关的技术合同进行认定登记，并依照有关规定提取奖金和报酬（买卖双方均可提取）	《技术合同认定登记管理办法》（国科发政字〔2000〕063 号）
	股权与分红激励	股权激励，是指国有科技型企业以本企业股权为标的，采取股权出售、股权奖励、股权期权等方式，对企业重要技术人员和经营管理人员实施激励的行为 分红激励，是指国有科技型企业以科技成果转化收益为标的，采取项目收益分红方式；或者以企业经营收益为标的，采取岗位分红方式，对企业重要技术人员和经营管理人员实施激励的行为	《国有科技型企业股权和分红激励暂行办法》（财资〔2016〕4 号）
	转化奖酬	国有企业依照条例规定，对完成、转化职务科技成果作出重要贡献的人员给予奖励和报酬的支出，计入当年本单位工资总额，但不受当年本单位工资总额限制，不纳入本单位工资总额基数	《天津市促进科技成果转化条例》（津人发〔2017〕24 号）
	上缴利润抵扣	鼓励国有企业加大创新投入，允许以协议方式转让技术类无形资产，采用许可使用方式转化科技成果，试行科技成果转移转化所得收入作为企业上缴利润抵扣项，提高创新绩效考核权重	《中共天津市委 天津市人民政府关于营造企业家创业发展良好环境的规定》（津党发〔2017〕49 号）（简称《天津八条》）

续表

政策类别	惠及方面	政策要点	政策名称
激发活力类（国有企业）	尽职免责	国有企业在实施科技成果转化过程中，通过协议定价、在技术交易市场挂牌交易、拍卖等方式确定科技成果价格后市场价格发生变化的，或者以科技成果对外投资实施转化发生亏损的，其决策程序符合法律、法规、规章规定，且勤勉尽责，未牟取私利的，对单位负责人不作负面评价，免除相关决策责任	《天津市促进科技成果转化条例》（津人发〔2017〕24号）
人才类	高端人才引育	1. 对诺贝尔奖获得者、国内外院士等顶尖人才在津创办具有自主知识产权的科技型企业并担任董事长或总经理的，给予一次性200万元奖励资助和最高1 000万元科技成果转化资金补助 2. 对国家杰出青年科学基金获得者、“长江学者奖励计划”特聘教授等领军人才在津创办具有自主知识产权的科技型企业并担任董事长或总经理的，给予一次性最高200万元奖励资助和最高200万元科技成果转化资金补助 3. 对拥有自主知识产权或具备产业化前景创新成果的国内外高端人才来津创办科技型企业，本人为企业第一大股东且个人实际投入超过50万元的，给予最高50万元创业启动资金支持	《天津市进一步加快引育高端人才若干措施》（津人才〔2018〕1号）（简称“人才新政”）
	科技特派员	天津市科技特派员分为农村科技帮扶特派员和企业科技特派员两类 1. 农村科技帮扶特派员与科技帮扶提升重大工程项目中的产业帮扶项目同步申报与认定。对优秀农业科技特派员给予项目奖励支持，支持其在科技帮扶工作中所从事的新技术、新品种的技术开发与推广应用，项目资助额度为5万元。科技特派员创新创业项目重点支持农业科技特派员在帮扶过程中发挥技术、管理等优势创办、领办的科技型企业 2. 企业科技特派员从我市高校和科研院所中选拔，经市科技局、市教委联合认定，派驻到科技型企业开展产学研结合工作。经考核对有显著成绩和贡献的企业科技特派员予以表彰，并给予项目奖励支持。奖励项目要求以企业实际技术难题为导向，企业科技特派员与入驻企业共同承担，项目资助额度	1.《天津市企业科技特派员工作实施细则（试行）》（津科基〔2017〕14号） 2. 具体条件以市科技局正式发布的通知为准

2. 面向高校和科研院所的科技成果转化政策

国家及天津市科技成果转化政策一览表

政策类别	惠及方面	政策要点	政策来源
激发活力类	奖励报酬	对于一般科技人员： 1. 职务科技成果转化后，科技成果完成单位应当按照本单位的规定或者与科技人员的约定，对完成、转化该项科技成果作出重要贡献的人员给予奖励和报酬。单位未规定、也未与科技人员约定的，按照下列标准执行：①将该项职务科技成果转让、许可给他人实施的，从转让、许可收入扣除相关税费、科技成果维护费、交易过程中的评估费、鉴定费等直接费用后的净收入中，提取不低于百分之五十的比例；②以该项职务科技成果作价投资的，从作价投资取得的股份或者出资比例中，提取不低于百分之五十的比例；③将该项职务科技成果自行实施或者与他人合作实施的，应当在实施转化成功投产后连续三至五年，每年从实施该项科技成果的营业利润中，提取不低于百分之五的比例 科技成果完成单位在前款规定比例的基础上，根据科技成果转化实际情况，可以自主提高奖励和报酬比例。 （没有规定或约定的，按照法定标准执行；有规定或约定的，也应当符合法定标准） 2. 单位对在研究开发和科技成果转化项目中作出主要贡献的人员给予奖励的份额，应当不低于该项目奖励总额的百分之五十 3. 法人和其他组织按照国家有关规定，根据所订立的技术合同，从技术开发、技术转让、技术咨询和技术服务的净收入中提取一定比例作为奖励和报酬，给予职务技术成果完成人和为成果转化作出重要贡献人员的，应当申请对相关的技术合同进行认定登记，并依照有关规定提取奖金和报酬（买卖双方均可提取） 4. 技术开发、技术咨询、技术服务等活动的奖酬金提取，按照《中华人民共和国促进科技成果转化法》及《实施〈中华人民共和国促进科技成果转化法〉若干规定》执行	《天津市促进科技成果转化条例》（津人发〔2017〕24 号） 《技术合同认定登记管理办法》（国科发政字〔2000〕063 号） 《关于实行以增加知识价值为导向分配政策的若干意见》（厅字〔2016〕35 号）

续表

政策类别	惠及方面	政策要点	政策来源
激发活力类	奖励报酬	对于担任领导职务的科技人员： 1. 在利用财政资金设立的研究开发机构、高等院校中担任领导职务的科技人员，是科技成果的主要完成人或者对科技成果转化作出重要贡献的，可以按照有关规定获得科技成果转化的现金、股权等奖励或者报酬 2. 高校、科研院所等事业单位（不含内设机构）正职领导，以及上述事业单位所属具有独立法人资格单位的正职领导……原则上不得获取股权激励 3. 对担任领导职务的科技人员的科技成果转化收益分配实行公开公示制度，不得利用职权侵占他人科技成果转化收益 4. 高校担任领导干部的科技人员获取科技成果转化奖励时，除执行学校规定的流程外，还应在校内公示，并按规定进行个人收入和重大事项申报 5. 高校和科研院所正职领导以及在所属单位中担任法人代表的正职领导，在担任现职前因科技成果转化获得的股权，任职后应及时予以转让，逾期未转让的，任期内限制交易，在不担任上述职务一年后解除限制	《天津市促进科技成果转化条例》（津人发〔2017〕24号） 《实施〈中华人民共和国促进科技成果转化法〉若干规定》（国发〔2016〕16号） 《教育部办公厅关于进一步推动高校落实科技成果转化政策相关事项的通知》（教技厅函〔2017〕139号） 《中共天津市委办公厅 天津市人民政府办公厅印发〈关于实行以增加知识价值为导向分配政策的实施意见〉的通知》（津党厅〔2018〕38号）
	绩效自主分配	1. 利用财政资金设立的研究开发机构、高等院校依照本条例规定，对完成、转化职务科技成果作出重要贡献的人员给予奖励和报酬的支出，纳入本单位统一管理，但不纳入当年本单位绩效工资总额 2. 科研人员科技成果转化所获奖励与报酬、承担科研项目所列支绩效奖励、以市场委托方式取得的横向项目所获收入或绩效支出等，均不纳入高校和科研院所绩效工资总额。高校和科研院所具有横向项目结余经费分配自主权，视为科技成果转化收入，与项目组约定分配比例，或提取一定比例管理费后用于对项目组成员的绩效奖励	《天津市促进科技成果转化条例》（津人发〔2017〕24号） 《关于深化体制机制改革释放科技人员创新活力的意见》（津党办发〔2017〕44号）
	人才评价	1. 针对不同人才岗位特征，制定科技人员评价标准，进一步提高评价的科学性和准确性。……对科技成果转化人才强调转化效益评价，突出成果转化及其经济和社会效益的标准权重；充分发挥用人单位主体作用，在人才集中的高校、科研院所推行自主评价办法 2. 发挥职称评价“指挥棒”作用，在科技成果转化中作出重大贡献的科技人员，可以直接申报高级职称	《关于深化体制机制改革释放科技人员创新活力的意见》（津党办发〔2017〕44号） 《天津市技术转移体系建设方案》（津科规〔2017〕9号）

续表

政策类别	惠及方面	政策要点	政策来源
激发活力类	兼职离岗创业	1. 高校、科研院所科研人员离岗创业 5 年内，保留人事关系，工龄连续计算，档案工资正常晋升，并与原单位其他在岗人员同等享有职称评聘、岗位等级晋升和社会保险等方面的权利，原单位应根据科研人员创业实际情况，与其签订或变更聘用合同，明确权利和义务 2. 国家设立的研究开发机构、高等院校科技人员在履行岗位职责、完成本职工作的前提下，经征得单位同意，可以兼职到企业等从事科技成果转化活动……研究开发机构、高等院校应当建立制度规定或者与科技人员约定兼职、离岗从事科技成果转化活动期间和期满后的权利和义务 3. 允许科研人员依法依规适度兼职兼薪。实行科研人员兼职公示制度，个人须如实将兼职收入报单位备案，建立兼职获得股权及红利等收入的报告制度。兼职行为不得泄露本单位技术秘密，损害或侵占本单位合法权益，违反承担的社会责任。兼职取得的报酬原则上归个人，兼职收入不受本单位绩效工资总量限制，按有关规定缴纳个人所得税 4. 支持和鼓励事业单位专业技术人员兼职创新或者在职创办企业。事业单位专业技术人员可到与本单位业务领域相近企业、科研机构、高校、社会组织等兼职，或者利用与本人从事专业相关的创业项目在职创办企业在兼职单位的工作业绩或者在职创办企业取得的成绩可以作为其职称评审、岗位竞聘、考核等的重要依据。应该同时保证履行本单位岗位职责、完成本职工作。专业技术人员应当提出书面申请，并经单位同意；单位应当将专业技术人员兼职和在职创办企业情况在单位内部进行公示。事业单位应当与专业技术人员约定兼职期限、保密、知识产权保护等事项。创业项目涉及事业单位知识产权、科研成果的，事业单位、专业技术人员、相关企业可以订立协议，明确权益分配等内容	《关于深化体制机制改革释放科技人员创新活力的意见》（津党办发〔2017〕44 号） 《实施〈中华人民共和国促进科技成果转化法〉若干规定》（国发〔2016〕16 号） 《关于实行以增加知识价值为导向分配政策的若干意见》（厅字〔2016〕35 号） 《人力资源社会保障部关于支持和鼓励事业单位专业技术人员创新创业的指导意见》（人社部规〔2017〕4 号）
税收优惠类	技术合同登记	成果出让方免征增值税：纳税人提供技术转让、技术开发和与之相关的技术咨询、技术服务免征增值税（一般纳税人研发和技术服务的增值税税率为 6%）。与技术转让、技术开发相关的技术咨询、技术服务，是指转让方（或受托方）根据技术转让或者开发合同的规定，为帮助受让方（或委托方）掌握所转让（或委托开发）的技术，而提供的技术咨询、技术服务业务，且这部分技术咨询、技术服务的价款与技术转让或者技术开发的价款应当在同一张发票上开具 适用免征增值税规定的应税行为不得开具增值税专用发票（卖方免税应开具增值税普通发票）	《财政部 国家税务总局关于全面推开营业税改征增值税试点的通知》（财税〔2016〕36 号）

续表

<table>
<tr><th>政策类别</th><th>惠及方面</th><th>政策要点</th><th>政策来源</th></tr>
<tr><td rowspan="3">税收优惠类</td><td>现金奖励</td><td>1. 科技人员采取转让、许可方式转化职务创新成果的，在相关单位取得转化收入后三年内发放的现金奖励，减半计入科技人员当月个人工资薪金所得计征个人所得税
2. 转制科研院所科技人员取得职务科技成果转化现金奖励，符合《财政部 税务总局 科技部关于科技人员取得职务科技成果转化现金奖励有关个人所得税政策的通知》（财税〔2018〕58 号）第五条规定的，可减按 50% 计入科技人员当月“工资薪金所得”，依法缴纳个人所得税</td><td>《财政部 税务总局 科技部关于科技人员取得职务科技成果转化现金奖励有关个人所得税政策的通知》（财税〔2018〕58 号）
《财政部 税务总局 科技部 国资委关于转制科研院所科技人员取得职务科技成果转化现金奖励有关个人所得税政策的通知》（财税〔2018〕60 号）</td></tr>
<tr><td>股权收入</td><td>1. 技术成果投资入股，是指纳税人将技术成果所有权让渡给被投资企业、取得该企业股票（权）的行为。科技人员获得的科技成果转化股权奖励，可选择继续按现行有关税收政策执行，也可选择适用递延纳税优惠政策。选择递延纳税政策的，经向主管税务机关备案，投资入股当期可暂不纳税，可允许递延至转让股份时，按股权转让收入减去股权取得成本及合理税费后的差额计算缴纳个人所得税，适用“财产转让所得”项目 20% 税率
2. 实施科技成果转化股权奖励的主体必须为国家设立的科研机构、高等学校，享受股权奖励个人所得税递延纳税优惠政策的科技人员必须是国家设立的科研机构、高等学校的正式在编职工
3. 高校有权依法以持有的科技成果作价入股确认股权和出资比例……并指定所属专业部门统一管理技术成果作价入股所形成的企业股份或出资比例
4. 高校要依法组建国有独资性质的资产经营有限公司或从现有校办企业中选择一个产权清晰、管理规范的独资企业，将学校所有经营性资产划转到高校资产公司，由其代表学校持有对企业投资所形成的股权</td><td>《中共天津市委办公厅 天津市人民政府办公厅印发〈关于实行以增加知识价值为导向分配政策的实施意见〉的通知》（津党厅〔2018〕38 号）
《财政部 税务总局关于完善股权激励和技术入股有关所得税政策的通知》（财税〔2016〕101 号）
《国家税务总局关于促进科技成果转化有关个人所得税问题的通知》（国税发〔1999〕125 号）
《教育部 科技部关于加强高等学校科技成果转移转化工作的若干意见》（教技〔2016〕3 号）
《教育部关于积极发展、规范管理高校科技产业的指导意见》（教技发〔2005〕2 号）</td></tr>
<tr><td colspan="3">特别说明：享受上述现金奖励减半征收和投资入股递延纳税政策的技术成果是指专利技术（含国防专利）、计算机软件著作权、集成电路布图设计专有权、植物新品种权、生物医药新品种，以及科技部、财政部、国家税务总局确定的其他技术成果。</td></tr>
</table>

续表

政策类别	惠及方面	政策要点	政策来源
免责保障类	国资处置	1. 对作为出资的非货币财产应当评估作价，核实财产，不得高估或者低估作价。法律、行政法规对评估作价有规定的，从其规定 2. 中央级研究开发机构、高等院校对持有的科技成果，可以自主决定转让、许可或者作价投资，除涉及国家秘密、国家安全及关键核心技术外，不需报主管部门和财政部审批或者备案。涉及国家秘密、国家安全及关键核心技术的科技成果转让、许可或者作价投资，授权中央级研究开发机构、高等院校的主管部门按照国家有关保密制度的规定进行审批，并于批复之日起 15 个工作日内将批复文件报财政部备案 授权中央级研究开发机构、高等院校的主管部门办理科技成果作价投资形成国有股权的转让、无偿划转或者对外投资等管理事项，以及科技成果作价投资成立企业的国有资产产权登记事项，不需报财政部审批或者备案。纳入国有资本投资运营公司集中统一监管的，公司要按照科技成果转化授权要求，简化科技成果作价投资形成的国有股权管理决策程序，积极支持科技成果转化和科技创新 中央级研究开发机构、高等院校将科技成果转让、许可或者作价投资，由单位自主决定是否进行资产评估；通过协议定价的，应当在本单位公示科技成果名称和拟交易价格 中央级研究开发机构、高等院校转化科技成果所获得的收入全部留归本单位，纳入单位预算，不上缴国库，主要用于对完成和转化职务科技成果作出重要贡献人员的奖励和报酬、科学技术研发与成果转化等相关工作 3. 高校以作价投资方式转移转化科技成果发生的投资损失，不纳入对高校资产保值增值考核范围	《中华人民共和国公司法》 《关于进一步加大授权力度　促进科技成果转化的通知》（财资〔2019〕57 号） 《天津市促进高校科技成果转移转化工作的实施意见》（津教委规范〔2017〕3 号）
	公示制度	符合条件的职务科技成果完成单位应当对本单位科技人员取得职务科技成果转化现金奖励相关信息予以公示。职务科技成果完成单位是指具有独立法人资格的非营利性研究开发机构和高等学校。公示信息应当包含科技成果转化信息、奖励人员信息、现金奖励信息、技术合同登记信息、公示期限等内容 科技成果转化信息包括转化的科技成果的名称、种类（专利、计算机软件著作权、集成电路布图设计专有权、植物新品种权、生物医药新品种及其他）、转化方式（转让、许可）、转化收入及取得时间等。奖励人员信息包括获得现金奖励人员姓名、岗位职务、对完成和转化科技成果作出的贡献情况等。现金奖励信息包括科技成果现金奖励总额、现金奖励发放时间等。技术合同登记信息包括技术合同在技术合同登记机构的登记情况等	《科技部 财政部 税务总局关于科技人员取得职务科技成果转化现金奖励信息公示办法的通知》（国科发政〔2018〕103 号）

续表

政策类别	惠及方面	政策要点	政策来源
免责保障类	尽职免责	1. 通过技术交易市场挂牌交易、拍卖等方式确定价格的，或者通过协议定价并在本单位及技术交易市场公示拟交易价格的，单位领导在履行勤勉尽责义务、没有牟取非法利益的前提下，免除其在科技成果定价中因科技成果转化后续价值变化产生的决策责任 2. 在履行应尽义务、没有谋取非法利益的前提下，科技人员在科技成果使用、处置和收益中出现的过错，以纠正为主，不进行责任追究	《实施〈中华人民共和国促进科技成果转化法〉若干规定》（国发〔2016〕16号） 《天津市促进科技成果转化条例》（津人发〔2017〕24号）
人才类	科技特派员	天津市科技特派员分为农村科技帮扶特派员和企业科技特派员两类 1. 农村科技帮扶特派员与科技帮扶提升重大工程项目中的产业帮扶项目同步申报与认定。对优秀农业科技特派员给予项目奖励支持，支持其在科技帮扶工作中所从事的新技术、新品种的技术开发与推广应用，项目资助额度为5万元。科技特派员创新创业项目重点支持农业科技特派员在帮扶过程中发挥技术、管理等优势创办、领办的科技型企业 2. 企业科技特派员从我市高校和科研院所中选拔，经市科技局、市教委联合认定，派驻到科技型企业开展产学研结合工作。经考核对有显著成绩和贡献的企业科技特派员予以表彰，并给予项目奖励支持。	1.《天津市企业科技特派员工作实施细则（试行）》（津科基〔2017〕14号） 2. 具体申报时间及条件以市科技局正式发布的通知为准
资金奖励类	产业技术研究院	1. 企业、事业单位、社会团体等独立法人组织可以申请认定为产业技术研究院，有效期为3年（具体认定与考核方式详见管理办法） 2. 在认定有效期内，市科技局根据年度考核评价考核结果择优给予奖励，每家每年奖励额度最高不超过1 000万元，特殊情况（特别优秀的）可突破奖励补贴上限	《天津市人民政府办公厅关于加快产业技术研究院建设发展的若干意见》（津政办发〔2018〕24号） 《天津市产业技术研究院认定与考核管理办法（试行）》（津科规〔2018〕7号）

参考文献

[1] 吴寿仁. 中国科技成果转化 40 年 [J]. 中国科技论坛，2018（10）.

[2] 谢旭辉，郑自群. 技术转移：就这么干 [M]. 北京：电子工业出版社，2017.

[3] 马天旗. 专利分析——方法、图表解读与情报挖掘 [M]. 北京：知识产权出版社，2015.

[4] 宋魁元. 商务谈判 [M]. 长沙：国防科技大学出版社，2005.

[5] 孙瑶，罗艾，那军，宋江洪，等. 国际技术贸易实务 [M]. 成都：四川大学出版社，2004.

[6] 张丽芳, 宋桂华. 实用商务谈判 [M]. 北京：北京交通大学出版社，2007.

[7] 丁明磊，周密. 德国私营技术转移机构的营运模式及其启示：史太白技术转移中心的经验借鉴 [J]. 科技进步与对策，2012（23）.

[8] 饶凯，孟宪飞，Andrea Piccaluga，陈绮. 英国大学专利技术转移研究及其借鉴意义 [J]. 中国科技论坛，2011（2）.

[9] 张换兆，秦媛. 美国国家技术转移体系建设经验及对我国的启示 [J]. 全球科技经济瞭望，2017(8).

[10] 霍付全. 欧盟创新驿站运营模式及其在中国发展研究 [D]. 武汉：华中科技大学，2015.

[11] 孔祥浩. 以色列技术转移机制和模式研究的作用 [J]. 价值工程，2013（12）.

[12] 郭庆. 日本高校技术转移模式及其对中国的启示 [D]. 湘潭：湘潭大学，2013.

[13] 顾建平，陈鹏，李建强. 韩国大德科技园区的发展及其推动技术转移的启示 [J]. 中国高校科技，2014（6）.

[14] 陈向东. 国际技术转移的理论与实践 [M]. 北京：北京航空航天大学出版社，2008.